بسم الله الرحمن الرحيم

التعليم

التعاوني

التعلم
التعاوني

د. إيمان عباس الخفاف
كلية التربية الأساسية .. الجامعة المستنصرية

المحتويات

الفصل الأول

نشأة التعلم التعاوني ومفهومه

نشأة التعلم التعاوني...١٩
مفهوم التعلم التعاوني ٣٣
التعلم التعاوني والمفاهيم المرتبطة به..٣٦

الفصل الثاني

بنية التعلم التعاوني

أهداف التعلم التعاوني ٤٥
خصائص التعلم التعاوني ٤٨
فوائد التعلم التعاوني...٤٩
مميزات وعيوب التعلم التعاوني ٥٠
متى ندرس بإستراتيجية التعلم التعاوني...٥٣
خطوات تنفيذ التعلم التعاوني...٥٥

التعلم التعاوني

الفصل الثالث

الفرق بين التعلم التعاوني وبعض المفاهيم المرتبطة به

الفرق بين التعلم التعاوني والتعليم التعاوني..........................٥٩

الفرق بين التعلم التعاوني والتعلم التقليدي..........................٦٥

الفرق بين التعلم التعاوني والتعلم في المجموعات الصغيرة ٦٧

الفصل الرابع

مبادئ التعلم التعاوني وأسسه

أولاً: مبادئ التعلم التعاوني

ثانياً: أسس التعلم التعاوني

الفصل الخامس

إستراتيجيات التعلم التعاوني

الفصل السادس
المهارات التعاونية

الفصل السابع

المجموعات التعاونية

الفصل الثامن

الصعوبات التي تواجه تطبيق التعلم التعاوني وعلاجها

الفصل التاسع

دور المعلم والمتعلم في التعلم التعاوني

الفصل العاشر

التعلم الفردي والتعلم التعاوني

التعلم التعاوني

الفصل الحادي عشر

التعلم التنافسي والتعلم التعاوني

الفصل الثاني عشر

التعلم التعاوني لدى أطفال ما قبل المدرسة

الفصل الثالث عشر

أنموذج تطبيق التعلم التعاوني في مختلف المواد الدراسية

الفصل الرابع عشر

نشاطات تعاونية

المقدمة

تحتاج المجتمعات المعاصرة إلى التعاون بين أفرادها وذلك لنشر الأمن والعدل والعلم، ولكي تبلغ هذه المجتمعات شانا عظيما، لابد من الاهتمام بالقيم التعاونية خلال عملية التعلم في المواقف التعليمية.

ويعد التعلم التعاوني إحدى تقنيات التدريس التي جاءت بها الحركة التربوية المعاصرة، والتي أثبتت البحوث والدراسات أثرها الايجابي في التحصيل الدراسي للطلبة، ويقوم على تقسيم الطلبة إلى مجموعات صغيرة تعمل معا من اجل تحقيق هدف،أو أهداف تعلمهم الصفي بدرجة عالية من الإتقان، إن مثل هذا المفهوم ليس بجديد على المربين والمعلمين، وذلك إنهم يستخدمون التعلم الزمري باعتباره واحداً من النشاطات التعليمية المختلفة من وقت لآخر.

وان ما جاء به التعلم التعاوني هو إيجاد هيكلية تنظيمية لعمل مجموعة الطلاب بحيث ينغمس كل أعضاء المجموعة في التعلم وفق ادوار واضحة ومحددة، مع التأكيد على أن كل عضو في المجموعة يتعلم المادة التعليمية ويتقنها.

استناداً إلى ما تقدم فالتعلم التعاوني هو مفتاح النجاح للطلبة، وذلك لان التعلم يتم من خلال الممارسة وذلك يتطلب إستراتيجية واضحة ونسق في العمل من خلال عمل كل عضو في المجموعة بأخذ دور مما يجعله يشارك في مسؤولية النجاح، ويمكن تلخيص أهم ما توصلت إليه نتائج الأبحاث والدراسات فيما يأتي:

- نحن نتعلم أفضل عندما نكون مشاركين في خبرة التعلم.

- المعرفة بأنواعها لها أهمية اكبر عندما نتعلمها من خلال مبادراتنا وبحثنا ومحاولاتنا.

- التعلم يكون أفضل عندما نلتزم بالأهداف التي نشارك لتحقيقها، وعندما تكون مشاركتنا مع الآخرين قيمة، وعندما يكون إطار العمل داعما ومشجعا.

ويعد هذا الكتاب بداية متواضعة لموضوع مهم يخدم شريحة كبيرة من التلاميذ والمعلمين والباحثين، حيث احتوى هذا الكتاب على اربعة عشر فصلاً.

التعلم التعاوني

تناول الفصل الاول: نشأة التعلم التعاوني، ومفهوم التعلم التعاوني، والتعلم التعاوني، والمفاهيم المرتبطة به وآراء المنظرين في مجال دعم التعلم التعاوني للمتعلمين.

أما الفصل الثاني فقد تضمن أهداف التعلم التعاوني، وخصائص التعلم التعاوني، وفوائد التعلم التعاوني، ومميزات وعيوب التعلم التعاوني، وأسباب تميز التعلم التعاوني عن الطرق الأخرى ، ومتى ندرس بإستراتيجية التعلم التعاوني، والشروط الواجب توفرها في التعلم التعاوني، والعوامل التي تسهم في نجاح التعلم التعاوني، وخطوات تنفيذ التعلم التعاوني.

وجاء الفصل الثالث مشتملاً على الفرق بين التعلم التعاوني والتعليم التعاوني، والفرق بين التعلم التعاوني والتعلم التقليدي، والفرق بين التعلم التعاوني والتعلم في المجموعات الصغيرة.

وتناول الفصل الرابع: مبادئ التعلم التعاوني (الاعتماد الايجابي المتبادل، التفاعل بالمواجهة، المساءلة الفردية والمسؤولية الشخصية، مهارات التواصل بين الأشخاص والمجموعات الصغيرة والمعالجة الجمعية)، وتناول الأسس التربوية والنفسية والاجتماعية.

أما الفصل الخامس فقد احتوى علىإستراتيجيات التعلم التعاوني (إستراتيجية تعليم الأقران، وإستراتيجية مسابقات العاب الفريق وإستراتيجية التعلم معاً، وإستراتيجية فرق التعلم والإستراتيجية التكاملية (طريقة الصور المقطوعة)، والإستراتيجية البنيوية، وإستراتيجية تقسيم الطلبة إلى فرق التحصيل وإستراتيجية جكسو2 Jigsaw، وإستراتيجية البحث الاجتماعي وإستراتيجية اللجان،وإستراتيجية المذاكرة الجماعية: تعليم الجماعات الصغيرة، وإستراتيجية تعليم المجموعات الكبيرة وإستراتيجية فكر- زاوج- شارك وإستراتيجية المائدة المستديرة - تنظيم الحلقة، وإستراتيجية المساءلة او طرح الاسئلة، وإستراتيجية اعرف- ماذا ستعرف- ماذا تعلمت؟، وإستراتيجية عظم السمك، وإستراتيجية الرؤوس المرقمة تعمل معا، وإستراتيجية الدراما التعليمية، وإستراتيجية تبادل الأدوار،وإستراتيجية خرائط المفاهيم، وإستراتيجية القبعات الست).

وتضمن الفصل السادس المهارات التعاونية: (المدخل إلى مفهوم المهارات التعاونية، والمهارات التعاونية، وبعض المفاهيم الأخرى المرتبطة به، وأنواع المهارات التعاونية، ومكونات المهارات التعاونية، وأهداف المهارات التعاونية، وخصائص المهارات التعاونية، ووظائف المهارات التعاونية، وأساليب اكتساب المهارات التعاونية، والمسلمات التي يقوم عليها تعليم المهارات التعاونية، وجوانب العجز في تعليم المهارات التعاونية، وكيف تتحقق المهارة التعاونية).

اما الفصل السابع فتناول المجموعات التعاونية: المدخل إلى مفهوم المجموعة التعاونية والمجموعات المرتبطة بالمجموعة التعاونية، ومواصفات المجموعات التعاونية، واثر المجموعة التعاونية على حياة أعضائها (الطلاب)، وأنواع المجموعات التعاونية، والفرق بين التعلم في المجموعات التعاونية والمجموعات الجماعية التقليدية، ونماذج التعلم في المجموعات التعاونية، وصيانة المجموعة التعاونية ووظائفها، وأشكال توزيع المهام في المجموعات التعاونية، وأمور يجب مراعاتها قبل البدء في العمل مع المجموعات التعاونية، وترتيب المقاعد في المجموعات التعاونية، ونماذج تقويم أداء المجموعات في التعلم التعاوني، وتوزيع المهام التعليمية في المجموعات التعاونية.

وجاء الفصل الثامن مشتملاً على الصعوبات التي تواجه تطبيق التعلم التعاوني وعلاجها: (الصعوبات الإدارية والفنية وعلاجها، والصعوبات المتعلقة بالمعلم وعلاجها، والصعوبات المتعلقة بالطالب وعلاجها، والصعوبات المتعلقة بالمنهج الدراسي)، وأسلوب العصف الذهني لمعالجة صعوبات تنفيذ التعلم التعاوني.

اما الفصل التاسع ففسر دور المعلم والمتعلم في التعلم التعاوني، وتضمن الفصل العاشر التعلم الفردي والتعلم التعاوني: الجذور التاريخية للتعلم الفردي، ومفهوم التعلم الفردي، ومقارنة بين التعلم الفردي والتعلم التقليدي، وأهمية التعلم الفردي، والمبادئ التربوية والنفسية التي يقوم عليها التعلم الفردي، وأنماط التعليم الفردي، وخصائص التعلم الفردي والخصائص المميزة للمعلمين في التعلم الفردي، وادوار المعلمين في التعلم الفردي، والخصائص المميزة للمتعلمين في التعلم الفردي، والفرق بين ادوار المتعلمين في التعلم

الفردي والتعلم التقليدي، وخطوات التدريب على التعلم الفـردي، والمهـارات الدراسـية اللازمـة للـتعلم الفردي، وعيوب أسلوب التعلم الفردي.

وجاء الفصل الحادي عشر مشتملاً على التعلم التنافسي والتعلم التعاوني: المدخل إلى مفهوم التعلم التنافسي، ومفهوم التعلم التنافسي، وأنواع التعلم التنافسي، ومميزات التعلم التنافسي، ودور المعلم في التعلم التنافسي، ودور المتعلم في التعلم التنافسي، وعيوب التعلم التنافسي، والفرق بين التعلم التعاوني والتعلم التنافسي.

أما الفصل الثاني عشر فقد احتوى على التعلم التعاوني لدى أطفال ما قبل المدرسة: التعلم التعاوني في رياض الأطفال، وأهمية التعلم التعاوني في رياض الأطفال، وادوار معلمة الروضة عند استخدامها لأسلوب التعلم التعاوني، وإرشادات لمعلمة الروضة قبل ممارسة التعلم التعاوني مع الطفل وأثناءها، ودور التعلم التعاوني في جوانب منهج وحدة الخبرة، وأنموذج جلسات التعلم التعاوني في رياض الأطفال.

وجاء الفصل الثالث عشر مشتملاً على أنموذج تطبيق التعلم التعاوني في مختلف المواد الدراسية (مادة التربية الإسلامية، والجغرافية الطبيعية، والتاريخ الحديث، والرياضيات، والأحياء ، واللغة العربية،والتربية الرياضية، والتربية الفنية).

وتضمن الفصل الرابع عشر على اثني عشر نشاطاً تعاونياً للطلاب لتساعد المعلمين في استخدام إستراتيجية التعلم التعاوني في تعليم طلابهم في مختلف المراحل الدراسية.

وأخيرا تأمل الباحثة أن يلبي هذا الكتاب الحاجة في مجال طرائق التدريس في الوطن العربي عامة والعراق خاصة، ويسد فراغا في المكتبة العربية التي ما تزال تفتقر إلى الكثير في هذا المجال.

وأخيرا أسال الـلـه أن يوفقنا انه نعم المولى والنصير، والحمد لـلـه رب العالمين.

المؤلفة

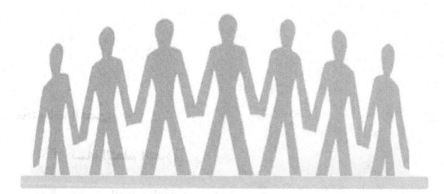

الفصل الأول

نشأة التعلم التعاوني ومفهومه

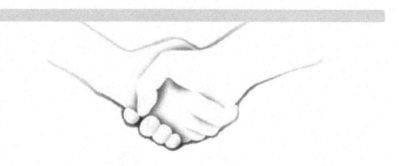

محتويات الفصل:

- نشأة التعلم التعاوني

- مفهوم التعلم التعاوني

- التعلم التعاوني والمفاهيم المرتبطة به

- آراء المنظرين في مجال دعم التعلم التعاوني للمتعلمين

الفصل الأول

نشأة التعلم التعاوني ومفهومه

نشأة التعلم التعاوني

إن فكرة التعاون ليست جديدة في تاريخ البشرية، بل هي فكرة قديمة قدم الجنس البشري نفسه،حيث قام الناس عبر التاريخ الإنساني بأعمال تعاونية، وتمكنوا من تنظيم الجهود فيما بينهم وبناء الحظائر وإنشاء المخازن كما تعاونوا من اجل دفع المخاطر وجلب النفع لهم ومعنى ذلك أن الإنسان قد أدرك أهمية التعاون منذ زمن بعيد، ولولا هذا التعاون ما تقدمت البشرية وما وصلت إلى ما هي عليه الآن من تقدم وحضارة، بل ربما ما كانت هناك حياة بغير تعاون، ولو كانت، فما أشقاها وما أرهقها من حياة، تلك التي يقوم بها الفرد لوحده.

وهذا التعاون ليس مفروضا على الإنسان فقط لصالح البشرية، بل مفروض على الكون كله لتحقيق الصالح العام.. فنرى تجارب أعضاء الكائنات بشمسها وقمرها لمنفعة الحيوانات، وتسارع النباتات لامداد أرزاق الحيوانات وتسابق مواد الأغذية لترزيق الثمرات، وترزيق الثمرات لجلب أنظار المرتزقات وتعاون الذرات في الإمداد لغذاء حجيرات البدن، وعدم مقاومة التراب الصلب ولا الحجر الصلد لسيران لطائف رقائق عروق النباتات اللينة اللطيفة، بل يشق الحجر قلبه القاسي بتماس حرير أصابع بنات النبات ويفتح التراب صدره المصمت لسريان رائد النباتات.

فقد جاء في اللغة العربية كلمة (عون) والعون المعين، وما عونت فيه شي أي: ما اعن والمعوان الحسن، المعونة.

وبما أن الإنسان اجتماعي بطبعه، يميل إلى الآخرين ويأنس بهم ويتعلم منهم ويلاحظ سلوكهم وتصرفاتهم بما لديه من غريزة حب الاستطلاع، وان أنشطته تتم في سياقات اجتماعية فهو لا يستطيع أن يعيش أو يعمل بمفرده، سواء كان هذا العمل عملاً خاصاً أو عاماً، أو ضمن مؤسسة تربوية أو غير تربوية، فقد خلق الله -ﷻ- الإنسان، وخلق فيه

صفات وسمات تميزه عن سائر المخلوقات الموجودة على سطح الأرض، ومع ذلك ظلت قدرات الإنسان الجسدية والعقلية محدودة، وغير مؤهلة لان تحقق له كل ما يطمح إليه من رغبات واحتياجات، ومن اجل ذلك كان لزاماً عليه أن يتعاون مع الآخرين، من اجل تحقيق الأهداف المشتركة، وان الرغبة لتحقيق هذه الأهداف من خلال التعاون والعمل الكفء ليست مقصورة فقط على الإنسان الفرد، لكنها أيضاً تمتد إلى المجموعات في أي مجتمع كان.

وعرف العرب التعاون في الأنظمة والعادات والقوانين السائدة آنذاك ومنها نظام الجوار وطريقة التحالف الدولي لإقرار السلام وتأييد الحق، ومن ذلك حلف الفضول الذي تعهدوا فيه ألا يجدوا بمكة مظلوماً من أهلها أو من غيرها ممن دخلها من سائر الناس إلا قاموا معه وكانوا على من ظلمه حتى ترد إليه مظلمته، وفي هذا الحلف قال رسول الله (ﷺ): لقد شهدت في دار بن جدعان حلفا ما أحب أن لي به حمر النعم ولو ادعى به في الإسلام لأجبت.

وأما في مجال الاقتصاد فقد كان التعاون في شبه الجزيرة العربية واضحا ويتجلى في الأسواق التي كانوا يقيمونها سواء على المستوى المحلي كمكة أو الأسواق العامة الكبيرة كسوق عكاظ وذي المجاز ودوامة الجندل وصنعاء وغيرها..... وكان العرب يؤمون هذه الأسواق امنين على أنفسهم وأموالهم، كما كان لها دور كبير في التنشيط الاقتصادي والثقافي في شبه الجزيرة العربية.

وحين اشتد نزاع قريش فيما بينها على وضع الحجر الأسود في مكانه في الكعبة وكان ذلك في الجاهلية، فاتفقوا على تحكيم أول داخل، فكان رسول الله (صلى الله عليه وعلى آله وسلم) أول داخل، فأمر رسول الله ببردة ووضع الحجر في وسطها على أن يأخذ كبير كل قبيلة بطرف من أطرافها وحملوه جميعاً ولما بلغوا مكانه وضعه بيده الشريفة، وكان هذا مثال واضح لأثر التعاون في حل الخلافات.

ولأهمية التعاون في الحياة، بوصفه صورة من صور الألفة والتعاضد الاجتماعي فقد زخر تاريخنا العربي والإسلامي بفكرة التعاون في العقيدة، بوصف التعاون قيمة من القيم

نشأة التعلم التعاوني ومفهومه

التـي ميزهـا اللــه بقولـه: (وَتَعَـاوَنُوا عَـلَى الْـبِرِّ وَالتَّقْـوَى وَلَا تَعَـاوَنُوا عَـلَى الْإِثْـمِ وَالْعُـدْوَانِ) (سورة المائدة /الآية٢)، وكما ورد في الأحاديث النبوية الشريفة قول الرسول الكريم (ﷺ): "اللـه في عون العبد ما دام العبد في عون أخيه"، وقوله (ﷺ): "المؤمن للمـؤمن كالبنيـان يـشد بعـضه بعـضاً "، وقولـه (ﷺ): "مثل المؤمنين في توادهم وتراحمهم وتعاونهم كمثل الجسد إذا اشتكى منه عضو تداعى لـه سـائر الجسد بالحمى والسهر". ولأهمية التعاون في تربية الفرد وبناء المجتمع فقد جعل الإسلام للتعاون أجـراً عظيماً واعتبر من الصدقات التي يثاب عليه فاعلها ومنها ﷺترفع له عليها متاعه صدقة"، وقولـه (ﷺ): "والناس بخير ما تعاونوا".

فالتعاون هو قوام الحياة الإنسانية سواء كان فـردا أو جماعـة، ومـن صـور التعـاون في المجتمـع المسلم تعاون الأنصار مع المهاجرين، حيث كان المهاجرين من أحوج الناس إلى أنـصار يتعـاونون معهـم لغربتهم وفقرهم، فقال (ﷺ) : "تكفوننا المؤونة، وتشاركوننا في التمر".

وقد عظم الرسول (ﷺ) دور التعاون وبين أهميته في الإسلام حيث قال (ﷺ): "علـيكم بالجماعـة وإياكم والفرقة، فان يد اللـه مع الجماعة وان الشيطان مع الواحـد، وهـو مـع الاثنـين ابعـد، ومـن أراد بحوبحة الجنة فليزم الجماعة"، وكذلك قوله (ﷺ): "يد اللـه مع الجماعة".

إن التعاون بين المسلمين لا ينحـصر في جانـب دون آخـر فـإذا تعاونـت الأمـة الإسـلامية وجـب التعاون في جميع نواحي الحياة المختلفـة اجتماعيـاً وتربويـاً واقتـصادياً وسياسـياً وإعلاميـاً، وكـما يكـون التعاون بين الأفراد والجماعات يكون بين الدول، فقد طبق الرسول (ﷺ) هذا المبدأ في العلاقات الدوليـة فعندما قدم المدينة وأسس الدولة الإسلامية عقد معاهدة تعاون وحسن جـوار مـع يهـود المدينـة، بنـي قريظة وبني قينقاع وبني النـضير، كـما عقـد مـع قبائـل العـرب معاهـدات مبعثهـا التـسامح والتعـاون وروحها الرحمة، أملها القوة والعزة الإسلامية منها صلح الحديبية وقد عقد تعاوناً دولياً في مجال الزراعة مع يهود خيبر حيث أقرهم رسول اللـه (ﷺ) على أرضهم ولهم نصف ما يخرج منها من تمر وزرع، ومن ثمرات التعاون في المجتمع الإسلامي، ما يأتي:

- إشاعة روح الألفة والمحبة بين المؤمنين ويجعلهم كالجسد الواحد.

- إكساب المرء قوة في مواجهة العقبات ومثبطات النفس.
- معونة الـلـه للمتعاونين.
- دليل حب الخير للآخرين.
- شعور الفرد بالقوة ونزع شعور العجز عن نفسه.
- تبادل الخبرات وزيادة التحصيل الفكري.
- سرعة الانجاز للأعمال.
- تتلاقح القلوب والعقول في التعاون فتثمر.

فكل ما يدعو إلى التقدم والرفاهية في مجالات الحياة المختلفة في إطار من الحق والعدل تحت الشريعة الإسلامية دعا إليه الإسلام، لأنه من فيض التعاون على البر والتقوى.

وقد أيقن الفلاسفة المسلمين قديماً طبيعة التعاون وأهميته للإنسان من خلال فهمهم للإسلام وشريعته السمحة التي تحث على التعاون، وفي عملية التعلم إذ يساعد التعلم التعاوني على إبراز ميول واستعدادات المتعلم، إذ يقول الفارابي (٣٣٩ هـ)في كتابه "آراء أهل المدينة الفاضلة"، (إن الإنسان بفطرته يحتاج إلى مشاركة الجماعة في الحصول على احتياجاته اليومية، أي أن كل واحد من الناس مفطور على انه يحتاج في قوامه، وفي أن يبلغ أفضل كمالاته، إلى أشياء كثيرة لا يمكن أن يقوم بها كلها وحده، بل يحتاج إلى قوم كل واحد منهم يقدم شيء مما يحتاج إليه).

وأما آراء ابن مسكويه (٤٢١هـ) فأتفق مع النظريات الحديثة التي تؤكد أن الإنسان لا يكتفي بنفسه في تكميل ذاته بل يحتاج إلى معاونة الآخرين حتى يعيش حياة طيبة.

وقد أوصى ابن جماعة (٦٣٦ - ٧٣٣ هـ) المعلم بأهمية الاهتمام بالتعاون بين الطلبة والسعي في جمع قلوبهم، ويذكرهم بأن يتعاهد المعلم على ما يعامل به الطلبة من إفشاء السلام، وحسن التخاطب والتعاون على البر والتقوى وعلى ما هم بصدده، وعليه أن يمنع كل أسباب التنافر والتباغض بينهم لأنها سبب العداوة والبغضاء، ورغّب ابن جماعة في مشاركة المتعلم زملائه والتعاون معهم ومساعدتهم بجميع الوسائل، وحث المتعلم على أن لا تبعده المنافسة عن مساعدة زملائه، وأكد أن ما يتعلمه الفرد بالتعاون مع زملائه أنفع وأعلى

قيمة مما يتعلمه نتيجة المنافسة، فالموقف التعاوني عند ابن جماعة أعظم أثراً في نمو شخصية المتعلم من وسائل التحصيل الفردية.

ويؤكد ابن خلدون (٨٠٨هـ) أن الاجتماع الإنساني ضروري لأن الإنسان مدني بالطبع أي لابد له من اجتماع وذلك للحصول على الغذاء لدفع خطر الحيوانات الضارة، ومن هنا فحاجة الأفراد إلى التفاعل والتعاون تدفعهم إلى البقاء أحياء.

أما ابن سينا (٩٨٠-١٠٣٧) فيرى أن جماعة الرفاق تقوم بدور فعال في نمو الفرد وتطبيعه اجتماعياً.

وتناول برهان الإسلام الزرنوجي التعلم التعاوني قائلا " ألا يستحق التعلم الأفقي- أي تعليم المتعلمين الأنداد بعضهم بعضاً- منا إعادة نظر ".

وأما سقراط (٤٦٨ – ٣٩٩ ق.م) فيرى أن الرابطة الصحيحة بين الناس هي الرابطة الناشئة من الحاجة إلى التعاون بالعدل، واتفق مع أرسطو (٣٨٤ – ٣٢٢ ق.م) الذي قال بأن الإنسان حيوان اجتماعي.

أما التعلم التعاوني (Cooperative Learning) فهو أحد تقنيات التدريس التي جاءت بها الحركة التربوية المعاصرة ويقوم على تقسيم الطلبة على مجموعات صغيرة تعمل معاً لتحقيق أهداف تعلمهم الصفي،وقد ظهر في التربية الإسلامية منذ صدر الإسلام واستمرت إلى حين ظهور المدارس في العصور المتأخرة، ومن أهم الأصول التي وجدت جذورها في النظام التربوي الإسلامي والتي تتفق مع مبادئ التعلم التعاوني في العصر الحديث ما يلي:

الحلقة- حيث يقابل نظام المجموعة في التعلم التعاوني، وعليه يعتبر المسلمون أول من وضع أسس الحلقات التعليمية.

المناقشة- كان المعلمون يحثون الطلاب على المناقشة والمناظرة، سواء كان ذلك بين الطلاب أنفسهم أو مع غيرهم.

الكُتاب أو الكتاتيب- هو مكان من الأماكن الأولية لتعليم الناشئة حفظ القران الكريم ومبادئ القراءة والكتابة، وقد عنيت بتربية وتعليم أبناء وبنات المسلمين منذ العصر الأموي وحتى الوقت الحاضر.

التعلم التعاوني

وفي مجال التربية والتعليم فقد قرر جوهان اموس كومننس **(Johann AmosComenius, 1592-1679)** في العصور الوسطى ما بين (١٥٩٢-١٦٧٩) إن الطلاب يمكن أن يستفيدوا أكثر من بعضهم البعض عندما يتعلمون من الآخرين ويعلمونهم ويتبادلون عملية التعلم فيما بينهم.

ويرى باللنتين **Ballantine** أن التعلم التعاوني منتشر في الرياضة والصناعة والجيش بشكل مخطط ونظامي، ولكنه استخدم في التعليم بطريقة غير نظامية حتى طورت أسس علمية وأطر ومفاهيم ونماذج إجرائية في السبعينيات من القرن العشرين.

ويشير تيلمود (**Talmud**) إلى التعلم التعاوني بقوله: " بأنه لكي يتعلم الفرد بشكل أفضل يجب عليه أن يحدد رفيقه الذي يعاونه في التعلم".

وفي القرن الأول الميلادي ناقش كونتليان (**Quintillion**) التعلم التعاوني بقوله: "بأن الطلبة يمكنهم تحقيق استفادة أكبر من التعليم عندما يقوموا بتعليم بعضهم البعض".

وقد نصح الفيلسوف اليوناني سقراط **Socratic** باستخدام التعلم التعاوني، إذ يرى انه (عندما تدرس، فانك تتعلم مرتين) **When you teach you learn Twice**، فالمعلم يستفيد مرة عندما يعلم الآخرين، ومرة أخرى عندما يتعلم من الآخرين.

وفي أواخر عام (١٧٠٠) أجرى كل من جوزيف لانكستر وانديو بيل (**Joseph Lancaster &Andew Bell**) استخداماً واسعاً للتعلم التعاوني في دراساتهم في انكلترا.

أما في أمريكا وفي خضم حركة المدارس في مدينة نيويورك (١٨٠٠) كان هناك تأكيد قوي وتركيز كبير على استخدام إستراتيجية التعلم التعاوني عندما افتتحت مدرسة موفمانت (**School Movement**)) في بداية عام ١٨٠٦.

وفي العقود الثلاثة الأخيرة من القرن التاسع عشر، أكد الكولونيل فرانسيس باركر (**Colonel Francis Parker**) أحد مؤيدي التعلم التعاوني على الدور المهم الذي يقوم به التعلم التعاوني في إثارة الحماس والتعاون والإخلاص في العمل، إذ اعتمد نجاح هذه الطريقة من خلال إيجاد جو مدرسي ديمقراطي تعاوني، وكان (**Parker**) مديراً للمدارس العامة في

ولايتي (Massachusetts', Quincy) من عام ١٨٧٥ وحتى عام ١٨٨٠ وقد زاره خلال هذه الحقبة أكثر من (٣٠) ألف زائر سنوياً لاختيار إجراءات التعلم التعاوني، وقد أدت هذه الطريقة إلى زيادة التعلم التعاوني بين الطلبة في المدارس الأمريكية طيلة القرن التاسع عشر.

وبدأ الاهتمام الفعلي بالتعلم التعاوني منذ عام ١٩٠٠ أي أن التعلم التعاوني ظهر في بدايات القرن العشرين ضمن مشروع جون ديوي (John Dewey) الذي ساعد على تعميق التعلم بصفة عامة عند الطلبة وتحقيق أهداف المنهج بفاعلية عالية، الذي كتب في عام ١٩١٦ وكان أستاذاً بجامعة شيكاغو آنذاك كتابه (الديمقراطية والتربية) (Democracy & Education) وفيه بين أن حجرات الدراسة ينبغي أن تكون مرآة تعكس ما يجري في المجتمع الأكبر، وان تعمل كمختبر أو معمل لتعلم الحياة الواقعية، ولقد اقتضى فكر ديوي (Dewey) أن يجد المعلمون في بيئاتهم التعليمية نظاماً اجتماعياً يتسم بإجراءات ديمقراطية وبعمليات علمية، وان مسؤولياتهم الأولى يمكن أن تستثير دوافع الطلبة ليعملوا متعاونين ولينظروا في المشكلات الاجتماعية اليومية المهمة، زيادة على جهودهم التي يبذلونها في مجموعات صغيرة لحل المشكلات بتعلم الطلبة المبادئ الديمقراطية من خلال تفاعلاتهم اليومية الواحد مع الأخر، وطورديوي (Dewey) استخدام أسلوب مجموعات التعلم التعاوني بوصفها جزء من طريقته المشهورة في أساليب التعلم وذلك في أواخر عام ١٩٣٠.

ومع ذلك فقد تعرض دوب وماي (May & Doop, 1937) للتعاون والتنافس من خلال نظريتهما الاجتماعية والاقتصادية والتي ميزا فيها التعاون والتنافس، ووضع بارنارد (Barnard,1938) نظرية شاملة لطبيعة النظم التعاونية مركزاً فيها على العوامل الاجتماعية التي تظهر المواقف التعاونية وناقش نظام العمل التعاوني باعتباره أسلوباً من أساليب التعاون وتوصل إلى أن التعاون من أكثر العوامل فاعلية للتغلب على الفروق الفردية. لكن التعلم التعاوني المنظم بدأ عام ١٩٤٩ على يد دوتيش **Deutech** الذي نادى باستعماله أسلوباً بديلاً عن التعلم الاعتيادي القائم على الشرح والعرض الذي يقوم به المعلم لطلبة الصف بكاملهم. وعرض "دويتش" تصورات نظرية حول التعاون والتنافس معتمداً في تصوراته

التعلم التعاوني

النظرية على نظرية كيرت ليفين (**Kurt Lewen**) عام ١٩٣٧م في الدافع التي يفترض أن حالة التوتر في دوافع الشخص توجد عندما تتأثر نواتج كل شخص بأفعال الآخرين نحو تحقيق أهداف مطلوبة ومن نماذجه الهدف التعاوني المستقل، الهدف التنافسي المستقل، الهدف الفردي.

وفي عام ١٩٥٧م أهتم توماس (**Tomas**) بنظريته في مفهوم تسهيل تحرك الأعضاء لأداء أدوارهم في المواقف التعاونية المبنية على تقسيم العمل بين أعضاء الجماعة.

وطور هربرت ثيلين (**Thelen Herbert,1960**) في جامعة شيكاغو إجراءات أكثر دقة لمساعدة الطلبة على العمل في جماعات، وذهب "ثيلين" إلى أن الدراسة ينبغي أن تكون معملاً أو مختبراً أو بيئة ديمقراطية مصغرة هدفها بحث المشكلات الاجتماعية والمشكلات البينشخصية المهمة"، ولقد كان "ثيلين" عاكفاً على دراسة ديناميات الجماعة، وطور صيغة أو صورة واضحة المعالم وتفصيلية لبحث الجماعة وقدم أساساً تصورياً، مفاهيمياً للتطورات الجديدة في التعلم التعاوني.

وبدأت في أواخر الستينات دراسة التعلم التعاوني إذ عكف الباحثون بتحليل التفاعل في المواقف التعليمية وتشجيع المنافسة بين الطلبة.

وفي بداية السبعينات وخلال مرحلة الثمانينات من القرن العشرين بدأ الاهتمام باستخدام التعلم التعاوني وأمكن تطبيقه في الصفوف الدراسية وفي المعاهد والكليات، وهكذا توالت الجهود وتطور التعلم التعاوني وانتشر في دول عدة من العالم في الولايات المتحدة وكندا واستراليا وأنشأت له مراكز وأساليب متعددة، وأصبح استخدام مجموعات التعلم التعاوني أكثر انتشاراً واستخداماً خلال الخمس عشرة سنة الأخيرة في الدول الغربية والعربية التي تم تطوير العديد من استراتيجياته، بعد أن طبق في تدريس بعض المواد كالرياضيات والعلوم، ألا إن القليل من المدرسين استخدموه بوصفه أسلوب تدريسي رئيس لأسباب خاصة تتعلق بتصميم القاعات الدراسية، وتوفر الأدوات والأجهزة والوسائل اللازمة.

نشأة التعلم التعاوني ومفهومه

وقد وجد جونسون وجونسون (Johnson & Johnson) أن التفاعل الصفي التعاوني يفوق التفاعل الصفي التنافسي من حيث معطياته التحصيلية، ومن حيث تقدير الأشخاص المتفاعلين لذواتهم، ومن حيث ميل بعضهم للبعض الأخر.

ويشير ويلر و رايـن (Wheeler & Rayan, 1973) إلى أن التعلم التعاوني طريقة تنمي روح المحبة بين الأفراد المتعلمين، وتعمل على أن يستفيد بعضهم من البعض الأخر.

وأما جولدمان وستوكبر (Goldman & Stockbauer, 1977) فيؤكدا أن عمل التلاميذ في بيئة يسود فيها العمل التعاوني يزيد الاهتمام بالأقران والمادة الدراسية والشعور بالثقة المتبادلة، وتزداد المشاركة والمسؤولية أثناء أداء المهام.

وتوصل بريجمان (Bridgeman,1977) إلى أن التعلم التعاوني يزيد مبررات تبني الآخرين لأدوارهم من خلال الاهتمام بالمنظور الانفعالي للآخرين، كما أنه يزيد من تقدير الذات والجاذبية الشخصية، ويقلل من الأنانية بين التلاميذ.

وطور ايلوت ارنسون (Eliot Aronson,1978) إجراءات أسلوب التعلم التعاوني المسمى بـ "تكامل المعلومات المجزاة التعاوني" في جامعة كاليفورنيا لاستخدامه في تقويم مواد تعليمية تشجع على التعلم التعاوني.

وأشار سلافين وآخرون (Slavin&et.al,1981) إلى أن طريقة التعلم التعاوني يكون العمل فيها على شكل مجموعات تعاونية صغيرة مكونة من أربع إلى خمس طلاب في كل مجموعة، وتكون هذه المجموعة غير متجانسة، بحيث تضم كل مجموعة مختلف المستويات لضمان تحسين التحصيل.

وفي عام ١٩٨٢ ابتكر كل من روبرت سلافين وروبرت سلافين ومعاونوه معا (Slavin&et.al,1982) برنامجاً تعاونياً لدراسة القراءة والكتابة وفنون اللغة اعتماداً على نتائج بحوث القراءة والكتابة وأطلق عليه اسم "التكامل التعاوني للقراءة والتعبير".

وفي عام ١٩٨٤ وضع جونسون وجونسون خمسة عناصر أساسية في التعلم التعاوني هي الاعتماد المتبادل الايجابي والتفاعل المباشر المشجع والمسؤولية الفردية والمهارات الخاصة بالعلاقات بين الأشخاص والمعالجة الجمعية.

التعلم التعاوني

ووجد فوستر وزملائه (Foster & et.al,1985) إن الطلبة الذين يعملون ضمن نظام المجموعات التعاونية يمكنهم أن يكونوا أكثر إبداعاً ممن يعملون بصورة انفرادية.

ويرى همفريز وجونسون وجونسون (Humphreys, Johnson & Johnson, 1982) إن أسلوب التعلم التعاوني يرفع تحصيل التلاميذ واحتفاظهم بالمعلومات الدراسية وإتقانهم لها وتطبيقها في مواقف أخرى، كما أنه يزيد الرغبة في التعلم ويولد اتجاهات ايجابية نحو الموضوع.

ويرى بل (Bell,1986) إلى أن التعلم التعاوني أفضل في الوصول إلى التعلم لان الجماعة تمد المتعلم بوفرة من الأفكار وأوجه النقد.

ووجد جويس ومارشهام (Joyce & Marsham,1986) إنه لكي يتحقق التعلم التعاوني لابد من توفر شرطين يتمثل الأول في تحديد الهدف الذي يجب أن يكون مهما لأفراد المجموعة، ويتمثل الشرط الثاني في توافر المسؤولية الجماعية في كل مجموعة.

بينما تؤكد رابين (Rubin,1987) بان التعلم التعاوني إستراتيجية تقضي على الملل وتجعل المادة التعليمية مثيرة للتعلم ومشوقة.

ووجد براون وزملائه (Brown& et.al,1988) إن تعليم المجموعات الصغيرة هو عادة أفضل من الطرق الأخرى في تعزيز المهارات العقلية وتشمل حل المشكلات وتغيير الاتجاهات وتكمن قوتها في تفاعل الأفكار ووجهات النظر وهذا يطور قدرة الطالب على التفكير.

ويضيف ريتشارد وزملائه (Richard& et.al,1988) إلى فاعلية العمل التعاوني في استيعاب المعلومات وتذكرها وتخليص الطلبة الانطوائيين من هذه السمة من خلال المشاركة مع الآخرين، فهو بمثابة علاج لهم من خلال مشاركة الآخرين في التعلم.

ووجد جونز وزملائه (Jones,&et.al,1989) إن الطلبة في تعلم المجموعات التعاونية يتشاركون في خمس فوائد ايجابية هي التعاون المطلوب بين الطلاب يمنع طالباً واحداً من القيام بالعمل دون الآخرين، تجعل كل طالب يتعلم ويتقن المادة بغرض تحسين تقدير المجموعة وتمكن الطلاب ذوي مستوى التحصيل المنخفض من تلقي مكافأة أو تعزيزاً لان التقدير

يعتمد على حدوث التحسن الفردي مهما كان بسيطاً بالنسبة للمستوى السابق، يعزز الطلاب ويدفعهم للتعاون طالما أنهم يتلقون التقدير ليس فقط على ورق الامتحان إنما أيضاً يكافئون مـن قبـل المعلـم وطلاب الصف ويظهر استخدام مستويات أعلى من التفكير كلما ناقش الطلبة المادة مع بعضهم بعضا.

ويحدد فارمت (Varmette,1988) دور المدرس في التعلم التعاوني فهو تحديـد الأهـداف قبـل بدء الحصة وتشكيل مهارات لتنظيم المجموعة وإيجاد العلاقـات الطيبـة بـين أفـراد المجموعـة وطـرح الأسئلة وترتيب البيئة التعليمية، ومساعدة الطلبة في توضيح الأفكار وفهم المـادة الدراسية، وخلـق جـو تعليمي وتشجيع العلاقات الايجابية بين الطلبة وتقديم التغذية الراجعة وتعزيز عمل المجموعات.

وأشار مارجنـدلر وبـاركر (Mergenddler& Packer ,1989) إن مـن أهـداف الـتعلم التعـاوني تحسين العلاقات الاجتماعية بين المجموعات ومساعدة الطلبة ذوي التحصيل المنخفض وزيادة الاعتبـار الذاتي للطلبة وتكوين مشاعر ايجابية نحو التعلم والمدرسة.

و أشار ثوماس (Thomas,1989) بأن التعلم التعاوني طريقة تولـد الإحسـاس بالجماعـة وتعلـم الطلاب التعاون والمشاركة في صنع القرار، وتؤدي إلى شعور الطلاب بالنجاح وتعزز الناحيتين التحصيلية والاجتماعية.

ويرى كانتلون (Cantlon,1989) إن التعلم التعاوني يتضمن العديد من الإجراءات، و ذلـك بـأن كل فرد في مجموعته يعلم ويتعلم ويتكلم ويـرى ويـشارك في آن واحـد، وكـل ذلـك يجعلـه فعالاً،وقـد أشارت إحدى الدراسات إلى أننا نتعلم ١٠% مما نقرأ و٢٠% مما نسمع و٣٠% مما نرى ونسمع و٧٠% مما يشرحه لنا الآخرون و٨٠% من خبراتنا الشخصية و٩٥% مما نعلمه للآخرين، ومن هنا تتضح أهميـة التعلم التعاوني.

وقد أشار جونز (1990,Johnes) إلى أن التعلم التعاوني يؤدي إلى زيادة التحصيل الدراسي وبنـاء اتجاهات ايجابية نحو التعلم وبناء عادات اجتماعية قيمة كاحترام تعدد الآراء والمشاركة وتنمية مهارات الاتصال بين الطلبة.

ويرى كـوك (Cook, 1990) إن اسـتخدام أسـلوب الـتعلم التعـاوني يـؤدي إلى مـساعدة الطلبة في تنمية ميولهم واتجاهاتهم الايجابية نحو المادة الدراسية وغرفة الصف وشعور الطلبة

التعلم التعاوني

بالارتياح عند تطبيقه وانه يصلح للموضوعات جميعها وفي كافة المراحل الدراسية كما أنه يعزز الناحيتين العلمية والاجتماعية..

كما تصف كرستين (Christion,1990) التعلم التعاوني بالحكمة الصينية القائلة" اخبرني أنسى، ارني أتذكر، اشكرني أتعلم".

ويرى جونسون وسمث (Johnson& Smith ,1991) إن التعلم التعاوني" إستراتيجية تدريس تتضمن وجود مجموعة صغيرة من الطلاب يعملون سوياً بهدف تطوير الخبرة التعليمية لكل عضو فيها إلى أقصى حد ممكن ".

ووجد ديورن وزملائه (Duren,& et.al,1992) في دراسته أن من فوائد التعلم التعاوني انه يسعى لتقليل قلق الطلاب، ويخلق بيئة يشعرون فيها بالأمان وتتاح لهم الفرصة ليتعلموا من أخطائهم، وقد أظهرت نتائج الدراسة تأثير التعلم التعاوني على تعلم بعض طرق حل المشكلات ووجود فروق ذات دلالة إحصائية في قدرة الطلاب الذين خضعوا لطريقة التعلم التعاوني على استرجاع المعلومات وحل المشكلات عن نظرائهم في المجموعات الضابطة.

ويرى جونسون (Johnson, 1992) إن إستراتيجية التعلم التعاوني هي إستراتيجية تتطلب من الطلبة أن يعملوا ويتدارسوا المادة المتعلمة سوياً، وكذلك يتعلمون ويتدربون على مهارات التفاعل الاجتماعي المشترك معاً وفي نفس الوقت، ولكي يحدث التعلم لابد من تحديد أهداف التعلم المنشود لمجموعات الطلبة والعمل معاً لتحقيقها، بحيث يكون كل طالب مسؤولاً عن نجاحه ومسؤولاً كذلك عن نجاح باقي زملائه.

وأما دراسة لورد (Lord,1994) فقد توصلت إلى عدة فوائد أخرى للتعلم التعاوني ومنها زيادة الاحتفاظ بالتعلم ودافعية داخلية أساسية وتقبل الأقران ودعم العلاقات الاجتماعية، وتكوين اتجاهات ايجابية نحو الدروس والتعلم والمعلمين والمدرسة وتقدير الذات المبني على قبولها ودعم اجتماعي اكبر وتكيف نفسي ايجابي وصحة نفسية وتطوير مهارات التفكير واستخدام المستويات العليا لاستراتيجيات الاستدلال وزيادة القدرات الاستدلالية الناقدة.

نشأة التعلم التعاوني ومفهومه

فقد أكدا (Doriy,Yersolavski,o,& Lazarowitz,r.1995) ضمن ورقتهما المقدمة للمؤتمر السنوي للجمعية الوطنية للبحث في مجال تدريس العلوم أن "التعلم التعاوني هو بيئة تعلم صفية تتضمن مجموعات صغيرة من الطلاب المتباينين في قدراتهم ينفذون مهام تعليمية، وينشدون المساعدة من بعضهم البعض ويتخذون قراراتهم بالإجماع".

أما فيدلر (Fedler,1996) فيرى أن الأفراد في أثناء نموهم يقومون ببناء معارفهم وخبراتهم ويطورون مهاراتهم المتعددة حسب طرائق التعلم التي تتماشى وأنماط التعلم المفضلة لديهم وهذه الأنماط تتحكم في أساليب تفكيرهم وتعكس أنماط تعلمهم وتفاعلهم مع المثيرات والخبرات البيئية التي يصادفونها ويتجلى ذلك من خلال أساليبهم في التركيز على المعلومات ومعالجتها واسترجاعها.

وقد أشارت بعض الدراسات عند انجلهارد ومونساس (Engelhard & Monsaas , 1989) إلى أن الأسلوب التعاوني هو الأسلوب المفضل لدى التلاميذ ذوي التحصيل المتوسط وذوي التحصيل المنخفض.

وأما مانتك (Manning ,1991) فيرى أن الطلبة الذين يتعلمون بالطريقة التعاونية ويجمعهم هدف جماعي يسعون إلى تحقيقه في أنشطة مشتركة، فيتكون لديهم حب اكبر لزملائهم، وتقدير لذواتهم، مما يؤدي إلى تحسن الصحة النفسية، والنمو العاطفي، والعلاقات الاجتماعية، ويجعلهم يمتلكون القدرة على الاتصال.

ويرى ستيفن (Stephen 1991) أن التعلم التعاوني "إستراتيجية تدريس ناجحة يتم فيها استخدام مجموعات صغيرة تضم كل منها تلاميذ من مستويات مختلفة في القدرات يمارسون أنشطة تعلم مختلفة لتحسين فهمهم للموضوع وكل عضو في المجموعات المختلفة ليس مسؤولاً أن يتعلم ما يجب تعلمه فقط بل يقوم بمساعدة زملائه - في المجموعة التي يعمل بها- على التعلم ومن ثم يحصل جو من الإنجاز والتحصيل".

إذ يؤكد ستيفن (Stephen , 1992) أيضا على ضرورة اعتماد المجموعات التعاونية، إذ تضم كل مجموعة طلاباً ذوي مستويات مختلفة في القدرات يمارسون أنشطة تعلم متنوعة لتحسين فهم الموضوع الذي يراد دراسته و كل عضو في الفريق ليس مسؤولاً فقط على أن

التعلم التعاوني

يتعلم ما يجب أن يتعلمهُ، بل عليه أن يساعد زملاءه في المجموعة على التعليم، ومن ثم يهيأ جواً مـن الإنجاز والتحصيل والمتعة في أثناء التعلم التعاوني.

أما ستال (Stal & et.al , 1994) فيرى أن التعلم التعاوني هو "إستراتيجية تتطلب من الطلاب أن يتفاعلوا في فرق صغيرة ومجموعات صغيرة ذات اهتمام مشترك وبالنتيجة يتفاعلون بوصفهم فريق عمل مختار لضمان تعلم الصف كلياً معلومات ومفاهيم عامة ضرورية مرتبطـة بموضوعات أساسية وجوهرية".

أما هندركس (Hendrix,1999) فيرى أن العمليـة التعاونيـة تقنيـة تعليميـة نظاميـة مركبـة إذ تعمل فيها المجموعات الصغيرة سوية من اجل انجاز هدف مـشترك، ويتم في الـتعلم التعاوني تقسيم الطلاب على مجموعات عشوائية أو غير عشوائية لإنجاز مهمات محددة ومعدة كي يـدركوا أن احدهم يعتمد على الآخر في النجاح وإن النجاح معتمد على قوتهم بدلاً من ضـعفهم وعـلى تعاونهم بـدلاً مـن تنافسهم وإنهم مسؤولون عن انجاز عمل كل فرد في المجموعة.

وكما أشار هندركس إلى أن كثيراً من الطلبة غير قادرين عـلى الـتعلم والـتمكن مـن الدراسـات الاجتماعية بسبب الصعوبات في فهم المحتوى، إذ اعتمد مدرسو الدراسـات الاجتماعيـة تقليديا عـلى تعليم مجموعة كبيرة والعمل المستقل بوصف ذلك طـرق أساسـية في التعلـيم. وقد أظهـرت البحـوث والدراسات أن الطلبة يتعلمون بشكل أفضل من خلال الاستخدام الفعال للتعلم التعاوني.

ويرى شيفير (Schafer,2003) إن الـتعلم التعاوني يتمثل بمجموعات مـن الطلبـة متعاونـة في العمل ففي مجموعات التعلم التقليدي نلاحظ أن الطلبة يعملون في المجموعة دون وجود انتباه فعـال نحو المجموعة،في حين نلاحظ إن الطلبة في التعلم التعاوني يعملون باستعداد وحـذر وتخطيط ويـتم إثارة التفكير لديهم.

ويؤكد كاكان (Kagan , 2000) إن العمل على جعل التعلم التعاوني جزءاً من عمل المدرسين في أي درس يقدمونه نتيجة لعوائده الايجابية في التعلم ومنه مادة التاريخ، كـما أكـد عـلى تنفيـذ أسـلوب التعلم التعاوني في كل الموضوعات الدراسية وعند كل المستويات التعليمية وفي المدارس جميعها.

وأمـا نيجـل (Nagel,2008) فقـد أشـار إلى أن الـتعلم التعـاوني يعـد إحـدى الاسـتراتيجيات التدريسية الفاعلة على زيادة المخرجات المعرفية، الانفعالية، والاجتماعية لدى الطلبة.

مفهوم التعلم التعاوني   Cooperative Learning

تعريف ستيتمان Statman ١٩٨٠

هـو إسـتراتيجية مميـزة للتـدريب والعمـل عـلى تـذليل الـصعوبات، يقـسم فيهـا الطـلاب عـلى مجموعات تتكون كل مجموعة من (٢-٥) أعضاء ودور المدرس هو التأكيد على مشاركة جميـع الأعضاء في العمل مع التغذية الراجعة.

تعريف سلافين Slavin, ١٩٨٣

هو تقنيات يعمل الطلبة بشكل مجموعات مختلفة تتكون من (٤-٦) أشخاص يكتسبون المعرفة من خلال المجموعة ويحصلون على مكافآت وأحياناً يعطون درجـات تعتمـد عـلى التحـصيل الأكـاديمي لمجموعاتهم.

تعريف أرتزت   Artzet ١٩٩٠

هو احد أساليب التعلم التي تتطلب من المتعلمين العمل في مجموعات لحل مشكلة ما أو لإتمام عمل معين أو تحقيق هدف ما يشعر كل فرد من أفراد المجموعة بالمسؤولية تجاه مجموعته.

تعريف كوسكي Guskey ١٩٩٠

هو طريقة تدريس يعمل فيها الطلبة في مجموعات متكونة من (٢-٦) طلاب يتعلمـون مهـمات معينة من قبل المدرس داخل كل مجموعة ينـشغل الطلبـة بمختلـف الأنـشطة التعليميـة التـي تتطلب مشاركة (تعاون) ودعم متبادل.

تعريف ادمز وآخرون Adams & et.al, ١٩٩٠

هو إستراتيجيات التدريس التي تقوم على تنظيم الصف، حيث يعمل التلاميذ بعضهم مع بعـض في شكل مجموعات صغيرة يناقشون الأفكار ويجمعون البيانات من اجل تحقيق هدف مشترك وكل فرد في المجموعة يكون مسؤولاً عن تعلم زملائه في المجموعـة وعـن نجـاح المجموعـة في انجـاز المهـام التـي كلفت بها.

التعلم التعاوني

تعريف ميكنمي Mcenemey ١٩٩١

هي إستراتيجية تدريس تتمحور حول الطالب حيث يعمل الطلاب ضمن مجموعات متجانسة لتحقيق هدف تعليمي مشترك.

تعريف جونسون وسمث Johnson &Smith ١٩٩٢

هي إستراتيجية تدريس تتضمن وجود مجموعة صغيرة من الطلاب يعملون سوياً بهدف تطوير الخبرة التعليمية لكل عضو منها إلى أقصى حد ممكن.

تعريف ستيفن Stephen ١٩٩٢

هي إستراتيجية تدريس ناجحة يتم فيها استخدام المجموعات الصغيرة، وتضم كل مجموعة تلاميذ ذوي مستويات مختلفة في القدرات، يمارسون أنشطة تعلم متنوعة لتحسين فهم الموضوع المراد دراسته وكل عضو في الفريق ليس مسؤولاً فقط أن يتعلم ما يجب أن يتعلمه بل عليه أن يساعد زملائه في المجموعة على التعلم وبالتالي يخلق جواً من الانجاز والتحصيل والمتعة أثناء التعلم.

تعريف اوسلن وكاجن Kagan, & Oslen ١٩٩٢

هو نشاط تعليمي يتم تنظيمه كي يصبح التعلم معتمداً على ترتيب جماعي متبادل للمعلومات بين المتعلمين، حيث يكون كل متعلم مسؤول عن تعلمه ويجري تحفيزه بزيادة تعلم الآخرين.

تعريف لوننك Lonning ١٩٩٣

هو طريقة يعمل فيها الطلاب في مجموعات صغيرة غير متجانسة في القدرات والخلفية العلمية إذ يتفاعلون جميعا لتحقيق الأهداف المشتركة.

تعريف مكينيرني Mcenerney ١٩٩٤

هو إستراتيجية تدريس تتمحور حول الطالب حيث يعمل الطلاب ضمن مجموعة صغيرة غير متجانسة لتحقيق هدف أكاديمي مشترك كحل مشكلة أو إنجاز مهمة ما.

تعريف مارتن وسكليت Martin & Schlette ١٩٩٥

هو الطريقة التدريسية التي يوصف فيها المتعلمون بأنهم فريق واحد يتعلمون ضمن مجموعات صغيرة لإتمام واجب محدد لهم يتعلمون من خلال التعامل الايجابي فيما بينهم.

تعريف دوري وآخرون Dori & et.al ١٩٩٥

هو بيئة تعلم صفية تضم مجموعات صغيرة من الطلاب مختلفين في قدراتهم ينجزون مهمة تعليمية وينشدون مساعدة بعضهم البعض ويتخذون قرارهم بالإجماع.

تعريف جونسون وجونسون Johnson & Johnson ٢٠٠٠

هو إستراتيجية تدريس تتضمن مجاميع صغيرة من الطلبة يعملون سوياً بهدف تطوير الخبرة التعليمية لكل عضو فيها إلى أقصى حد ممكن، ويشجعون بعضهم بعضاً للعمل معاً في أي منهج أو مرحلة عمرية.

تعريف فاوغن Vaughan ٢٠٠٢

هو الاستخدام التعليمي للمجموعات الصغيرة المتعاونة من الطلبة الذين يعملون سوية من اجل رفع تحصيلهم ومساعدة بعضهم بعضاً للحصول إلى هدف مشترك.

تعريف شيفر Shafer ٢٠٠٣

هو أسلوب تعلم يتم فيه تقسيم الطلبة إلى مجموعات صغيرة تضم مستويات معرفية مختلفة عدد أفراد كل مجموعة ما بين ٤-٦ أفراد ويتعاون طلبة المجموعة الواحدة على تحقيق هدف أو أهداف مشتركة.

تعريف هيجزن وفدر Hijzen & Vedder ٢٠٠٧

هو مجموعة من المبادئ التدريسية التي تصف كيف يمكن أن يتعلم الطلبة مع بعضهم البعض ومن ثم يحققوا أهدافهم المشتركة المصرح بها في المهمات الأكاديمية المختلفة في الصف.

تعريف جونز وكاستون Jones & Caston ٢٠٠٨

هو العلاقات الايجابية التي تظهر حين يتم خلق رابط ايجابي بين الطلبة في محاولتهم تحقيق هدف جماعي مشترك.

تعريف شن وشينغ Chen & Chenge ٢٠٠٩

هو إحدى استراتيجيات التدريس النظامية البنائية التي ظهرت للتغلب على التنافسية في طرق التدريس التقليدية التي يتم فيها تجاهل اكتساب الطلبة للمهارات الاجتماعية ومهارات التعاون مع الآخرين.

التعلم التعاوني

استناداً إلى ما تقدم تعرف الباحثة التعلم التعاوني هو الطريقة التدريسية التي يعمل فيها المتعلمون في مجموعات صغيرة تتراوح بين (٣-٦) أفراد بهدف تطوير الخبرة التعليمية لكل عضو فيها إلى أقصى حد ممكن.

التعلم التعاوني والمفاهيم المرتبطة به

هناك عدد من المصطلحات مرتبطة بالتعلم التعاوني، نحاول ذكرها، بما يلي:

الإستراتيجية:

هي الأهداف التعليمية والتحركات التي يقوم بها المدرس وينظمها ليسير وفقها في التدريس.

إستراتيجية التعلم التعاوني Cooperative Learning

هي مجموعة الخطوات والأنشطة التي ينفذ المدرس من خلالها التعلم التعاوني في تدريسه.

حزمة التعلم التعاوني Cooperative Learning Package

هي مجموعة من المناهج مصممة خصيصاً بحيث تشتمل على تعلم تعاوني، ومضمون أكاديمي.

المدرسة التعاونية Cooperative School

هي بنية تنظيمية مبنية على أسلوب عمل المجموعات والإتقان العالي، وتستخدم التعلم التعاوني في تعليمها، ومجموعات الزمالة للدعم والمساندة وتشرك جميع الأعضاء في المدرسة في اتخاذ القرار، كما تشتمل على مجموعات الزمالة الإدارية واتخاذ القرار بشكل مشترك على مستوى المنطقة التعليمية.

التعاون Cooperative

لا يوجد مفهوم محدد لمصطلح التعاون في المجال التربوي وقد حدد اوسنز ثلاث معان لمصطلح التعاون، هي:

التعاون باعتباره سمة- يشير إلى الفروق الفردية بين استجابات الأفراد للعمل التعاوني.

التعاون باعتباره تنظيما- يشير إلى مجموعة المكونات مثل طبيعة، هدف، وكمية ونـوع التفاعـل بينهم.

التعاون باعتباره سلوكا- يشير إلى أنماط سلوكية يمكن ملاحظتها في غرفة الدراسة.

المجموعة الكبيرة Big Group

هي مجموعة نشاطات وفق أنظمة معينة يشترك الطلبة في العمـل كمجموعـات غـير متجانسة التحصيل مكونة كل منها من (٤-٦) أعضاء.

المجموعة الصغيرة Small Group

هي إستراتيجية تدريسية تعتمد تقسيم الطلبة على مجموعات صغيرة يـتراوح عـدد طلابهـا بـين (٢-٤) طلاب وكل مجموعة تختار ممثلا عنها من بين أعضائها.

المجمعات التعليمية Instructional Modules

وحدة من المادة التعليمية كدرس أو مساق مصغر، أو المنهـاج بكاملـه وهـو يرتكـز عمليـاً عـلى زيادة مشاركة وتفاعل الطالب الذي يأخذ الخبرات التعليمية، ويتضمن نشاطات تعليمية متنوعة، تمكن الطالب من تحقيق الأهداف المحددة للمادة التعليمية إلى درجة الإتقان، حسب خطة منظمة.

الطريقة التقليدية Traditional Method

هي حديث يقدمه المدرس إلى الطلبة عن موضوع أو فكرة محددة، وقد يتـداخل مـع الحـديث أسئلة عرضية أو استخدام وسائل تعليمية معينة وغالباً ما يدون الطلبة عدداً من الملاحظات.

التحصيل Achievement

هو مقدار ما حققه المتعلم من أهداف تعليمية في مادة دراسية معينة نتيجة مـروره في خـبرات ومواقف تعليمية –تعلمية.

العمل الجماعي Group Work

هو أعمال يشترك فيها التلاميذ كمجموعة، على أن يكون لكل تلميذ نصيب خاص به.

التعلم الاتقاني Mastering Learning

هو خيار جديد للتعليم والتدريس يستخدم لإيصال الطلبة إلى مستوى السيطرة على الوحدات الرئيسة في التعليم قبل السماح لهم بالانتقال إلى الوحدات التعليمية اللاحقة.

سلوك المساعدة Helping behavior

هو أفعال الأفراد الطوعية الاختيارية المدفوعة بالفوائد المتوقعة.

السلوك الاجتماعي Social Behavior

هو علاقة متبادلة بين فردين أو أكثر يتوقف سلوك كل منهما على سلوك الأخر إذا كانا فردين أو يتوقف سلوك كل منهم على سلوك الآخرين إذا كانوا أكثر من فردين، كما يمكن أن ينظر إلى السلوك الاجتماعي على أنه عملية اتصال تؤدي إلى التأثير على أفعال الآخرين ووجهات نظرهم.

التغذية الراجعة Feed back

هي معرفة المتعلم بنتائجه من خلال تزويده بمعلومات حول استجابته إذا كانت جيدة أو غير جيدة وهي بذلك تعرف المتعلم بنتائجه وتقدم له التعزيز على تحفيزه وتساعده على تحسين مستوى أدائه.

الاختبار محكي المرجع Criterion Referenced Test

هو ذلك الاختبار الذي يستخدم لتقدير أداء الفرد في نطاق سلوكي محدد تحديداً دقيقاً.

آراء المنظرين في مجال دعم التعلم التعاوني للطلاب

ركز العديد من المختصين على مسالة التعلم التعاوني وضرورة تعليم الطلاب وإكسابهم مختلف الخبرات ضمن بيئاتهم الصفية.

ونظراً لما توصلت إليه نظريات علم النفس الحديث من نتائج عن أهمية استخدام إستراتيجية التعلم التعاوني، وفائدته في تحقيق الأهداف التربوية المنشودة، وبدأت المدارس الأمريكية في العودة إلى استخدام طرق التعلم التعاوني، فقد أكد كوفكا (**Koffika**) وهو أحد زملاء ليفين في بداية القرن العشرين على أن المجموعات هي كليات ديناميكية متفاعلة متقابلة فيما بينها ويتناوب فيها الاعتماد الايجابي بين الأعضاء.

وذكر ليفين (**Kurt Lewin,1928**) إن المشاركة في المجموعة هي التي تجعل المجموعة ذات تكامل ديناميكي وهذه النظرية تفترض أن مشاركة الفرد تعتمد على الطريقة التي تمت بها المشاركة، فالمشاركة الايجابية القائمة على التعاون تعزز التفاعل الفردي ضمن المجموعة والذي يشجع على السعي والمشاركة، أما المشاركة السلبية القائمة على المنافسة تسبب الخلافات عند تفاعل الأفراد ويحاول كل فرد تثبيط همة ومحاولات الآخرين للنجاح وإعاقتها وبلوغ الهدف، وقد طور ليفين أفكاره وأكد على أن أساس الجماعة هو :

الاعتماد المتبادل الذي يتم تكوينه لتحقيق الأهداف المشتركة.

حالة التوتر الداخلي لدى الأعضاء يدفعهم إلى العمل على تحقيق الأهداف المشتركة المرغوبة.

وأوصى جون دوي (**John Dewey**) بتعليم الطلبة في مجموعات صغيرة لاعتقاده بأن الذكاء يتطور اجتماعياً وإن الطلبة بحاجة إلى مهارات العمل مع بعضهم البعض وقد انعكست توصيات ديوي على العديد من أهداف التعلم التعاوني بالجوانب المعرفية والاجتماعية والأخلاقية، وهكذا انتشرت إستراتيجية التعلم التعاوني في الخمسينيات.

أما محاولة مورتن دويتش (**Morton Deutsch,1949**) وهو أحد تلاميذ كيرت ليفين من المحاولات المهمة التي وجهت نظر التربويين والنفسيين إلى أهمية التعاون والتنافس بين التلاميذ، حيث طور مورتن دويتش فكرة أستاذه "ليفين" واعد نظرية التعاون والتنافس والتي على الرغم من وضوحها إلا أنها طبقت ببطء، وتوصل إلى ثلاثة تنظيمات تؤدي إلى تحقيق أهداف الجماعة هي التنظيم التعاوني والتنظيم التنافسي والتنظيم الفردي، كما وضع الأساس النظري للتعلم التعاوني.

وقام ديفيد جونسون (**David Johnson,1970-1974**) بتطوير أفكار مورتن دويتش لتصبح نظرية الاعتماد الاجتماعي المتبادل.

وتعاون كل من ديفيد جونسون (**David Johnson**) وروجرجونسون (**Roger Johnson**) في إنشاء مركز للتعلم التعاوني بكلية التربية بجامعة منيسوتا بأمريكا وكذلك قيامهما بنشر أكثر من (٨٠) دراسة حول الموضوع نفسه، وكان أساس عملهما انه

التعلم التعاوني

إذا تم تحديد وصياغة أهداف تعاونية للتعلم فان المتعلمين سيتساعدون ويتعاونون ويشجعون ويدعمون جهود بعضهم البعض لتحقيق هذه الأهداف.

ويرى جان بياجيه (**Jan Piaget**) صاحب النظرية المعرفية، إن اكتساب القيم واللغة والقوانين والنظم والأخلاق يتم من خلال التفاعل مع الآخرين، وإن التعلم والتطور عند الفرد ينتجان عن التعاون الجماعي مع الأقران، وإن العمل التعاوني له أثر مهم في تكوين استراتيجيات العمل الذهني التي تساعد المتعلمين في حياتهم العملية أكثر من استيعاب المعلومات نفسها.

وأما برونر (**Bruner**) فيرى إن المشاركة تلعب دوراً كبيراً في التعلم الصفي متأثراً بفكر فيجوتسكي الذي أشار إلى دور التفاعل الاجتماعي في تيسير وتسهيل التعلم والذي بدوره يوقظ وينبه وينشط عمليات داخلية منوعة للقيام بعملها عندما يتفاعل الطفل مع الآخرين في البيئة، وهكذا فان أسس التعلم والنمو هو النجاح الذي يتحقق تعاونياً.

وأما النظرية البنائية الاجتماعية (**Social Constructivist Theory**) فتعد من نظريات التعلم الحديثة التي أكدت على أن عملية التعلم تحدث في ضوء سياق اجتماعي، وان محور اهتمام هذه النظرية هو لغة التواصل بعدها أداة تنقل الخبرة الاجتماعية إلى الأفراد، وتشكل المناخ العام للبيئة الصفية وبذلك فان بناء المعرفة وفقاً لهذه النظرية يتم بالتعاون الجماعي بين المعلم وطلبته وبين الطلبة مع بعضهم البعض كعملية اجتماعية ثقافية توجه تفكيرهم وتكون معنى للمفاهيم التي يتعلمونها.

وأما بيلز (**Belles**) فدرس في نظريته للتفاعل الاجتماعي وحدد مراحل وأنماط عامة في مواقف اجتماعية تجريبية، ويرى إن التفاعل وتبادل الأفكار بين فريق البحث يؤثر ايجابياً في الإنتاج. وتعد فرق العمل وأعماله التشاركية تقليداً مناسباً لتطوير الأفكار والإنتاجات الإبداعية، ويستند نظام بيلز لتحليل التفاعل الاجتماعي إلى قائمة من الأنماط السلوكية اللفظية وغير اللفظية التي تستخدم في أثناء عمليات التفاعل الاجتماعي التي تحدث بين الجماعات عند المناقشة أو في أثناء البحث عن حل معين. وبذلك يتفق التعلم التعاوني بإستراتيجية فرق التعلم مع هذه النظرية من ناحية تقسيم الصف على مجموعات وتعاون الأفراد داخل هذه المجموعات وتفاعلهم من اجل التوصل إلى الأهداف التي وضعها المدرس، وحدوث التفاعل شرط أساس من شروط حدوث التعلم لما يمتلكه التفاعل من

نشأة التعلم التعاوني ومفهومه

ايجابيات وميزات تساعد في كسب العديد من الأمور التي تؤدي إلى زيادة تحصيل المتعلم وتحسين اتجاهاته.

وتعد نظرية فيجوتسكي (**Vygotsky**) إحدى النظريات الهامة في مجال التعليم والتعلم حيث تولي الاهتمام لدور الثقافة والمجتمع في النمو المعرفي للطالب وتؤكد على أن المحرك الأول للنمو المعرفي هو الثقافة التي تشكل التفاعلات الاجتماعية كما إنها تعتبر أن العامل اللغوي الاجتماعي أهم عامل للنمو المعرفي وان المعرفة بناء تعاوني يناسب كل الأفراد وينسجم مع البنية الداخلية لهم فمن خلال التفاعلات الاجتماعية يبني المتعلم المعرفة بالتواصل اللغوي واستخدام الكتابة، كما تعطي هذه النظرية أهمية كبرى لدور كل من المعلم والوالدين والأقران مؤكدة أن دور المعلم كفرد اجتماعي مرشد لطلابه ويشارك تقدمهم وينظم العمل داخل غرفة الصف ويعطي الفرصة لهم للعمل مع بعضهم بعضاً من خلال مجموعات عمل صغيرة مشجعاً للأنشطة باعتباره مساعداً على الانجاز أو الأداء.

واعتقد فيجوتسكي أن التعلم من الشخص الأكثر خبرة ينتج عنه اكتساب الطالب لمعلومات أكثر ومعالجة المشاكل بصورة أكثر تركيزاً مما يساعد على النمو والتطور وهذا عكس الطلبة الذين يعملون بانفراد ويتلقون التعلم التقليدي.

أما النظرية السلوكية والتي من ابرز روادها "سكنر" (**Skinner**) الذي ركز على أهمية المكافأة الجماعية لتشجيع الطلبة على العمل في مجموعات لكونها تخلق تعزيز داخلي لكل فرد من أفراد المجموعة.

كما ينطلق التعلم التعاوني من نظرية الذكاءات المتعددة التي وضعها جاردنر (**Gardner,1983**) والتي من مبادئها أن تفاوت مستوى الذكاءات وتعددها في مجموعات يساعد على تحقيق تعلم أفضل.

كما تندرج فلسفة التعلم التعاوني من ثمة ثلاث تكنيكات تعليمية ترتبط بنظرية التعلم المستند إلى الدماغ لكل من كين وكين (**Caine & Caine**) وجنسن (**Jensen**) وسيلوستر (**Sylwester**) وسوسا (**Sousa**) وبات ولف (**Pat Wolfe**)، هي:

التعلم التعاوني

الانغماس المنظم- أن التعلم في بيئات غنية يخلق تلاميذ منغمسين في تجربة تعليمية، وأحد الأمثلة هو انغماس المتعلمين في ثقافة أجنبية من أجل تعليمهم لغة ثانية.

اليقظة الهادئة (الاسترخاء)- تتمثل في القضاء على الخوف لدى المتعلمين في الوقت ذاته يبقى فيه التحدي للحفاظ على البيئة.

المعالجة الفعالة- يتم توطيد واستيعاب المعلومات عن طريق التجهيز الفعلي للتجربة من قبل المعلم مما يؤدي إلى استيعاب المعلومات الجديدة التي تتواصل مع التعلم السابق.

وأما تولمان (Tolman) فيرى أن التعلم عبارة عن تكوين مدركات، وليس اكتساب عادات أو تكوين ارتباطات بين مثيرات واستجابات ويتم أداء الفرد في أي عملية من العمليات نتيجة للتفاعل الذي يتم بين دوافع الفرد ومحتويات تكوين مدركاته..

أما عملية التعلم حسب نظرية جثري (Guthrie) في تقديم منبهات (مهمات تعلم) ذات استجابات محددة متلازمة بوجه عام، فيعمد المتعلم بنفسه أو بمساعدة وتوجيه المعلم إلى تعلمها وتحصيلها على شكل مجموعات متجانسة من المنبهات والاستجابات المتلازمة بحيث يحدث التعلم المطلوب كما يشير جثري من الموقف أو التجربة التعليمية الأولى، بإثارة المنبه المطلوب ليقوم المتعلم بإبداء الاستجابة المرافقة له.

وأما فرويد (Freud) صاحب نظرية التحليل النفسي فيرى أن ديناميكيات سلوك المجموعة التعاونية هو نوع من الامتداد الجماعي الذي يقبله الأفراد.

استناداً إلى ما تقدم فان طريقة التدريس بالتعلم التعاوني تتفق مع النظرة الحديثة في التربية والتي تهدف إلى نقل محور العملية التعليمية من المعلم إلى التلميذ، وجعله مشاركاً في الموقف التعليمي فهو الذي يبحث ويستكشف ويجري التجارب، بالإضافة إلى خلق روح التعاون وتعلم السلوك الاجتماعي المرغوب داخل الصف وخارجه.

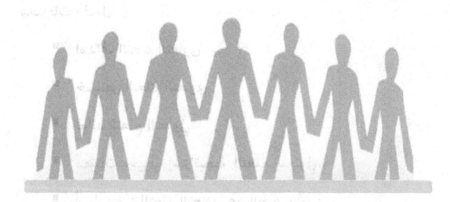

الفصل الثاني
بُنية التعلم التعاوني

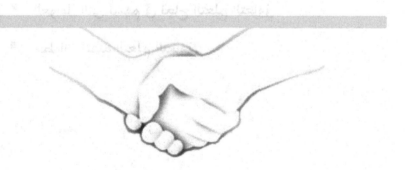

محتويات الفصل:

- أهداف التعلم التعاوني

- خصائص التعلم التعاوني

- فوائد التعلم التعاوني

- مميزات وعيوب إستراتيجية التعلم التعاوني

- أسباب تميز التعلم التعاوني عن الطرق الأخرى

- متى ندرس بإستراتيجية التعلم التعاوني :

- الشروط الواجب توفرها في التعلم التعاوني

- العوامل التي تسهم في نجاح التعلم التعاوني

- خطوات تنفيذ التعلم التعاوني

لفصل الثاني
بُنية التعلم التعاوني

أهداف التعلم التعاوني

حدد عدد من المربين أهداف التعلم التعاوني، والتي تتمثل في الجوانب الآتية:

أولاً: الجانب التربوي لأهداف التعلم التعاوني

- التشجيع على الأداء المتواصل والانجاز المستمر من جانب الطلبة ضمن المجموعة الواحدة.

- يعمل التعلم التعاوني على زيادة التحصيل في جميع المباحث ولمعظم المراحل الدراسية.

- تشجيع المناقشة والتفاعل الحاصل في المجموعات التعاونية على حدوث صراعـات وتحـديات بين أفكار الأعضاء وآرائهم.

- إن التكرار الحاصل في المعلومات خلال الموقف التعليمي بسبب النقاش الحاصل بين الأعضاء وكذلك تبادل الخبرات يولد معلومات جديدة تهيئ الطلبة إلى تفسيرها وشرحها.

- وجود التغذية الراجعة في الموقف التعاوني، والاستفادة منهـا في تـشجيع وتـدعيم الطلبـة، مـما يعمل على رفع مستوى التحصيل.

- اعتماد الموقف التعاوني على تبادل الأفكار والخبرات، خاصـة وان المجموعـات غـير المتجانـسة، سواء في القدرات أو الميول أو الاهتمامات، ومن ثم تعزيز وتطوير خبرات الطلبة، وذلـك لان الطالب يعدل سلوكه وفق توقعات زملائه.

- يعمل على زيادة دافعية الطلبة، وذلك بسبب انتـشار روح المحبـة والاخـاء بـين الأعضاء مـما يشجعهم على زيادة تحصيلهم.

- يؤدي إلى إيجاد نوع من التربية المتكاملة للمتعلم، وذلك من خلال الربط بين النمو الفردي له من جهة والنمو الجماعي من جهة أخرى.

- يساعد التعلم التعاوني على التخلص من الاتجاهات وأنماط السلوك السلبية العديدة كالأنانية والمنافسة غير الشريفة والفردية المفرطة.

- تنمية المحافظة على النظام واحترامه، مما يساهم في بناء الانضباط الذاتي لدى المتعلمين وبالتالي تهذيب الذات، وجعلها قادرة على العمل الجماعي البناء.

- تدريب الطلبة على تحمل المسؤولية الفردية والجماعية المتنوعة.

- جعل الطالب محور العملية التربوية، وذلك من خلال إشراكهم في جميع الأنشطة والفعاليات بدرجة كبيرة وبعيدا عن التلقين والسلبية.

- تمثل المجموعات التي يشكلها المعلم مصدراً مهماً من مصادر العلم والمعرفة، لأن المعلم لم يعد المصدر الوحيد للمعرفة، حيث يتعلم الطلبة من بعضهم البعض، وذلك في ضوء اطلاعهم على مصادر المعلومات والمعارف اللامحدودة في المكتبات ومراكز مصادر المعلومات وشبكات الانترنيت الدولية.

- تنمية أسلوب التعلم الذاتي فيما بين الطلبة، ولما له من أهمية قصوى في اكتساب المعارف والمعلومات.

- إكساب الطلبة المهارات والمعلومات بشكل فعال، إضافة إلى الاحتفاظ بها لمدة أطول.

- تنمية مهارات التفكير العليا عند الطلبة، وإكسابهم القدرة على تحليل المواقف وحل المشكلات التي تواجههم، وبخاصة مهارات البحث والاستنتاج والاستقصاء والتحليل والنقد والإبداع.

- تدريب الطلبة على الالتزام بآداب الاستماع والتحدث والتعقيب والتعليق وإبداء الرأي وتقديم التغذية الراجعة لما لها من أهمية في تفعيل المشاركة والنقاش والخروج بنتائج ايجابية هادفة.

- يقضي التعلم التعاوني على الملل بين الطلبة، ويجعل المادة التعليمية مثيرة ومشوقة للتعلم، كما أنها تؤدي إلى شعور الطلبة بالنجاح.

بُنية التعلم التعاوني

- يعمل التعلم التعاوني على تغيير اتجاهات الطلبة نحو المادة الدراسية ومعلمها بـشكل ايجابـي وواضح.

- يعمل على زيادة الدافعية لدى الطلبة نحو تعلم المادة الدراسية وتكوين اتجاهات ايجابيـة نحو المدرسة مع إيجاد بيئة صفية تثير النـشاط والحيويـة بـين أفـراد المجموعـة التعاونيـة، وتدعم الاتجاهات البناءة من جانب الطلبة، وزيادة الثقـة المتبادلـة بينهم مـن جهة وبـين معلمهم من جهة ثانية.

ثانياً: الجانب الاجتماعي لأهداف التعلم التعاوني

- جعل المتعلمين يمارسـون حيـاة واقعيـة داخـل الحجرة الدراسية، ممـا يـسبب في بناء أسـس التعاون الصحيح والتعامل البناء مع الآخرين.

- يهتم هذا النمط من التعلم بحاجات الطلبة ورغباتهم وقدراتهم وميولهم، وذلك عـن طريـق تشكيل المجموعات التعاونية، مما يؤدي إلى زيادة انتماء الفرد إلى مجموعته.

- يساعد التعلم التعاوني على اكتشاف ميول الأفراد ضمن أنشطة المجموعات في الصف الواحد.

- يعمل التعلم التعاوني على تنمية روح التعاون والعمـل الجماعـي بـين الطلبـة، مـما يـؤدي إلى احترام آراء الآخرين وتقبل وجهات نظرهم.

- يكسب الـتعلم التعـاوني الطلبـة المهـارات الاجتماعيـة، وذلك مـن خـلال التفاعـل بـين أفـراد المجموعة الواحدة ولاسيما مهارات التواصل والتعاون وحل الخلافات والحصول عـلى الـدعم والحوار الايجابي.

- تقوية روابط الصداقة وتطور العلاقات الشخصية بين الطلبـة، مـما يزيد مـن المحبـة والمـودة والاحترام بينهم.

- يعمل التعلم التعاوني على دعم أنماط السلوك التي تركز على العمل وزيـادة الإنتـاج والنـشاط والحيوية.

- يؤدي التعلم التعاوني إلى التخفيف من حدة المشكلات السلوكية بين الطلبة.

ثالثاً: الجانب النفسي لأهداف التعلم التعاوني

- الاهتمام بحاجات الطلبة النفسية والمعرفية، والعمل على رصدها من خلال التعلم التعاوني، والانتماء إلى المجموعة، مما يساعد على اكتشاف ميول الطلبة، ويتيح الفرصة لكل طالب بان يعبر عما يجول في خاطره من أفكار وبطريقة ديمقراطية واضحة.

- يتعلم الطلبة أنماط التفاعل الايجابي البناء وبالتالي رفع مستوى النشاط لديهم.

- تعزيز الصحة النفسية والاستقرار النفسي لدى الطلبة.

- يساهم في بناء الثقة بالنفس وتقدير الذات بين الطلبة من جهة وبين المعلم من جهة أخرى.

- يعمل التعلم التعاوني على مراعاة الفروق الفردية بين الطلبة من كافة الجوانب، سواء في العمر أو في مراحل التطور الإدراكي المعرفي.

- يساهم التعلم التعاوني في التخفيف من انطوائية الطلبة، ويؤدي إلى زيادة التوافق النفسي الايجابي، وتنمية الجوانب العقلية والوجدانية والمهارية والحركية بشكل سوي.

خصائص التعلم التعاوني

أولاً-الخصائص Characteristics لغة: جاء تعريف الخاصية في اللغة بعدة صيغ فقد ورد في لسان العرب :

- خص: خاصية والجمع خواص وخصائص.

- خصص: خص بالشيء يخصه خصاً.

- خصوصاً وخصوصية وخصيصي وأختصه: أفرده به دون غيره يقال أختص فلان بالأمر وتخصص له – إذا انفرد به، وخص غيره أختصه ببره.

ثانياً-الخصائص اصطلاحاً: "الخصيصة، هي الصفة التي تميز الشيء وتحدده "، ويمكن تحديد خصائص التعلم التعاوني، بما يأتي:

- يتم تنفيذه من خلال مجموعة من الاستراتيجيات وليس من خلال إستراتيجية واحدة وهذا ما يميزه عن استراتيجيات التدريس الأخرى.

- مواقف التدريس التعاوني مواقف اجتماعية، حيث يقسم الطلاب إلى مجموعات صغيرة يعملون معا لتحقيق أهداف مشتركة من خلال مساهمة كل طالب في المجموعة بمجهود للتوصل إلى تحقيق الأهداف.

- يقوم الطالب في مجموعته بدورين متكاملين يؤكدان نشاطه وهما دور التدريس والتعليم في آن واحد بدافعية ذاتية، وبالتالي فان الجهد المبذول في الموقف يمكن أن يؤدي إلى بقاء اثر التعلم وانتقاله.

- للمهارات الاجتماعية النصيب الأكبر في إستراتيجية التعلم التعاوني وقد يكون هذا غير متوافر بنفس الدرجة في استراتيجيات أخرى.

- يقدم التعلم التعاوني فرصا متساوية تقريبا للطلاب للنجاح.

- التعلم التعاوني تعلم فعال فهو إستراتيجية تحقق كافة أنواع ومستويات الأهداف التربوية بفاعلية وكفاءة.

- يؤدي التعلم التعاوني إلى تجانس أفراد المجموعة الواحدة بغض النظر عن التباينات أيا كانت فالكل يعمل معا يجمعهم ويدفعهم تحقيق أهدافه.

- يركز على الأنشطة الجماعية التي تتطلب بناءا وتخطيطا قبل التنفيذ، وهنا يكون دور لا الطلاب يتعلمون فقط ما يجب إن يتعلموه بل يتعلمون كيف يتعاونون أثناء تعلمهم.

> **فوائد التعلم التعاوني**

- يؤدي إلى تزايد القدرة على تقبل وجهات النظر المختلفة.

- يحقق ارتفاع مستوى اعتزاز الفرد بذاته وثقته بنفسه.

- يؤدي إلى تزايد حب المادة الدراسية.

- يؤدي إلى تزايد حب التلاميذ إلى مدرستهم والنظر إليها على أنها مكان يعمـل فيـه مجموعـة متحابة من الأفراد ويسعون لتحقيق تعلم أفضل لكل منهم.

- يساعد على فهم وإتقان المفاهيم والأسس العامة.

- ينمي القدرة على حل المشكلات.

- ينمي القدرة الإبداعية لدى التلاميذ.

- يؤدي إلى تحسن المهارات اللغوية والقدرة على التعبير.

- يحقق مساندة اجتماعية أقوى بين الطلاب.

- يؤدي إلى تذكر لفترة أطول.

- يحقق مزيد من التوافق النفسي الايجابي.

- يؤدي إلى مزيد من السلوكيات التي تركز على العمل.

- يحقق مزيد من الدافعية الداخلية.

- يحقق مهارات تعاونية أكثر.

- ينمي القدرة على حل المشكلات الناتجة عن سوء التفاهم بين أعضاء المجموعة.

- يؤدي إلى التعود على النقد القائم على الحجة والبرهان.

- يؤدي إلى غياب المشكلات الانضباطية نتيجة للمواظبة على الحضور للمدرسة.

- يلغي دور المعلم المتسلط.

- يؤدي إلى نقص التعصب للرأي والذاتية وتقبل الاختلافات بين الأفراد.

مميزات وعيوب إستراتيجية التعلم التعاوني

إن لكل إستراتيجية في التدريس ما يبررها، وتتحكم فيها مجموعـة مـن العوامـل منهـا: شخصية المعلم، طبيعة المادة، الموقف التعليمي، الأدوات والأجهزة، عدد الطلاب في الفصل، الوسـائل المـستعملة، واعتبارات تربوية، ورغم ذلك فلكل أسلوب مميزات وعيوب أثناء التطبيق العملي، ويمكن إيجازه فيما يلي:

بُنية التعلم التعاوني

أولاً-الممـــيـــزات:

- يستعمل هذا الأسـلوب عنـد المراجعـة والتـدريس للمهـارات الكثيرة حتـى يختـصر الجهـد و الوقت.

- ينمى عند الطلاب روح العمل الجماعي ويشعر الجميع إن عليهم مساعدة بعضهم البعض.

- يعطي الطالب الثقة بالنفس عن طريق تحمل مسؤولية قيادة المجموعة لفترة محددة.

- ينمى لدى الطالب مهارة الإصغاء واحترام الرأي الأخر.

- يساعد الطلاب على البحث و الاستقصاء والتعلم الذاتي.

- مسؤولية المدرس هي التوجيه وتصحيح الأخطاء.

- يزيل الفروق الفردية إذ يشعر الفرد بذاته داخل المجموعة.

- يحقق مساندة اجتماعية اكبر فضلاً عن تقديم التغذية الراجعة للآخرين.

- اكتساب مهارات تعاونية أكثر.

- ينقل مركز المسؤولية من المعلم إلى الطلاب حيث يتحمل كل طالـب مـسؤولية تعلمـه وتعلـم زملائه في المجموعة.

- وجود تعلم الأقران إذ أن هناك كثير من التلاميذ الذين يتعلمـون بمـساعدة أقرانهم أكـثر مـما يتعلمون من معلمهم .

- يتعلم فيها الطالب تحمل المسؤولية في الـتعلم منـذ اللحظة التـي يـتم فيهـا تقسيمهم علـى مجموعات سواء تلك التي تصدر من المعلم أم التي تصدر من رؤساء المجموعات.

- رفع معدل التحصيل الأكاديمي.

- زيادة الدافعية الداخلية.

- تكوين مواقف أفضل تجاه المعلمين والمدرسة.

- احترام أعلى للذات.

- زيادة السلوكيات التي تركز على العمل.

- تزيد من تحصيل التلاميذ.

- التخفيف من الجو التسلطي في الصف والذي يخلق جو من القلق، والتحول إلى جو ودي.

ثانياً-العيــــوب :

- ربما لا يساعد هذا الأسلوب على تلبية احتياجات الطلبة المبدعين.

- لا يستعمل في تدريس المهارات الصعبة المعقدة، نظراً لصعوبة الواجبات على الطلاب.

- يحتاج إلى أدوات وإمكانيات تناسب عدد المجموعة أو المجموعات.

- لا يوفر الانضباط الكافي في الدرس.

- الخوف من السيطرة أو إمكانية استبداد بعض الطلبة في المجموعة التي يمنع الطالب الـذي يريد إن يعمل بمفرده لمدة معينة، كذلك التقسيم الذي يعتمد عليـه التعـاون الـذي يسـمح للأفراد بالعمل بمفردهم لمدة قبل الاتصال بالمجموعة.

- إن الطلبة غير المشتركين في العمـل الجماعـي سـوف يعـاملون ويعـاقبون بوحشية في حـين أن الاتصال بين أفراد المجموعة والتعاون فيما بينهم بقدراتهم المختلفـة وتبـادل الأدوار يبـين أن الطالب الضعيف في مهمة قد يكـون مميـزاً في مهمـة أخـرى وان إنجـاز الطلبـة الـضعاف لا يؤدي إلى حبهم للتعاون في جماعة.

- إن عمل الطلبة سوية للقيام بتنفيذ المهمة فقط وليس لأجل مهارة أدائهم وبذا يصبح العمـل مجرد رتابة يؤدي بصورة إليـة مما يؤدي إلى حجب الإبداع والابتكار والمـرح الـذي يـصاحب النشاط.

- إن عمل الطلبة سوية يؤدي إلى فقدان تأكيدهم لذاتهم أو إثبات لشخصيتهم لان   الجماعـة ستوجه في بناء مستوياتهم في حـين أن إثبـات الشخصية وتقـدير الـذات يـتم خـلال التـعلم التعاوني ومن خلال المنافسة والحوار المطلوب.

أسباب تميز التعلم التعاوني عن الطرق الأخرى

يتميز التعلم التعاوني عن الطرق التقليدية الأخرى، بما يأتي:

- تنصب أهداف الجماعة نحو دمج كل فرد مع الآخرين لبلوغ أجود الأعمال وأفضلها.

- يشترك الأفراد مباشرة في تحقيق المهارات الاجتماعية.

- يلاحظ المعلم الجماعات ويقدم التغذية المرتدة ليعملوا سوياً.

- يساعد التفاعل بين الأفراد على المواجهة والمقابلة.

- يكون اتجاهات ايجابية نحو الدراسة.

- يساعد على تحقيق الصحة النفسية للأفراد مـما يجعلهم أكثر إسهاماً في المجتمع وأسرع في بلوغ النضج الانفعالي.

- يناسب أية واجبات تعليمية فيما يتعلق بالمفاهيم وحل المشكلات وصنع القرار.

- يساعد على الفهم الصحيح للموقف بالنسبة للفرد المتعلم.

- يساعد على التعرف على وجهات نظر الآخرين.

متى ندرس بإستراتيجية التعلم التعاوني

أولاً: إذا كان المدرس متمكناً من تنفيذ الدرس بأسلوب التعلم التعاوني.

ثانياً: إذا شعر المـدرس بـان طلابه يقعـون في مـستويات تحـصيل مختلفـة (ممتـاز – جيـد – متوسط – مقبول).

ثالثاً: إذا سعى المدرس إلى تحقيق عدة أهداف تعليمية معـا بـشكل متـزامن ومتعلـق بالجانب المعرفي و المهاري والوجداني والاجتماعي.

رابعاً: إذا كان عدد الطلاب في الصف لا يزيد عن (٢٥) طالباً.

خامسا: إذا كـان لـدى الطـلاب القـدرة علـى تعليم أنفسهم بـالتزامهم بالعمـل الموكـل إليهم ويتمتعون بالقدرة على التعلم والانضباط.

يمكن وضع معايير للأسلوب المناسب نذكر منها :

- استعمال دوافع الطلاب للتعلم.

- مشاركة الطلاب الفعلية في إدارة نشاط الدرس.

- مراعاة المستوى البدني المهاري للطلاب في الصف الواحد.

- مراعاة المستوى التربوي الذي يبدأ منه الطلاب.

- ربط المنهج بالحياة الاجتماعية و البيئية.

- إعطاء نتائج مباشرة بعد الدرس.

- السماح بانتقال اثر التدريب ليشمل كل من المنزل و الحي والنادي.

الشروط الواجب توفرها في التعلم التعاوني

عند إتباع أسلوب التعلم التعاوني يلزم إتباع الشروط التالية:

- أن يتوافر الاعتماد الايجابي المتبادل بين أعضاء الجماعة.

- إتاحة الفرصة للتفاعل المباشر بين أعضاء الجماعة.

- الاستفادة القصوى من إمكانيات ومهارات كل عضو من أعضاء الجماعات.

- ألا يزيد حجم الجماعة في التعلم التعاوني عن ستة طلاب.

- يفضل أن تكون الجماعة من مختلف القدرات غير متجانسة.

- أن يكون جنس الجماعة من فئة واحدة.

- تحديد فنيات التعلم التعاوني التي يتم استخدامها وفقاً لطبيعة الموقف التعليمي.

- أن يكون للتلميذ ايجابية في العمل مع زملائه داخل الجماعة من اجل تحقق الفوز للجماعة.

العوامل التي تسهم في نجاح التعلم التعاوني

هنالك عوامل متعددة في أمكانها الإسهام بإنجاح التعلم التعاوني وهي :

١- وضوح أهداف التعلم لطلاب المجموعة الواحدة.

٢- توزيع المهمات والواجبات، وتنظيم مكان عمل المجموعات وموقعه.

٣- شعور الفرد بالآلفة والمحبة تجاه مجموعته التي يعمل معها لتحقيق المهمة الرئيسة.

٤- العمل بوفاق وجدية مع المجموعة.

٥- الشعور بالآخرين ومراعاتهم عند تطبيق المهمة المكلف بها.

خطوات تنفيذ التعلم التعاوني

يرى ودمان وآخرون (Wedman,et.al,1996) انه لابد من توافر شرطين لتحقيق تحصيل عـال، يتمثل الشرط الأول في توافر الهدف الذي يجب أن يكون مهما لأعضاء المجموعـة بينمـا يتمثل الـشرط الثاني في كل مجموعة في توافر المسؤولية الجماعية، ولتحقيق تعلم تعاوني فعال لابد من إتباع الخطوات التالية:

- اختيار وحدة أو موضوع للدراسة يمكن تعليمه للطلاب في فترة محددة بحيث يحتـوي علـى فقرات يستطيع الطلاب تحضيرها ويستطيع المعلم عمل اختبار فيها.

- عمل ورقة منظمة من قبل المعلم لكل وحدة تعليمية يتم فيها تقسيم الوحـدة التعليميـة إلى وحدات صغيرة، بحيث تحتوي هذه الورقة على قائمة بالأشياء المهمة في كل ورقة.

- تنظيم فقرات التعلم وفقرات الاختبار بحيث تعتمد هذه الفقرات على ورقة العمـل وتحتـوي على الحقائق والمفاهيم التي تؤدي إلى تنظيم عال بـين وحـدات الـتعلم وتقييم المخرجـات للطلاب.

- تقـسيم الطـلاب الـذين يدرسـون باسـتخدام مجموعـات تعاونيـة تختلـف في بعـض الـصفات والخصائص كالتحصيل ومجموعـة الخـبراء في بعـض طـرق الـتعلم التعاوني حيـث تتـشكل المجموعات التعاونية من مجموعة أصلية غير متجانسة في التحصيل وترسل منـدوبين مـن جميع المجموعات الأصلية حتى يشكلوا مجموعة الخبراء، إذ تقوم مجموعة الخبراء بدراسـة الجزء المخصص لها من المادة التعليميـة ويدرسـون الكتـب والمراجـع الخارجيـة كالـدوريات دراسة جيدة، ومن ثم يقومون بنقل ما تعلموه إلى زملائهم.

- بعد أن تكمل مجموعة الخبراء دراستها ووضع خططها يقوم كل عضو فيها بإلقاء ما اكتسبه أمام مجموعته الأصلية وعلى كل مجموعة ضمان أن كل عضو فيها يتقن ويستوعب المعلومات والمفاهيم والقدرات المتضمنة في جميع فصول المادة.

- خضوع جميع الطلاب لاختبار فردي، حيث أن كل طالب هو المسؤول شخصياً عن انجازه ويتم تدوين العلامة لكل طالب على حده ثم تجمع علامات تحصيل الطلاب للحصول على إجمالي درجات المجموعات.

- تحسب علامات المجموعات، وتقدم المكافآت للمجموعة المتفوقة.

الفصل الثالث

الفرق بين التعلم التعاوني

وبعض المفاهيم المرتبطة به

محتويات الفصل:

- الفرق بين التعلم التعاوني والتعليم التعاوني

- الفرق بين التعلم التعاوني والتعلم التقليدي

- الفرق بين التعلم التعاوني والتعلم في المجموعات الصغيرة

الفصل الثالث

الفرق بين التعلم التعاوني وبعض المفاهيم المرتبطة به

الفرق بين التعلم التعاوني والتعليم التعاوني

مع كل تعلم جديد تنظيم جديد في سلوك المتعلم وعمله وفكره (الحصول على المعلومات يؤدي إلى التطور)

التعلم- هو تغير في سلوك تعامل الفرد مع موقف محدد باعتبار خبراته المتكررة السابقة في هذا الموقف، ويعرف التعلم بأنه تغير ثابت نسبيا في السلوك ينتج من الخبرة ولا يمكن عزوه إلى حالات جسمية مؤقتة يعيشها الفرد نتيجة المرض أو الإجهاد أو الأدوية، ويعرف التعلم أيضا بأنه مفهوم وعملية نفس تربوية تتم بتفاعل الفرد مع خبرات البيئة وينتج عنه زيادة في المعارف أو الميول أو القيم أو المهارات السلوكية التي يمتلكها وقد تكون الزيادة ايجابية كما يتوقعها الفرد أو قد تكون سلبية عندما تكون مادة أو خبرات التعلم سلبية أو منحرفة.

استناداً إلى ما تقدم نستخلص من التعريفات السابقة ما يأتي:

- التعلم يتضمن تغيير أو تعديل في السلوك أو في التنظيم العقلي أو كليهما معاً.
- يحدث التعلم تحت شروط الممارسة والخبرة والتكرار والتفاعل مع البيئة.
- يوجه نشاط التعلم ويحركه دوافع متنوعة كالحاجات والرغبات والميول.
- نشاط التعلم يهدف لتحقيق هدف أو مجموعة من الأهداف.

لكي نحقق التعلم لابد من التعرف على الخصائص الخاصة بالتعلم والمستمدة من التعريفات السابقة كما يلي :

١- التعلم تكوين فرضي.

٢- التعلم عملية تغير في السلوك.

٣- التعلم تغير تقدمي.

٤- التغير الذي يحدثه التعلم يتصف بالاستمرار النسبي.

٥- التعلم يحدث في الأداء (الأداء هو الجانب الذي يمكن قياسه من السلوك).

٦- التعلم يتم تحت شرط الممارسة المعززة.

٧- التعلم شامل في جميع جوانب الشخصية.

لكي نحقق عملية التعلم لابد من القيام بما يأتي:

١- **تحديد مفهوم التعلم نفسياً واجتماعياً ومعرفياً:** راحة واطمئنان، واثبات الذات واحترامها.

٢- **أهمية الدوافع وأثرها على التعلم (لماذا نتعلم؟):** المعرفة، المكانة الاجتماعية، العمل، المال.

٣- **أثر الثواب والعقاب على التعلم:** تشجيع الاجتهاد لتحقيق مزيد من التقدم، مواجهة التقصير لتجاوزه نحو الأفضل.

٤- **تقويم نتائج التعلم:** التحقق من التعلم للتوصل إلى الغايات والأهداف.

٥- **اثر التدريب على التعلم:** خبرة، وكفاءة، وثقة بالنفس.

٦- **العوامل التي تسهل انتقال اثر التعلم أو تعوقه:** ذاتية، شخصية أو خارجية اجتماعية.

٧- **أهمية التذكر والنسيان على التعلم:** تطوير واستفادة، إضاعة للجهد.

٨- **تأثير العوامل النفسية على درجة تعلم التلميذ:** مزيد من التعلم، إهمال التعلم.

٩- **اثر الذكاء والقدرات العقلية على التعلم:** اختصار الزمن، سرعة الاستيعاب والفهم، القدرة على العمل والتطبيق، والتوصل إلى النتائج المرجوة.

١٠- **التوصل إلى نظرية تفسيرية لعملية التعلم لفهمها والتحكم بها.**

أما التعلم التعاوني هو تصميم المهمة التعليمية على نحو يتيح الفرص للطلبة للتفاعل بشكل بناء يشمل الدعم المتبادل بهدف إتقان الهدف من الدرس.

وفي التعلم التعاوني يعمل الطلبة ضمن فريق تعلمي صغير غير متجانس لتحقيق هدف مشترك، فالتعلم التعاوني هو إستراتيجية لتشجيع الطلبة في الصف على العمل كمجموعة يدعم أعضاؤها بعضهم بعضا.

مراحل التعلم التعاوني:

بما إن لكل طريقة تدريسية خطوات أو مراحل حيث تعتمد كل خطوة على ما قبلها وتتأثر بها إيجاباً أو سلباً وبما إن التعلم التعاوني إستراتيجية لها أسسها وقواعدها التي يتم تطبيقها في الموقف التعليمي، ولأهمية الخطوات التي يجب أن يسير وفقها المعلم والمتعلم في هذه الطريقة ليحقق هدفه لذلك يمكن السير وفق خمس مراحل، كما يلي:

أولاً-مرحلة التعرف: يتم فهم المشكلة أو المهمة المطروحة وتحديد معطياتها والمطلوب عمله إزاءها والوقت المخصص للعمل المشترك لحلها.

ثانياً-مرحلة بلورة معايير العمل الجماعي: يتم فيها الاتفاق على توزيع الأدوار وكيفية التعاون وتحديد المسؤوليات الجماعية وكيفية اتخاذ القرار المشترك وكيفية الاستجابة لآراء أفراد المجموعة والمهارات اللازمة لحل المشكلة المطروحة.

ثالثاً-مرحلة الإنتاجية: يتم فيها الانخراط في العمل بين أفراد المجموعة والتعاون في إنجاز المطلوب بحسب الأسس والمعايير المتفق عليها.

رابعاً-مرحلة الإنهاء: يتم فيها كتابة التقرير إن كانت المهمة تتطلب ذلك أو التوقف عن العمل وعرض ما توصلت إليه المجموعة في جلسة الحوار العام، والشكل التالي يوضح ذلك.

توزيع الأدوارة التعرف	فهم المشكلة أو المهمة المطروحة تحديد الوقت
مرحلة بلورة معايير العمل الجماعي	توزيع الأدوار كيفية التعاون تحديد المسؤوليات الجماعية اتخاذ القرار المشترك
مرحلة الإنتاجية	الانخراط في العمل التعاون في إنجاز المطلوب
مرحلة الإنهاء	كتابة التقرير عرض ما توصلت إليه المجموعة في جلسة الحوار العام

الشكل (١) مراحل التعلم التعاوني

التعلم التعاوني

> **مع كل تعلم جديد تنظيم جديد في سلوك المعلم وعمله وفكره (الحصول على الخبرة والكفاءة)**

أما التعليم، هو عبارة عن عملية تشكيل مقصود لبيئة الفرد بصورة تمكنه من تعلم القيام بسلوك معين وذلك تحت شروط محددة، وعرف أيضا بأنه عبارة عن أفعال الاتصال والقرارات المصنوعة بشكل مقصود أو منظم، ليتم استغلالها وتوظيفها بكيفية مقصودة من طرف شخص أو مجموعة من الأشخاص يدخلون وسيطاً في إطار موقف تربوي تعليمي، وهناك من يعرف التعليم بأنه عبارة عن عملية تفاعل بين المعلم وتلاميذه في غرفة الصف أو في قاعة المحاضرات أو في المختبرات، كما عرف بأنه عبارة عن مهمة ملقاة على عاتق فرد أو جماعة لمساعدة المتعلم على تحقيق الهدف المقصود.

استناداً إلى ما تقدم نستخلص من التعريفات السابقة ما يأتي:

(إن التعليم هو نشاط تفاعلي بين طرفي العملية التعليمية يؤدي إلى تغير في سلوك محدد سلفاً في صورة أهداف إجرائية، كما إن له شروطاً محددة يتطلبها الموقف التعليمي مثل استعداد المتعلم ومستوى دافعيته والخبرة السابقة).

لكي نحقق عملية التعليم لابد من القيام بما يأتي:

١- تحديد العملية التعليمية باعتبارها عملية تفاعل بين المعلم والمتعلمين.

٢- تحديد تأثير شخصية المعلم: شخصية قوية متزنة، نجاح تعليمي، شخصية ضعيفة، فشل تعليمي.

٣- تحديد العوامل المؤثرة على العملية التعليمية: المبنى، الأثاث، الوسائل، القوانين.

٤- تحديد مضمون المنهج: شامل، متطور، منطقي.

٥- تحديد أثر طرق التدريس في عملية التعليم

٦- تحديد أهمية التفاعل بين المعلم وتلاميذه على عملية التعليم: جو دراسي سليم، نتائج ايجابية، تطور علمي، نجاح دراسي.

٧- تحديد مقاييس نجاح التعليم: تقويم العمل بوسائل متعددة.

٨- التوصل إلى نظرية تفسيرية لعملية التعليم لفهمها والتحكم بها.

فالتعليم التعاوني هو تعاون معلمي الصفوف العادية في تحمل جميع المسؤوليات التعليمية بغرفة الصف، وفقا لهذا النموذج يقوم المعلم بتكييف المنهج على نحو يلبي حاجات مجموعة غير متجانسة من الطلبة، ويشارك المعلم في التخطيط والتنفيذ والتعليم وإدارة الصف بهدف تحسين البيئة التعليمية لجميع الطلبة في الصف، وكما هو الحال بالنسبة لكل العمليات التطورية، فان المعلمين يمرون بمراحل معروفة في عملية التعليم التعاوني والشكل التالي يوضح مراحل التعليم التعاوني.

المرحلة	الخصائص
مرحلة البداية	التواصل الحذر والسطحي. الإحساس بوجود حواجز وحدود الشعور بعدم الارتياح.
مرحلة التسوية	التواصل القائم على الأخذ والعطاء والانفتاح والتوصل إلى حلول وسط.
مرحلة التعاون	التواصل المفتوح، الاحترام المتبادل والإحساس بالارتياح.

الشكل (٢) مراحل التعليم التعاوني

أما التعليم التعاوني فيحتاج إلى جهد تعاوني لان التحصيل غير العادي لا يأتي من الجهود الفردية أو التنافسية للفرد المنعزل بل يأتي من خلال العمل على شكل مجموعات تعاونية.

يرتبط التعلم التعاوني والتعليم التعاوني بعلاقة وطيدة تجعلهما يبدوان وكأنهما وجهان لعملة واحدة، حيث يطلق على عملية التربية تعبير العملية التعليمية التعلمية، ولكن هناك خلط بين مفهومي التعلم التعاوني والتعليم التعاوني، إلا انه يمكن التمييز بينهما، فالتعلم التعاوني علم يبحث في ظاهرة تعديل أو تغيير سلوك الكائن الحي، أما التعليم التعاوني فانه إجراء تكنولوجي يستخدم سيكولوجيا التعلم بالإضافة إلى علوم أخرى لتحقيق أهداف تربوية معينة، فالتعليم التعاوني أوسع من التعلم التعاوني، لأنه يشتمل على عملية التعلم بالإضافة إلى العنصرين التاليين:

أ- تحديد السلوك الذي يجب تعلمه وتحديد الشروط أو الظروف التي يتم فيها هذا التعلم والتي تلاءم موضوع التعلم.

ب- التحكم في الظروف التي تؤثر في سلوك المتعلم بحيث يصبح هذا السلوك تحت سيطرتها من اجل تحسينه كما وكيفا.

ويمكن النظر إلى التعليم التعاوني باعتباره العملية والتعلم التعاوني هـو نـاتج هـذه العمليـة، ويمكن إدراج الفرق بين التعلم التعاوني والتعليم التعاوني، فيما يأتي:

- إن التعلم التعاوني عبارة عن عملية ذاتية تتعلق بتغييرات في السلوك نتيجة لنشاط الفرد مع أفراد مجموعته، بينما التعليم التعاوني عبارة عن نشاط تفاعلي بين المتعلم والوسيط في موقف ينشأ عنه تغييرات سلوكية وعليه يمكن القول بان التعليم التعاوني ينشأ عنه تعلم التعاوني وليس تعلم (نتاج للتعليم)، حيث يمكن حدوث التعلم التعاوني بدون أي تعليم خارجي مقصود.

- إن التعلم التعاوني قد يحدث بتنظيم الفرد لعناصر الموقف أو من خلال وسيط (معلم) يقوم بتنظيم أجزاء الموقف، بينما تنطبق الحالة الثانية في اغلب الأحيان على التعليم.

- إن الخبرات السابقة هي جزء أساس من عمليتي التعليم التعاوني والتعلم التعاوني، ففي التعلم التعاوني يوظف الفرد خبراته السابقة في مواجهة مشكلة جديدة، بينما في التعليم التعاوني تعد خبرات المتعلمين السابقة أساساً لبناء خبرات سابقة.

- إن للتعليم التعاوني والتعلم التعاوني أهداف تتحقق بحدوث كل من العمليتين وان اختلفت الأهداف من حيث غايات التحقيق.

- إن الحوافز الذاتية تسود غالباً عملية التعلم، التعاوني بينما في التعليم التعاوني يسهم المعلم إلى حد كبير في إثارة هذه الحوافز لدى التلاميذ من اجل حدوث التعلم.

استناداً إلى ما تقدم فان التعلم التعاوني هو الخطوة الأولى مـن الطريقـة التقليديـة لعمليـات التعليم في معظم البلدان العربية من حيث مرحلتي المعرفة والإدراك للمهارات الأساسية ومـن خـلال التعليم الفردي في داخل الفصل الـدراسي، وأمـا التعليم التعاوني هـو الترجمـة الفعليـة لمفهـوم التـعلم التعاوني بما يتيحه من فرص عمل فعلية للطلاب في أثناء الدراسة تساعد عـلى تحقيـق أهـداف العمليـة التعليمية.

الفرق بين التعلم التعاوني التعلم التقليدي

هنالك العديد من الفروق بين التعلم التعاوني والتعلم التقليدي أهمها :

١- في التعلم التعاوني تبنى الاستراتيجيات التعاونية على التآزر بين الأعضاء ذلك التآزر الناتج عن الأهداف المخطط لها جيداً، في حين لا يتوفر ذلك بين الطلبة في التعلم التقليدي.

٢- في التعلم التعاوني يتحمل كل عضو في المجموعة مسؤولية فردية لإتقان المادة المقررة للتعلم، وتتحمل كل مجموعة المسؤولية الكاملة لناتج التعلم كذلك، وتتلقى التغذية الراجع الأكاديمية. ويقوم الأعضاء بمساعدة بعضهم في أثناء التعلم، أما فيما يخص التعلم التقليدي فلا توجد مسؤولية محددة لكل متعلم عن ناتج التعلم ويعتمد بعض منهم على جهود الآخرين وقد لا يشاركون في العمل على نحو فاعل.

٣- في التعلم التعاوني يتحمل كل عضو في المجموعة المسؤولية القيادية الدورية الموكلة إليه، في حين لا يتوفر ذلك في التعلم التقليدي.

٤- في التعلم التعاوني تتشكل المجموعة التعاونية من أعضاء مختلفين في قدراتهم الأكاديمية، في حين تكون المجموعات في التعلم التقليدي عادة من الأعضاء المتماثلين في قدراتهم الأكاديمية.

٥- في التعلم التعاوني تسعى الأهداف المخطط لها إلى تحقيق علاقات عمل طيبة بين أعضاء المجموعة وكذلك توفير الدرجة القصوى من التعلم في حين يهتم الأعضاء بإنهاء العمل المطلوب منهم حسب في التعلم التقليدي.

٦- في التعلم التعاوني يتدرب أعضاء المجموعات على المهارات الاجتماعية لتعزيز علاقات العمل الوثيقة بينهم مثل مهارات التواصل والقيادة وبناء جسور الثقة وطرائق حل المشكلات، في حين لا يتم تدريب أعضاء التعلم التقليدي على ذلك، إذ يفترض المدرس توفر هذه المهارات لدى الطلبة وقد لا يكون الأمر كذلك في اغلب الأحيان.

التعلم التعاوني

٧- في التعلم التعاوني يتدخل المدرس في عمل المجموعات التعاونية عند الحاجة ويقوم بحل المشكلات وتزويد الطلبة بالتغذية الراجعة، في حين يلاحظ المدرس في التعلم التقليدي عمل الطلبة ونادراً ما يتدخل فيه.

في التعلم التعاوني ينظم المدرس الإجراءات التي تساعد أعضاء المجموعة على تحليل درجة فاعليتها في التعلم التعاوني، في حين لا يتم ذلك في التعلم التقليدي، والشكل التالي يوضح الفرق بين التعلم الجماعي التقليدي والتعلم التعاوني.

التعلم الجماعي التقليدي	التعلم التعاوني
تبنى أهداف التعليم التقليدي بحيث يبدي الطلاب اهتماما بأدائهم وأداء كل أعضاء المجموعة.	التعلم التعاوني مبنى على المشاركة الايجابية بين أعضاء كل مجموعة تعلم تعاونية.
في التعلم التقليدي لا يعد الطلاب مسؤولين عن تعلم بقية زملائهم ولا عن أداء المجموعة عموما.	في التعلم التعاوني تظهر بصورة واضحة مسؤولية كل عضو في المجموعة تجاه بقية الأعضاء.
أعضاء مجموعة التعلم التقليدية متماثلة في القدرات.	مجموعة التعلم التعاوني يتباين أعضاؤها في القدرات والسمات الشخصية.
في مجموعة التعلم التقليدية، القائد يتم تعيينه وهو المسؤول عن مجموعته.	في مجموعات التعلم التعاونية يؤدي الأعضاء كلهم أدواراً قيادية.
في التعلم التقليدي يتجه اهتمام الطلاب فقط نحو إكمال المهمة المكلفين بها.	مجموعات التعلم التعاوني تستهدف الارتقاء بتحصيل كل عضو إلى الحد الأقصى فضلاً عن الحفاظ على علاقات عمل متميزة بين الأعضاء.
في التعلم التقليدي فان المهارات الاجتماعية (القيادة، بناء الثقة، مهارات الاتصال، فن حل خلافات وجهات النظر) يفترض وجودها عند الطلاب وهو غالباً غير صحيح.	في مجموعات التعلم التعاوني يتم تعليم الطلاب المهارات الاجتماعية التي يحتاجون إليها (القيادة، بناء الثقة، مهارات الاتصال، فن حل خلافات وجهات النظر).
في التعلم التقليدي نادراً ما يتدخل المعلم في عمل المجموعات.	في مجموعات التعلم التعاوني نجد المعلم دائماً يلاحظ الطلاب، ويحل المشكلة التي ينشغل بها الطلاب ويقدم لكل مجموعة تعاونية، تغذية راجعة حول أدائها.

التعلم الجماعي التقليدي	التعلم التعاوني
لا يهتم المدرس في تحديد الإجراءات لمجموعات التعلم التقليدية.	في التعلم التعاوني يحدد المعلم للمجموعات الإجراءات التي تمكنهم من التأمل في فاعلية عملها.

الشكل (٣) الفرق بين التعلم الجماعي التقليدي والتعلم التعاوني

الفرق بين التعلم التعاوني التعلم في المجموعات الصغيرة

وجد كل من توبن وتيبنز وجاللارد (**Tobin, Tippins & Gallardm, 1994**) من خلال مراجعتهم المكثفة للبحوث المتعلقة بالتعلم التعاوني، إن التعلم التعاوني لا يعد دواء لكل داء غير أن قيمته تكمن في كونه يسمح للطلبة بتوضيح آرائهم والدفاع عنها وتقويمها ومشاركتها مع الآخرين والشكل التالي يبين مقارنة بين طريقة التعلم التعاوني والتعلم بواسطة المجموعات الصغيرة.

التعلم التعاوني	المجموعات الصغيرة
يوجد تعاون ايجابي بين أفراد المجموعة فالطلبة أما أنهم ينجحوا معاً أو يرسبوا معاً والاتصال اللفظي بينهم يكون وجها لوجه.	لا يوجد تعاون بين الطلبة إذ يعملون على انفراد ونادراً ما يقارنون إجابتهم معاً.
بالرغم من أن الطلبة يعملون معاً إلا انه توجد مسؤولية فردية في العمل معاً، إذ ينبغي على كل طالب أن يتقن النشاطات.	التطفل في العمل، بعض الطلبة يدع الآخرون ينجزون معظم وظائفه.
يدرس المعلمون المهارات الاجتماعية اللازمة لإنجاح عمل المجموعات.	لا تدرس المهارات الاجتماعية على نحو منظم.
المعلمون يراقبون تصرفات الطلبة (موجه ومرشد).	لا يراقب المعلمون تصرفات الطلبة بشكل مباشر بل ربما يعملون مع بعض الطلبة أو ربما يقومون بأعمال أخرى.
التغذية الراجعة ومناقشة النتائج يعدان جزءا لا يتجزأ من عمل المجموعات عند استخراج النتائج وقبل البدء بنشاط آخر.	لا تستخدم المناقشة باستثناء بعض الملاحظات العامة كان يقول هذا عمل جيد أو في المرة القادمة أو حاول الإسراع في العمل.

الشكل (٤) الفرق بين التعلم التعاوني والتعلم في المجموعات الصغيرة

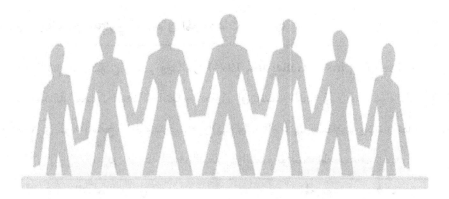

الفصل الرابع

مبادئ التعلم التعاوني وأسسه

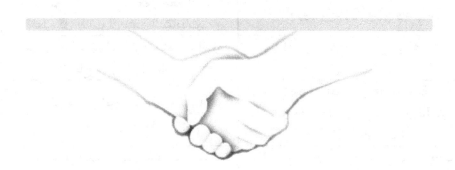

محتويات الفصل:

- **أولاً: مبادئ التعلم التعاوني**

  الاعتماد الايجابي المتبادل

  التفاعل بالمواجهة

  المساءلة الفردية والمسؤولية الشخصية

  مهارات التواصل بين الأشخاص والمجموعات الصغيرة

  المعالجة الجمعية

- **ثانياً: أسس التعلم التعاوني**

  الأسس التربوية

  الأسس النفسية

  الأسس الاجتماعية

الفصل الرابع
مبادئ التعلم التعاوني وأسسه

مبادئ التعلم التعاوني

حتى يكون التعلم تعاوني، يجب أن يتضمن خمسة مبادئ أساسية يؤدي توافرها إلى تحقيق مستوى عالي في تعلم المجموعات التعاونية، ومن أبرزها :

أولاً: الاعتماد الايجابي المتبادل Positive Interdependence

إن أول متطلب لدرس منظم على أساس تعاوني فعال، هو أن يعتقد الطلبة "بأنهم يغرقون معاً أو ينجون معاً، فلكي يكون الموقف التعليمي تعاونياً يجب أن يدرك الطلاب بأنهم يشاركون ايجابياً زملائهم في مجموعتهم التعليمية، وان المشاركة الايجابية تشجع الطلبة على مراقبة زملائهم في المجموعة ومساعدتهم ليحققوا تقدماً تعليمياً، وتكون على الطلبة مسؤوليتان في المواقف التعليمية التعاونية: أن يتعلموا المادة المخصصة وأن يتأكدوا من أن جميع أعضاء مجموعتهم يتعلمون هذه المادة. ويتحقق هذا المبدأ عندما تكون المهمة المطلوبة من المجموعة واضحة من حيث الأهداف والمحتوى والمهمات المطلوبة من كل عضو في المجموعة، وعندها يدرك انه يعتمد اعتماداً ايجابياً على الآخرين، أي انه يشعر بروح التآزر، ومن أنواع الاعتماد المتبادل الإيجابي، ما يأتي:

١- **الاعتماد المتبادل الإيجابي في تحقيق الهدف** - يمكن بناء الاعتماد المتبادل الإيجابي في تحقيق الهدف من خلال إعلام أعضاء المجموعة بأنهم مسؤولون عن :

✓ حصول جميع الأعضاء على درجة من المحك المحدد عند اختبارهم بشكل فردي.

✓ تحسين أداء جميع الأعضاء على نحو أفضل من أدائهم السابق.

✓ وصول الدرجة الكلية للمجموعة (وهي عبارة عن حاصل جمع درجات أفراد المجموعة) إلى مستوى أعلى من المحك المحدد.

✓ ناتج واحد أو مجموعة إجابات أعدته المجموعة بنجاح.

٢- **الاعتماد المتبادل الإيجابي في الحصول على المكافأة** - يحصـل كـل عـضو في المجموعـة عـلى نفس المكافأة على انجازه للعمل، وتُعطى مكافأة مشتركة على العمل الزُمري الناجح، فإما أن يكافأ الجميع أو لا يكافأ أحد.

٣- **الاعتماد المتبادل الإيجابي في الحصول على الموارد** - وتشمل ما يلي:

✔ تحديد الموارد المعطاة إلى المجموعة فمثلاً يُعطى قلم رصاص واحداً فقط لمجموعة تتألف من ثلاثة أعضاء.

✔ تجزئة المواد بحيث يحصل كل عضو على جزء من مجموعة المواد.

✔ الطلب من كل عضو بأن يقدِّم مساهمة منفصلة لناتج مشترك فمثلاً يمكن أن يُطلب من كل عضو أن يسهم بجملة في فقرة أو بمقالة للصحيفة المدرسية أو بفصل من كتاب.

٤- **الاعتماد المتبادل الإيجابي في إنجاز العمل** - يتم تقسيم العمل بحيث يتعـين عـلى العـضو أن ينجز عمله إذا ما أريد للعضو الآخر أن ينجز عمله أيضاً.

٥- **الاعتماد المتبادل الإيجابي في تبادل الأدوار** - عنـدما يُعـيَّن لكـل عـضو أدوار مكمِّلة لبعـضها بعضا ومترابطة مثل (الملخِّص، المصحِّح، المتأكد من الفهم، المشجِّع على المـشاركة، والمتوسِّع في المعلومات، المسجِّل، الملاحظ).

٦- **الاعتماد المتبادل الإيجابي في تحديد الهوية** - تضع المجموعة لنفسها هوية مشتركة من خلال اسم أو رمز.

٧- **الاعتماد المتبادل الإيجابي في مواجهة الخصم الخارجي** - كفـاح المجموعـة مـن أجـل تقديم أداء أفضل من أداء المجموعات الأخرى.

٨- **الاعتماد المتبادل الإيجابي في الخيـال** - يُعطى أعضاء المجموعة مهمة تتطلب منهم أن يتخيلوا بأنهم في وضع حياة أو موت ويتعين عليهم أن يتعاونوا من اجل إنقاذ أنفسهم.

٩- **الاعتماد المتبادل الإيجابي في البيئة** - يوجد عنـدما يكـون أعـضاء المجموعـة ملتـزمين معـا بالمكان بطريقة ما (تحديد مكان معين لكل مجموعة للالتقاء فيه). وعنـدما يفهـم الاعـتماد الايجابي المتبادل، فإنه يؤكد على ما يلي:

✓ جهود كل فرد في المجموعة مطلوبة لا يستغني عنها لنجاح المجموعة، أي لا يوجد ركـاب معفون من الأجرة.

✓ لكل فرد في المجموعة إسهام فريد يقدمه إلى الجهد المشترك بـسبب دوره ومـسؤوليات المهمة المسندة إلى المجموعة.

ومن آثار الاعتماد المتبادل الإيجابي، ما يأتي:

إن الاعتماد المتبادل الإيجابي يجعل الأعضاء يدركون بأنهم جميعاً:

✓ يشتركون في مصير واحد حيث يفوزون جميعاً أو يخسرون جميعاً.

✓ يكافحون لتحقيق فائدة مشتركة.

✓ يمتلكون وجهة نظر بعيدة المدى.

✓ يمتلكون هوية مشتركة تستند إلى العضوية في المجموعة.

ثانياً: التفاعل بالمواجهة Face to Face Interaction

يقصد بالتفاعل المعزز قيام كل فرد في المجموعة بتشجيع جهود زملائه ليكملوا المهمـة ويحققوا هدف المجموعة ويشمل ذلك تبادل المصادر والمعلومات فيما بينهم بأقصى كفاءة ممكنـة، ويتم التأكد من هذا التفاعل من خلال مشاهدة التفاعل اللفظي الذي يحدث بين أفراد المجموعة وتبـادلهم الـشرح والتوضيح والتلخيص الشفهي ولا يعد التفاعل وجهاً لوجه غاية في حد ذاتـه بـل هـو وسيلة لتحقيـق أهداف مهمة مثل: تطوير التفاعل اللفظي في الصف، وتطوير التفاعلات الايجابية بين الطلبة التي تـؤثر ايجابياً على المردود التربوي، ولتعزيز التفاعل المعزز بين أعضاء المجموعة، فان هنـاك أربـع خطوات لتحقيق ذلك، هي:

✓ جلوس التلاميذ في المجموعة الواحدة بشكل متقارب.

✓ جدولة وقت اجتماع المجموعة.

✓ التركيز على الاعتماد المتبادل الايجابي لأنه يكون التزاما لدى الأعضاء تجاه نجاح بعضهم بعضاً.

✓ تـشجيع التفاعـل المعـزز بـين أعضاء المجموعـة، ويتم تحقيق ذلك مـن خـلال تفقد المجموعات والاحتفال بشواهد وأمثلة دالة على التفاعل المعزز بين الأعضاء.

ومن آثار التفاعل المعزّز وجها لوجه، ما يأتي:

- ✓ هناك أنشطة معرفية بين الأشخاص لا تحدث إلا عندما يوضح الطلبة لبعضهم بعضا كيف يتم التوصل إلى الإيجابيات، وهذا يتضمن التوضيح الشفوي لكيفية حل المشكلات، ومناقشة طبيعة المفاهيم التي يتم تعلمها، وتعليم ما يعرفه عضو المجموعة لأقرانه أعضاء المجموعة الآخرين، وتوضيح صلة التعلم الحالي بالتعلم السابق.
- ✓ إن التفاعل بالمواجهة يوفر فرصة لظهور مجموعة واسعة من المؤثرات، والأنماط الاجتماعية فالعون والمساعدة يجدان طريقاً لهما في أجواء هذا التفاعل ثم إن المسؤولية نحو الآخرين والتأثير في أفكار الآخرين واستنتاجاتهم الاجتماعية والدعم الاجتماعي والإشباع الذاتي الناتج عن العلاقات بين الأشخاص جميعها تزداد بازدياد تفاعل المواجهة بين أعضاء المجموعة.
- ✓ توفر استجابات أعضاء المجموعة الآخرين اللفظية وغير اللفظية تغذية راجعة مهمة لأداء كل عضو في المجموعة.
- ✓ تتوافر فرصة للأقران للضغط على من هم في حالة من عدم التحفيز من أعضاء المجموعة ليحصلوا ويتعلموا.
- ✓ إن التفاعل في إكمال العمل والذي يسمح للطلبة أن يعرفوا بعضهم كأشخاص، وهذا بدوره يشكل الأساس لعلاقات تتسم بروح الالتزام والاهتمام بين الأعضاء.

ثالثاً: المساءلة الفردية والمسؤولية الشخصية Individual Accountability

يتحمل كل عضو في المجموعة مسؤولية إتقان المادة التعليمية المقررة أو القيام بالمهمة المحددة الموكلة إليه وعندما يقوم أداء كل طالب في المجموعة ثم تعاد النتائج للمجموعة تظهر المسؤولية الفردية. كما يمكن اختيار أعضاء المجموعة عشوائياً واختبارهم شفوياً إلى جانب إعطاء اختبارات فردية للطلاب، والطلب منهم كتابة وصف للعمل أو أداء أعمال معينة كل بمفرده ثم إحضارها للمجموعة. ولكي يتحقق الهدف من التعلم التعاوني على أعضاء

المجموعة مساعدة من يحتاج من أفراد المجموعة إلى مساعدة إضافية لإنهاء المهمة وبذلك يتعلم الطلبة معاً لكي يتمكنوا من تقديم أداء أفضل في المستقبل، ومن الطرق الشائعة في بناء المسؤولية الفردية، ما يأتي:

✓ تقويم مقدار الجهد الذي يسهم به كل عضو في عمل المجموعة.

✓ تزويد المجموعات، والطلبة كأفراد بالتغذية الراجعة.

✓ تجنب الإطناب من قبل الأفراد.

✓ التأكد من إن كل عضو مسؤول عن النتيجة النهائية.

✓ الشرح المتزامن ويتضمن في أن يعلم الطلاب ما تعلموه لأشخاص آخرين.

✓ يكلف احد الأعضاء بدور المتأكد من عمل المجموعة.

✓ إجراء اختبار فردي لكل طالب وكذلك اختبارات شفوية عشوائية لبعض الطلاب.

✓ تقليل عدد أعضاء المجموعة، لأن ذلك يزيد من المسؤولية الفردية.

رابعاً: مهارات التواصل بين الأشخاص والمجموعات الصغيرة

Interpersonal and Small Group Skills

يقصد بمهارات التواصل بين الأشخاص تعليم الطلاب كيفية تطوير العلاقات الشخصية المناسبة ومهارات التواصل بين الأشخاص، والعمل مع المجموعات الصغيرة، أي يتم تعلم الطلبة مهارات التفاعل الاجتماعي الصفي ومهارات العمل التعاوني الجماعي الحافز، بحيث يسهم كل واحد منهم في انجاز المهمات وتنظيم نتائج التعاون.

وان مجرد وضع أفراد ليست لديهم مهارات تعاونية في مجموعة، مع الطلب منهم أن يتعاونوا لا يضمن قدرتهم على عمل ذلك بفعالية، فنحن لا نعرف بالفطرة كيف نتعامل مع الآخرين بفعالية،لذا يجب تعليم الأشخاص المهارات الاجتماعية التي يتطلبها التعاون العالي النوعية، وحفزهم لاستخدام هذه المهارات، إذا أردنا للمجموعات التعاونية أن تكون منتجة، لكي ينسق الطلبة جهودهم لتحقيق أهدافهم المتبادلة عليهم أن:

✓ يعرفوا، ويثقوا ببعضهم.

✓ يتواصلوا بدقة ودون غموض.

✓ يقبلوا ويدعِّموا بعضهم.

✓ يحلوا الصراعات والخلافات بطريقة ايجابية وبنَّاءة.

ومن أهم المهارات اللازمة لعمل المجموعة التعاونية وتفاعلها التفاعل الأمثل، أن نعلم التلاميذ مهارات العمل بايجابية وبفاعلية في المجموعات، ويمكن تحديد هذه المهارات على النحو الآتي:

✓ **الثقة بالنفس-** القدرة على مشاركة الآخرين في الأفكار والمشاعر وتقبل هذه الأفكار والمشاعر ومؤازرة الآخرين.

✓ **القدرة على التفاهم والاتصال-** القدرة على التعبير عن الفكرة بوضوح وبفاعلية بحيث يفهمها بسهولة.

✓ **التعامل مع الاختلافات-** القدرة على حل الاختلافات بين الأفراد، وما قد يحدث من سوء تفاهم بينهم أو تعارض ما بين آرائهم.

✓ **تقدير العمل التعاوني والبعد عن الذاتية-** القدرة على الانتماء وتقدير المساهمة مع الآخرين.

✓ **القيادة-** تعني القدرة على توجيه الآخرين نحو انجاز المهام مع الاحتفاظ بالعلاقات الاجتماعية والايجابية داخل الجماعة.

✓ **مهارة حل الصراع-** وتعني القدرة على حل الصراعات بين الطلاب في وجهات النظر ومحاولة الخروج برأي يرضي جميع أفراد الجماعة وذلك للمحافظة على استقرار الجماعة وتفاعل أفرادها.

✓ **مهارة تبادل الأدوار –** تعني السماح لكل عضو في الجماعة القيام بدوره ويعطي الفرصة للقيام بدوره وانجاز المهمة المكلف بها وكذلك باقي الأفراد وتبادل أدوارهم.

وأما هارمن فقد اقترح أمثلة على المهارات التي يحتاج إليها الطلبة ضمن عمل الفريق تتمثل في الآتي:-

✓ الإصغاء الجيد لبعضهم البعض.

✓ الالتزام بالمهارات المخصصة لكل طالب، وعدم الاعتماد على الآخرين ليقوموا بالدور.

✓ العودة إلى العمل أو النشاط أو المهمة أو الفعالية أو الواجب، كلـما شـعر في المجموعـة بأنهم ابتعدوا عن ذلك.

✓ القيام بدور المعارض في مواقف متعددة، ولكـن ضـمن الالتـزام بقواعـد الأدب والأخـلاق والزمالة في الحديث.

✓ الالتزام بإدارة الوقت بدقة وفعالية.

✓ طلب المساعدة من المعلم كلما كانت الحاجة ضرورية لذلك.

✓ القيام بدور ايجابي وبناء لدعم عمل المجموعة للوصول إلى النتائج المرجوة.

✓ مشاركة الآخرين في المجموعة بمشاعر صادقة.

✓ العمل على إتاحة الفرصة لمشاركة الجميع في النشاط أو الفعالية أو المهمة.

✓ المشاركة في عملية تلخيص الأفكار أو الآراء أو النقاط الواردة في النشاط.

✓ تقديم المساعدة للآخرين، دون تزويدهم بالأجوبة الجاهزة لأسئلة النشاط أو الواجب.

✓ الإعراب عن التقدير الحقيقي والصادق لجهود الآخرين وأعمالهم وأفكارهم.

✓ الإصغاء للآخرين.

✓ إشعار كل فرد في المجموعة بأنه مهم وان دوره حيوي.

✓ الاتصال البصري من جانب المعلم مع أفراد المجموعة بشكل مستمر من اجل ملاحظة مـا يتم من فعالية أو نشاط.

خامساً: المعالجة الجمعية Processing

تعد هذه الخطوة بمثابة تقويم لعمل المجموعة فمن خلالها يقوم أفراد المجموعة بمناقشة مدى نجاحهم في تحقيق أهداف عملهم والتعرف على مستوى عملهم.

إذا كان للطلاب في مجموعات التعلم التعاوني أن يحققوا انجازاً فيجب أن يعملوا مع بعضهم بأقصى كفاءة ممكنة، ويتطلب التعلم التعاوني أن يتأمل أفراد المجموعة فيما إذا كان ما اتخذوه من إجراءات مفيداً أم لا.

إن الهدف من هذه الخطوة هو تطوير فاعلية إسهام الأعضاء في الجهد التعاوني لتحقيق أهداف المجموعة، باستمرار التصرفات المفيدة وتعديل التصرفات التي تحتاج إلى تعديل لتحسين عملية التعلم، الأمر الذي يسهل مهارات التواصل بينهم وعلاقات العمل السليمة التي تحقق الأهداف المنشودة، ويمكن تعريف المعالجة الجمعية بأنها تفكير بعمل أعضاء المجموعة التعاونية، ويكون بغرض:

١- وصف أي أعمال الأفراد كانت مساعدة ، وأيها كانت غير مساعدة.

٢- اتخاذ قرارات حول أي الأعمال ينبغي الاستمرار فيها، وأي الأعمال ينبغي تغييرها.

ويتضمن هذا العنصر تحليلا يقوم به أعضاء فرق العمل التي تعمل تعاونياً للوصول إلى:

✓ درجة الجودة التي اتسم بها العمل وتحقق فيها الهدف.

✓ درجة استخدام أعضاء المجموعة للمهارات الاجتماعية اللازمة لتعزيز أواصر العلاقة الطيبة بينهم وعلاقات العمل السليمة التي تحقق الأهداف المنشودة.

وللمعلم دور في المعالجة الجمعية، يتمثل فيما يأتي:

✓ مراقبة المجموعات ككل.

✓ تحليل المشكلات التي يواجهها أعضاء المجموعات في أثناء عملهم مع بعضهم.

✓ تزويد كل مجموعة بالتغذية الراجعة حول مدى جودة عملهم في المجموعات الصغيرة أو الصف ككل.

ومن فوائد عمل المجموعة، ما يأتي:

✓ يمكن المجموعة من التركيز على الحفاظ على علاقات عمل جيدة بين الأعضاء.

✓ تسهل تعلم المهارات التعاونية.

✓ تضمن تلقي الأعضاء تغذية راجعة بشان مشاركتهم.

✓ تجعل التلاميذ يفكرون وفق مستويات التفكير العليا.

✓ توفر الوسيلة للاحتفال بنجاح المجموعة، وتعزيز السلوك الايجابي للأعضاء.

ومن الخطوات اللازمة لبناء عمل المجموعة، ما يلي:

✓ تقييم نوعية التفاعل ين أعضاء المجموعة أثناء عملهم للوصول بتعليم بعضهم بعضا إلى الحدود القصوى.

✓ تقديم تغذية راجعة لكل مجموعة تعليمية.

✓ أن تضع المجموعات أهدافا تتعلق بكيفية تحسين فاعليتها.

✓ أن تعالج المجموعة مدى فاعلية عمل الصف كله.

✓ أن يقيم المعلم احتفالاً على مستوى المجموعة الصغيرة وعلى مستوى الصف كله.

الأسس التي يستند إليها التعلم التعاوني

يستند التعلم التعاوني إلى مجموعة من الأسس يمكن إيضاحها كما يأتي :-

(١) الأسس التربوية :

✓ تجمع هذه الطريقة بين النمو الفردي للمتعلم والنمو الاجتماعي ممـا يـؤدي إلى تربيـة متكاملة.

✓ يتعلم الطالب في هذه الطريقة السلوك الجماعي والتعاوني وضرورته لإنجاز العمل، وهذا ما يؤدي إلى التخلص من القيم الفردية السلبية التي تقوم على الأنانية والمنافسة والغرور وغيرها.

✓ يتحمل الطالب مسؤولية انجاز العمل، فالسلطة هـي مـن حـق الجماعـة التـي تختـار أفرادها وأعمالها ونشاطاتها وهذا يؤدي إلى التعلم واحترام النظام الذي ينبثق مـن داخـل الجماعة ويتعلم فيه الطالب الانضباط الذاتي.

✓ يشعر الطالب الذي يعمل داخل المجموعات بأنه يعيش حياته العادية، وبهذا فأن طريقة التعلم التعاوني تساعد الطالب على أن يحب مدرسته ويبذل جهوده مع جماعتـه بـشكل مستمر لإنجاز العمل.

(٢) الأسس النفسية:

- ✓ تهتم هذه الطريقة بحاجات الطلبة وتحاول إشباعها عن طريق العمل الجماعي وتقوية دافع الانتماء للجماعة.
- ✓ تساعد هذه الطريقة على اكتشاف ميول الطلبة، فالمجموعات في الصف الواحد متنوعة ويسمح لكل طالب أن يشترك في مجموعة ما كما يسمح له بتغيرها إذا وجد أنها لم تشبع ميله.
- ✓ يتعلم الطلبة عن طريق النشاط الذي يقومون به، فالتعلم تغيير في السلوك ناتج عن النشاط والخبرة، وهذه الطريقة تراعي مبادئ علم النفس التربوي.

(٣) الأسس الاجتماعية:

- ✓ يمارس الطالب حياة اجتماعية عادية داخل المجموعة التي يعمل فيها الطالب فهو يعمل مع مجموعته وتواجهه مشكلات معينة، ويتعاون في حلها مع زملائه مما يؤدي به الإحساس بضرورة الحياة الاجتماعية بصورة مستمرة وتزداد الرابطة بين الطالب وجماعته.
- ✓ تثير الجماعة دوافع النشاط عند أفرادها، فيشعر الطالب بأن عليه أن يساعد في تحقيق أهداف الجماعة مما يدفعه إلى بذل جهد اكبر لتنشيط العمل.
- ✓ تزول المنافسات الفردية، فالطالب يتعاون مع مجموعته ليدفعها إلى النجاح.

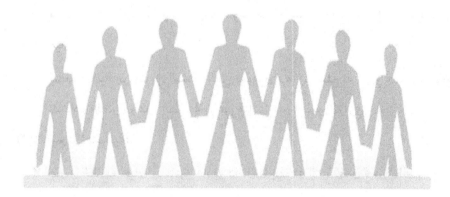

الفصل الخامس

إستراتيجيات التعلم التعاوني

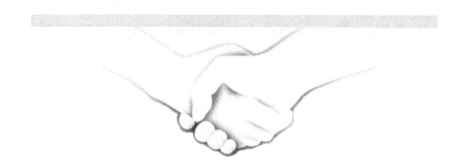

محتويات الفصل:

- إستراتيجية تعليم الأقران
- إستراتيجية مسابقات ألعاب الفريق
- إستراتيجية التعـلم معـاً
- إستراتيجية فرق التعلم
- الإستراتيجية التكاملية (طريقة الصور المقطوعة)
- الإستراتيجية البنيوية
- إستراتيجية تقسيم الطلبة إلى فرق التحصيل
- إستراتيجية جكسو ٢ Jigsaw 2
- إستراتيجية البحث الاجتماعي
- إستراتيجية اللجان
- إستراتيجية المذاكرة الجماعية : تعليم الجماعات الصغيرة
- إستراتيجية تعليم المجموعات الكبيرة
- إستراتيجية فكر- زاوج- شارك
- إستراتيجية المائدة المستديرة - تنظيم الحلقة
- إستراتيجية المساءلة أو طرح الأسئلة
- إستراتيجية اعرف- ماذا ستعرف- ماذا تعلمت؟
- إستراتيجية عظم السمك
- إستراتيجية الرؤوس المرقمة تعمل معا
- إستراتيجية الدراما التعليمية
- إستراتيجية تبادل الأدوار
- إستراتيجية خرائط المفاهيم
- إستراتيجية القبعات الست

الفصل الخامس

إستراتيجيات التعلم التعاوني

يقصد بالإستراتيجية المنحى والخطة والطريقة التي يتبعها المعلم للوصول إلى مخرجات أو نواتج تعلم محددة منها، ما هو عقلي/ معرفي أو ذاتي/ نفسي أو اجتماعي أو نفسي/ حركي أو مجرد الحصول على المعلومات، وان للإستراتيجية معنيين كل منهما يكمل الآخر، وهما:

المعنى الأول- فيه ينظر إلى الإستراتيجية على أنها فن استخدام الإمكانات والوسائل المتاحة بطريقة مثلى، لتحقيق الأهداف المرجوة على أفضل وجه ممكن، بمعنى أنها طرق لمعالجة مشكلة أو مباشرة مهمة ما، أو أساليب علمية لتحقيق هدف معين.

المعنى الثاني- فيه ينظر إلى الإستراتيجية على أنها خطة محكمة البناء ومرنة التطبيق، يتم من خلالها استخدام كافة الإمكانات والوسائل المتاحة بطريقة مثلى لتحقيق الأهداف المرجوة.

ومن هذا المنطلق فان إستراتيجية التعليم هي إحدى أنواع التعليم الخاصة والعامة المتداخلة والمناسبة لأهداف الموقف التعليمي، والتي يمكن من خلالها تحقيق أهداف ذلك الموقف بأقل الإمكانات وعلى أفضل مستوى ممكن.

ويرى جونسون (Johnson, 1992) أن إستراتيجية التعلم التعاوني هي إستراتيجية تتطلب من الطلبة أن يعملوا ويتدارسوا المادة المتعلمة سوياً، وكذلك يتعلمون ويتدربون على مهارات التفاعل الاجتماعي المشترك معا في الوقت نفسه، ولكي يحدث التعلم لابد من تحديد أهداف التعلم المنشودة لمجموعات الطلبة، والعمل معاً لتحقيقها، بحيث يكون كل طالب مسؤولاً عن نجاحه ومسؤولاً كذلك عن نجاح باقي زملائه، وتشير البحوث والدراسات إلى أن للتعلم التعاوني منحى في التدريس تندرج في إطاره أكثر من (ثمانين) طريقة، منها:

إستراتيجية تعليم الأقران Peer Instruction

إستراتيجية تعليم الأقران هي قيام المعلم بتناول الموقف التعليمي حتى يتأكد من أن نصف التلاميذ قد أتقنوا المهارات المتضمنة في الموقف التعليمي ثم يتدرب التلاميذ على هذه المهارات في ثنائيات يساعد بعضهم البعض في تعلم نشط، ويكون القرين المعلم من الفئة العمرية نفسها لأفراد أقرانه أو من فئة تعلوها عمراً أو مستوى دراسياً.

وتستخدم هذه الإستراتيجية لأنها تتيح للمدرس مراقبة تقدم عدة طلبة في آن واحد، وتهدف إلى استثارة دافعية التلاميذ للتعلم باستخدام مهارات متضمنة في المواقف التعليمية تعمل على جذب انتباههم لموضوع الدرس وتعينهم على اكتساب المعلومات والمهارات وإنتاج اكبر عدد من الأفكار واستخدامها، وتتم على أساس تقسيم الطلبة على مجموعات عدد أفرادها من (٣ـ ٦) يقوم كل طالب بتعليم زميله لاكتساب مهارة أو لإتقان موضوع معين ويستفيد منها الطلبة الأقل تحصيلاً وهي الطريقة الأكثر شيوعاً بين الطرائق الأخرى، وكذلك تجعل الطلبة الأكثر قدرة يندمجون في عملهم على نحو نشيط ومنتج، وتخصص وقتاً للمتعلمين الأقل قدرة لإتقان المهارات الأساسية، غير أن هناك خطراً في تعليم الأقران يتمثل في أن الطلبة المتعلمين قد يكلفون أكثر مما ينبغي بتعليم ذوي المهارات الضعيفة، ومثل هذا العمل قد لا يكون ممتعاً، أو منتجاً للمتعلم المعلم.

⇐ أهمية إستراتيجية تعليم الأقران

- إنها تساعد معلم الفصول ذات الأعداد الكبيرة، وذوي المستويات التحصيلية المتباينة على تحقيق أهداف التعلم.

- إنها تخفف العبء عن المتعلمين وتساعدهم على توجيه نشاطهم للتفاعل مع التلاميذ والاهتمام بهم.

- تجعل أنشطة التعلم مركزة حول المتعلمين بدلاً من تركيزها حول المعلمين بحيث يصبح المتعلمون أكثر ايجابية في المشاركة الفعالة في موضوع التعلم.

⇦ **شروط إستراتيجية تعليم الأقران**

- قبول القرين (المعلم) والأقران لبعضهم البعض، فكلما زاد التناغم النفسي بينهم واشتركوا معاً في كثير من الميول والآمال والخصائص الشخصية، كلما كانت فرص الاستفادة من تفاعلهم معا غنية ومجدية.

- كفاية معرفة القرين (المعلم) من حيث قوة الشخصية.

- معرفة القرين (المعلم) لكيفية التعامل مع كل عناصر الموقف التدريسي وذلك بتدريبه مسبقاً على ذلك قبل القيام بعمله التدريسي المطلوب.

- توافر المناخ المادي والنفسي من قبل المعلم المشرف على التدريس بالأقران، حتى يمكن للقرين (المعلم) القيام بمهامه التدريسية.

- يقوم المشرف على التدريس بالأقران بتوفير مواد ووسائل التعليم، حتى يتمكن القرين (المعلم) من القيام بواجبه كما يتوقع منه.

- تحضير المعلم المشرف على التدريس وسائل تقويمية يستطيع بها التعرف على كفاية التحصيل والتغيرات السلوكية الأخرى لدى كل من القرين التام والمستفيد.

⇦ **العوامل المؤثرة على إستراتيجية تعليم الأقران**

- جنس الأقران- إذا كان الأقران من نفس الجنس، فان هذا قد ييسر عملية التعليم.

- إذا كان الأقران من نفس المستوى الاقتصادي والثقافي، فان تعلم الأقران يكون أفضل منه عندما تتباين هذه المستويات.

- كلما زاد عمر القرين المتعلم أدى ذلك إلى تحسين التعلم، بحيث لا يزيد هذا الفرق عن (٣) سنوات.

- كلما تكررت جلسات تعليم الأقران كلما زادت إمكانية تحقيق أهداف التعلم ويكون التعلم أكثر فائدة عن الجلسات الأقل تكراراً من خلال فترة محدودة من الزمن أما بالنسبة لطول الجلسة فانه يتفاوت وفقا لطبيعة المادة الدراسية وعمر الأقران.

- التعلم المزدوج أكثر فعالية من التعليم في مجموعات صغيرة في بعض المجالات، أما في حالة تعليم الكتابة فقد يكون التعليم بطريقة المجموعات الصغيرة أفضل من التعليم المزدوج.

- قبول الأقران لبعضهم البعض، كلما ازداد التوافق الشخصي والاجتماعي بين الأقران، كلما زادت فرص الاستفادة التربوية الناتجة عن تفاعلهم معا.

إستراتيجية مسابقات ألعاب الفريق Team Games Tournaments

وهي شبيه بإستراتيجية تقسيم الطلاب إلى فرق التحصيل باستثناء أن الطلاب يلعبون ألعاباً أكاديمية كممثلين عن فرقهم عوضاً عن الخضوع للامتحانات السريعة ويتنافس الطلاب مع الآخرين من ذوي التحصيل المعادل لتحصيلهم، ويتم على أساس تقسيم الطلبة على فرق من (٣ ـ ٤) أعضاء يدرسون معاً ثم يقسمون حسب تحصيلهم، إذ يتسابق كل (٣ ـ ٤) أعضاء متجانسين تحصيلياً في الموضوع الذي درسوه أي أن الطالب يتعلم في فريقه ثم يتسابق مع الآخرين، ويتيح هذا الأسلوب للطالب الانتقال من فريق إلى آخر في ضوء نتائج المسابقات وهذه الطريقة تشبه سابقتها إلا أنها تختلف عنها بأنها تضم تعليماً مشتركاً ومكافآت منفردة توزع على المتميزين من أعضاء المجموعة، ويمكن تطبيق هذا النظام في جميع المراحل الدراسية.

إستراتيجية التعلم معاً Learning Together

طورت هذه الإستراتيجية على يد (Johnson & Johnson , 1975) وتؤكد هذه الإستراتيجية على مهارات التفاعل اللفظي، ويقسم الطلاب فيها إلى مجموعات يساعد بعضهم بعضا في الواجبات والقيام بالمهام وفهم المادة داخل الفصل وخارجه ويتشاركون في تبادل الأفكار وذلك لتحقيق هدف مشترك ويتم تقويم كل مجموعة وذلك بمقارنة أداء المجموعة ككل بالأداء السابق تبعاً لمتوسط الأداء الفردي لأعضائها، وفيها يعمل الطلبة في مجموعات صغيرة من (٢ – ٤) طلاب على تحقيق مهمات معينة، ويعين لكل طالب دوراً معيناً مثل (القائد، المسجل، ...) وتعطي كل مجموعة خطة العمل المتضمنة الأهداف، والأسئلة، والأنشطة التعليمية، ويقوم المدرس بمكافأة المجموعة ككل، ويخضع الطلبة فيها إلى اختبار فردي، فضلاً عن تقويم المجموعة ككل.

↩ **خطوات تنفيذ إستراتيجية التعلم معاً**

إن أي طريقة أو أسلوب تدريسي لابد أن يعتمـد عـلى خطـوات واضحة المعـالم وان إسـتراتيجية التعلم التعاوني تحدد خطواتها بما يأتي :

١- تحديد أهداف تعليمية توضح نتائج التعلم المتوقع الحصول عليها من الطلبة.

٢- اختيار وحدة أو موضوع للدراسة، يمكن تعليمه للطلبة في مدة محددة بحيث يحتوي عـلى فقرات يستطيع الطلبة تحضيرها ويستطيع المدرس عمل اختبار فيها.

٣- عمل ورقة (صحائف عمل) منظمة من قبل المدرس لكل موضوع دراسي يـتم فيهـا تقسيم الموضوع الدراسي إلى وحدات صغيرة، بحيث تحتـوي هـذه الورقة (الـصحيفة) عـلى قائمـة بالأشياء المهمة في كل فقرة.

٤- تنظيم فقرات التعلم وفقرات الاختبار، بحيث تعتمد هـذه الفقرات عـلى ورقة (صحيفة عمل) وتحتوي على الحقائق والمفاهيم والمهارات التي تـؤدي إلى تنظيم عـال بـين وحـدات التعلم وتقييم مخرجات الطلبة.

٥- تقسيم الطلبة الذين يدرسون باستخدام هذه الإستراتيجية إلى مجموعات تعاونيـة تختلـف في بعض الصفات والخصائص وتجمع المجموعة بين ذوي التحصيل العالي والمتدني والمتوسط وكذلك في ميولهم الاجتماعية حيث تبين أن الطلبـة يتعلمـون بـشكل أفضل مـن الناحيـة الأكاديمية والاجتماعية عندما يكون أعضاء المجموعة مختلفين.

٦- يعطي كل شخص دوراً غير ثابت مثل (القائد، الملخص، القارئ، المقوم، الباحـث، المـسجل، المشجع، الملاحظ، ...، الخ).

٧- تشكل مجموعات تعاونية مندوبين عنها للعمل مع مندوبين من جميع المجموعات الأصلية فتتكون مجموعات تعاونية جديدة تقوم كل منها بدراسـة الجزء المخصص لهـا مـن المـادة التعليمية.

٨- بعد أن تكمل مجموعات المندوبين دراستها ووضع خططها يقوم كل عـضو فيهـا بإلقاء ما اكتسبه أمام مجموعته الأصلية، وحسب أدوارهـم أو واجبـاتهم، وعـلى كـل

مجموعة ضمان أن كل عضو يتقن ويستوعب المعلومات والمفاهيم والقدرات المتضمنة في جمع المادة التعليمية.

٩- خضوع جميع الطلبة لاختبار فردي حيث أن كل طالب أو طالبة هو المسؤول شخصياً عـن انجازه، ويتم تدوين العلامة في الاختبار لكل طالب عـلى حـده ثـم تجمـع علامـات تحصيل الطلبة للحصول على إجمالي درجات المجموعات.

١٠- حساب درجات التحصيل للمجموعات، ثم تقدم المكافآت الجماعيـة للمجموعـة المتفوقـة بزيادة درجتين إلى علاماتها التي حصلت عليها المجموعة.

> ## إستراتيجية فرق التعلم Student Teams Learning (STL)

وقد طورت هذه الإستراتيجية في جامعة جونز هوبكنسJohns Hopkins University عن طريق مبتكرها روبرت أي.سلافين (Slavin & et.al , 1988) ويرمز لها باختصار (STL) وهي عبارة عن مجموعة من الأساليب التدريسية التي يتم وضع الطلبة فيها في فرق للتعلم مؤلفة من (٢-٦) طلاب غير متجانسين من أجل تمكينهم من المهارات الأساسية التي يعرضها مبدئياً مدرس المادة.

وتقوم هذه الإستراتيجية على تشجيع الاعتماد المتبـادل، وتحسـين العلاقـات الاجتماعيـة وسـلوك الأفراد، ويعمل الطلبة معاً، كمجموعة تعاونية على مهمات تعليمية ذات أهداف مشتركة، وتعطي لكـل مجموعة خطة عمل واحدة، ويخضع الطلبة فيها إلى اختبار فردي وتعطي علامـات الاختبـار كنقـاط للمجموعة، فضلاً عن علامة فردية لكل طالب، ولا توجد مكافآت للمجموعات.

وتؤكد هذه الإستراتيجية على أهداف الفريق ونجاح الفريق الـذي مـن الممكـن أن يحـدث إذا تعلم أعضاء الفريق جميعهم الموضوع، كما تؤكد هـذه الإسـتراتيجية عـلى ثلاثة مفـاهيم هـي مكافأة الفريق والمسؤولية الفردية وتساوي فرص النجاح.

ويـرى شـيفير (Schafer,2003) أن إستراتيجية فـرق الـتعلم هـي إحـدى اسـتراتيجيات الـتعلم التعـاوني، إذ تـشترك هـذه الاستراتيجيات جميعاً في فكرة أن الطلبة يعملـون سـوية

ليتعلموا وكل واحد منهم مسؤول عن تعلم الآخر فضلاً عن تعلمه هو نفسه، وتتضمن هذه الإستراتيجية عنصرين أساسيين هما :

أ- يجب أن تكافأ المجموعات على نجاحها.

ب- يجب أن يسهم التعلم الفردي لكل عضو في نجاح المجموعات.

وتمنح الفرق شهادة أو مكافأة إذا كان انجازها أعلى من المعدل على نحو واضح، ويكافأ الطلبة على أدائهم الخاص، ومجموع النقاط التي يستحقها الفريق مهمة لحثهم وتشجيعهم.

وقد أشار شيفير (2003) **Schafer** إلى أهمية ابتكار خطة وتثبيتها عند تطبيق هذه الإستراتيجية، ومنذ بداية السنة الدراسية، يقسم طلبة الصف على مجموعات مختلفة على وفق مستوياتهم وتحصيلهم وجنسهم وعرقيتهم وقد تتغير الفرق خلال السنة إذا كان هناك حاجة لذلك، وتتم مكافأة الفريق عند نهاية كل أسبوع، وقد تصل الفرق جميعها إلى الهدف كل أسبوع، وربما لا يستطيع احد منها تحقيق ذلك، أو أن يستطيع بعض منها ولا يستطيع آخر، كما قد يجري في نهاية كل أسبوع اختبار الأفراد في المجموعات وسيكون هناك اختبار من غير أن يساعد الزملاء بعضهم بعضاً، ويتم إبقاء أوراق الأداءات، فإذا حدث تغيير ملحوظ نحو الأفضل للأفراد بعد أسابيع قليلة يكافأ ذلك الفريق.

ويرى سلافن (Slavin,1988)، أن التعليم والتعلم بحسب هذه الإستراتيجية يتم على وفق الخطوات الآتية :

- ✓ إعطاء مقدمة موجزة عن الدرس باستخدام وسائل تعليمية مختلفة وحسب موضوع الدرس.
- ✓ توزيع الطلبة على مجموعات (فرق) تعاونية غير متجانسة في التحصيل، يتراوح عدد أعضائها ما بين (٢-٦) أعضاء، وبما يتناسب وعدد الطلبة في الصف.
- ✓ يتعاون الطلبة داخل المجموعات التعاونية (الفرق) لتحقيق أهداف مشتركة ويتشارك الطلبة في كل مجموعة تعاونية (فرقة تعلم) في تبادل الآراء والمناقشات وتعلم المفاهيم.

✓ يتشارك الطلبة في المجموعة الواحدة في تقديم صحيفة عمل، وتكون إجاباتهم عـن الأسئلة الموجهة من المدرس مشتركة أيضا.

✓ يخضع أفراد المجموعات إلى اختبارات فردية قد تكون أسبوعية.

✓ تجري المناقشات بين المجموعات بأشراف المدرس.

✓ يكون دور المدرس تقديم المساعدة وإعطاء التغذية الراجعـة للمجموعـات ككـل، ومراقبـة عمل المجموعات والمحافظة على النظام.

وقد أشار جـون (John,2003) إلى أن كثيراً مـن استراتيجيات التعلم التعاوني في الصف مثل إستراتيجية فرق التعلم تظهر زيادة في تحصيل الطلبة وتطويراً في علاقاتهم الشخصية، وتشجع هـذه الإستراتيجية كل طالب على أن يتعلم من زميله بجدية.

كما أشار فارنش (١٩٩٥) Farnish إلى أن أثر فرق التعلم في العلاقات بين المجموعات قوية وثابتة لأن هدف الفريق والتفاعل بين أعضاء الفريق يسمح للطلبة برؤية احدهم الآخر علـى نحو ايجابي، ولان البرنامج غير مكلف فانه لا يحتاج إلى صفوف كثيرة أو وقت إضافي للمعلم أكثر من الطريقة الاعتيادية، كما يزيد من التحصيل فضلاً عن تحسين العلاقات بين المجموعات وفي الإمكان استخدامه بوصفه جزءاً اعتيادياً من التدريس الصفي في أي موضوع.

الإستراتيجية التكاملية (طريقة الصور المقطوعة) Jigsaw 1

لقد طورت هذه الطريقة واختبرت على يد اليوت ارنسون (Eiliot Arnson) وجماعتـه في جامعـة تكـساس ثـم تبنـاهـا سـلافين (Slavin) وجماعته، ولاستخدام هـذه الطريقـة يقسم الطلبة إلى فرق غير متجانسة للدرس والاستذكار يتألف كـل فريق مـن (٣ -٦) طلاب ويكون كل طالب مـسؤولاً عـن تعلـم جزء مـن المـادة: وعلى سبيل المثال، إذا كانت المواد التعليمية عن (التعلم التعاوني) مثلاً، فإن طالباً في الفريـق يكون مـسؤولاً عـن طريقـة فرق التحصيل (STAD)، وأخر عن طريقة الصور المقطوعة (Jigsaw)، وثالثاً عـن طريقـة البحـث الجماعـي (Group Investigation) ويحتمـل أن يـصبح الأقران خبيرين في قاعـدة البحـث

وتـاريخ الـتعلم التعـاوني، ويلتقـي الأعـضاء مـن فـرق مختلفـة يعـالجون نفـس الموضـوع (أحياناً تسمى مجموعة الخبراء) للاستذكار ويساعد كل منهما الأخر على تعلم الموضوع، ثم يعود الطلبة إلى فريقهم الأصلي (**Home team**) ويعلمون الأعضاء الآخرين ما تعلمـوه، ويتبـع اجتماعـات الفريـق الأصلي:

- المناقشات.
- أن يجيب الطلبة عن اختبارات قصيرة كل بمفرده عن المواد التي تعلموها.

وفي هذه الطريقة تستخدم في تقديرات الفريق نفس الإجراءات التي يتم اسـتخدامها في طريقـة فرق التحصيل (**STAD**)، ويتم الإعلان عن الفرق والأفراد الذين حـصلوا عـلى تقـديرات عاليـة في نـشرة الصف الأسبوعية أو بطرق أخرى وتكون مهمـة المـدرس الإشراف والتوجيـه، وتـتم هـذه الطريقـة وفـق خطوات، هي:

✓ تقسيم الطلاب إلى مجموعات عددها (٣-٦) أعضاء.

✓ يتم تعيين قائد أو خبير لكل مجموعة.

✓ يدرس الطلاب الخبراء المادة الدراسـية مـع التركيـز عـلى موضـوعات منفـصلة حيـث يـصبح الطالب خبيراً في هذا الموضوع.

✓ يقوم الطلاب (الخبراء) بالتدريس لفرقهم بالتناوب.

✓ تعقد الاختبارات الفردية بحيث تغطي جميع الموضوعات.

✓ تتم مكافأة الفريق الحائز على أعلى الدرجات.

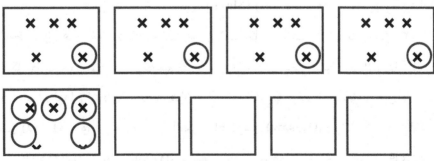

الشكل (٥) فرق الصور المقطوعة

الإستراتيجية البنيوية Cooperative Learning Structures

وقد تم تطويرها على يد سبنسر كاجان Spencer Kagen وجماعته عـام (١٩٩٣) وعلى الـرغم من أنها تشترك في جوانب كثيرة مع الطرق الأخرى، إلا أن الطريقة البنيوية تؤكد على استخدام بنيات معينة صممت لتؤثر في أنماط تفاعل الطلبة، ولقد استهدفت البنيات التي طورها (Kagan) أن تكون بدائل لبنيات الصف الدراسي التقليدي، مثل التسميع، حيـث يطرح المدرس أسئلة على الصف كلـه، ويقدم الطلبة إجابات برفع أيديهم وبالنداء عليهم، وتقتضي النظم أو البنيات التي وصفها (Kagan) أن يعمل الطلبة مستقلين في مجموعات أو جماعات صغيرة تحظى بمكافآت تعاونية أكثر من المكافآت الفردية، ولبعض النظم أو البنيات هدف زيادة اكتساب الطلبة لمحتوى أكاديمي، وبعضها الأخر صمم لتدريس المهارات الاجتماعية والجماعية وفيها يقوم المدرس بصياغة الأهداف التربوية التي يتم على أساسها اختيار النشاطات، إذ يشرح المدرسون لطلبتهم السلوك المتوقع منهم لكل نشاط. ويعزز هذا النوع من التعلم التعاوني لدى الطلبة الثقة بالنفس، والقدرة على التعبير بوضوح، والقدرة على القيادة، وتقدير العمل الجماعي.

إستراتيجية تقسيم الطلبة إلى فرق التحصيل
Student Teams Achievement Division (STAD)

وقد سميت بهذا الاسم نسبة لتوزيع الطلاب داخل المجموعات بحسب مستوياتهم التحصيلية حيث لابد أن يكون في كل مجموعة طالب متفوق وآخر متوسط وثالث ضعيف، ويعرفها (Eggen Kuauchak,1998) بأنها صورة من التعلم التعاوني يستخدم فرق تعلم متعددة القدرات لدراسة صورة محددة من المحتوى، حقائق، مفاهيم، تعميمات، مبادئ، قواعد أكاديمية، مهارات.

طورت هذه الطريقة على يد روبرت سلافين (Slavin,1980) وجماعته في جامعة جـون هـوبكنز في عـام ١٩٨٠ وهـي مـن ابسط طرق الـتعلم التعاوني، وهـي مبـاشرة وواضحة، إذ

يعرض المعلمون المعلومات الأكاديمية الجديدة على الطلبة كل أسبوع مستخدمين العرض الشفوي أو النص، ويقسم الطلبة في الصف إلى فرق تعلم، يتألف كل فريق من (٤-٥) أعضاء يختلفون في الجنس والتحصيل، فمنهم مرتفع التحصيل ومنهم متوسط ومنهم منخفض، ويستخدم أوراق عمل، أو أي أدوات للدرس والمذاكرة لكي يتقنوا المواد الأكاديمية، ثم يساعد الواحد منهم الآخرين على تعلم المواد بالتدريس الخصوصي، والاختبارات القصيرة التي يختبر بها الواحد الأخر وبالمناقشات في الفريق، ويجيب الطلبة فردياً على اختبارات قصيرة كل أسبوع أو مرتين في الأسبوع تتناول المواد الأكاديمية وتصحح هذه الاختبارات ويعطى لكل فرد درجة تحسن (Improvement Score) ويستند تقدير التحسن هذا ليس على تقدير أو درجة الطلبة المطلقة، وإنما بدلاً من ذلك على درجة تحسنه عن متوسطات الطالب الماضية. وتصدر نشرة في كل أسبوع تحتوي على إعلان عن الفرق التي حصلت على أعلى التقديرات، والطلبة الذين حققوا اكبر تحسن في الدرجات أو الذين حصلوا على تقديرات نهائية على الاختبارات القصيرة، وأحياناً يتم الإعلان عن جميع الفرق التي تصل إلى محك معين، وتتم مكافأة المجموعة الفائزة بإحدى الطرق الآتية:

❖ كتابة أسماء المجموعة على لوحة الشرف داخل الحجرة الدراسية.

❖ العمل على تقليدهم أوسمة التفوق.

❖ زيادة درجاتهم أو علاماتهم بما يراه المعلم مناسباً.

❖ تقديم الثناء الذي يستحقونه أو غيرها من أشكال التعزيز والتشجيع التي يراها المعلم مناسبة لطلبته.

إستراتيجية جكسو ٢ Jigsaw 2

قام سلافن (Slavin , 1988) بتعديل طريقة جكسو وسماها الطريقة المعدلة جكسو٢، وفي هذه الطريقة يعمل الطلاب في مجموعات مكونة من (٤-٦) أعضاء وبدلاً من قراءة جزء معين من المادة يقوم الطلاب بقراءة كل المادة أو فصل كامل، ثم يلتقي الطلبة من مجموعة معينة بطلبة من مجموعة أخرى درسوا الموضوع نفسه، ثم يعودون ويقومون بتعليم المادة لأعضاء مجموعتهم وهناك أمور عدة تميز بين الطريقة الثانية جكسو 2 والطريقة الأصلية

جيكسو، ففي الطريقة الثانية وبعد التدريس يقوم المدرسون باختبار الأفراد فردياً وإعطاء درجات للفريق وفق الأداء الفردي لكل طالب في الاختبار، ويستخدم المدرسون طريقة تسمى تقييم (الفرص المتساوية) وذلك لوضع درجات تستند إلى الأداء الفردي للطلبة نسبة إلى أدائهم السابق، ولا يحدد المدرسون بالضرورة الدرجات بهذه الطريقة بل إنهم عوضاً عن ذلك، يقدمون نوعاً من الشهادة عن الإنجاز والتحصيل وفق التحصيل الأكاديمي الكلي للمجموعة، هذه النسخة المعدلة الـJigsaw تلبي شرطي الهدف والمسؤولية الفردية.

إستراتيجية البحث الاجتماعي Group Investigation (GI)

تعتمد هذه الطريقة على جمع المعلومات من مصادر مختلفة بحيث يشترك الطلاب في جمعها وتوزع المهام بين الطلاب بحيث يكلف كل فرد في المجموعة بمهام معينة ويحلل الطلاب المعلومات، ويتم عرضها في الفصل، ويكون التقديم من الطلاب أنفسهم، حيث تقدم المجموعات بعضها بعضاً تحت إشراف المعلم، وسميت هذه الطريقة بهذا الاسم لاعتماد الطلاب على البحث والمناقشة وجمع المعلومات. ويتولى المدرس التنسيق بين المجاميع للعرض النهائي الذي لابد أن يكون متناسقاً متكاملاً.

وقد صممت كثير من الملامح الأساسية لهذه الطريقة على يد ثيلين (Thelen) ولقد نقحت هذه الطريقة على يد شاران وجماعته (Sharan&.et.al)، ولعل هذه الطريقة هي أكثر طرق التعلم الجماعي تعقيداً وأكثرها صعوبة من حيث التطبيق، وفي مقابل اندماج الطلبة في طريقة فرق التحصيل STAD وطريقة الصور المقطوعة في تخطيط موضوعات الدراسة وكيفية بحثها، فأن طريقة البحث الجماعي تتطلب معايير صفية أكثر تقدماً وبنيات أكثر تعقيداً من الطرق التي تتمركز حول المدرس، وهي تتطلب تدريس الطلاب مهارات اتصال جيدة ومهارات تفاعل جماعي (Group Process Skills) والمدرسون الذين يستخدمون طريقة البحث الجماعي (GI) يقسمون فصولهم عادة إلى جماعات غير متجانسة تتألف كل منها من (٥-٦) أعضاء، وفي بعض الحالات، قد تتكون الجماعات على أساس الصداقة أو الاهتمام بموضوع معين، ويختار الطلبة موضوعات للدرس والمذاكرة، ويتابعون الأفكار الكبيرة أو الموضوعات الفرعية ببحث متعمق ثم يعدون تقريراً ويعرضونه على الصف كله.

أما الخطوات التي تتبعها هذه الطريقة فقد وصفها شاران Sharan بست خطوات، هي:

المرحلة الأولى : تحديد موضوع الاستقصاء

يتم تحديد موضوع الاستقصاء من خلال ثلاث خطوات، هي :

❖ يقدم المعلم لتلاميذه الموضوع أو المشكلة قيد البحث في صورة سؤال رئيس .

❖ يقسم الموضوع الرئيس أو السؤال الرئيس إلى أسئلة فرعية .

❖ يقسم التلاميذ إلى مجموعات متعاونة وتوزع الموضوعات الفرعية أو الأسئلة الفرعية على هذه المجموعات .

المرحلة الثانية : تخطيط الاستقصاء داخل المجموعات

يصوغ أعضاء كل مجموعة موضوعهم أو مشكلتهم في صيغة سؤال أو عدة أسئلة بحثية، ويخططون معاً طريقة البحث المطلوب للإجابة عن السؤال أو الأسئلة. كما يقدم المعلم في هذه الخطوة المساعدة لمن يحتاجها، كما يحدد دور كل عضو من أعضاء المجموعة، حيث يقوم أحد الأعضاء بدور الرئيس، أو المسجل، أو الناقد، أو المنسق، وهكذا. كما قد يزود المعلم تلاميذ كل مجموعة بأوراق عمل تحتوي على المشكلة موضع البحث، وأسئلة المشكلة، والمصادر التي يمكن الرجوع إليها... الخ .

المرحلة الثالثة : تنفيذ البحث

يتم في هذه المرحلة تنفيذ الاستقصاء أو البحث، حيث تنفذ كل مجموعة الخطة الموضوعة، والتي تم الاتفاق عليها سابقاً، ويجمع كل عضو من أعضاء المجموعة المعلومات اللازمة من مصادرها المختلفة، كما يحلل الأعضاء هذه المعلومات والبيانات التي حصلوا عليها ويتوصلون إلى استنتاجات بشأنها، كما يستخدمون هذه النتائج في حل المشكلة موضع البحث .

المرحلة الرابعة : إعداد التقرير أو المنهج النهائي

تمثل هذه الخطوة الناتج التراكمي لعمل كل مجموعة، والذي قد يكون على هيئة تقرير مكتوب، أو عرض عملي، أو أحد النماذج، أو شريط سمعي أو شريط فيديو، وفي هذه الخطوة يشكل أعضاء المجموعة من بينهم لجنة لتنسيق عملية عرض التقرير أو المنتج النهائي بعد عرضه على زملائهم في المجموعة.

التعلم التعاوني

المرحلة الخامسة : عرض التقرير النهائي

تعد كل مجموعة تقريرها النهائي، ثم تعرضه على جميع طلاب الفصل، حيث يضع التلاميذ أو المعلم مجموعة من المعايير للحكم على مدى جودة التقرير وعرضه .

المرحلة السادسة : التقويم

تتم هذه المرحلة من خلال عدة طرق، منها:

❖ يقوم المعلم بتقويم عملية البحث التي قام بها التلاميذ في كل مجموعة (أي يقوم الخطة، والمصـــادر التي استخدمتها المجموعة، والاستنتاجات التي توصلوا إليها.. الخ.

❖ يمكن أن تقدم كل مجموعة سؤالين أو ثلاثة، وهذه الأسئلة تمثل الأساس الذي يمكن من خلاله تكوين اختبار نهائي لكل التلاميذ. وفي هذه الحالة تقوِّم كل مجموعة إجابات تلاميذ المجموعات الأخرى على الأسئلة التي صاغتها .

❖ تقدم كل مجموعة عرضاً مختصراً لما تعلمته، ولكيفية تفاعل التلاميذ مع هذه العملية.

إستراتيجية اللجان The Committee Method

يمكن أن يتضمن العمل الجماعي التعاوني نشاطاً مصاحباً يتمثل في تشكيل لجان مختلفة لدراسة شاملة للجوانب المختلفة للموضوع أو المشكلة أو الوحدة. ويجوز قيام المـدرس بتعيين أعضاء هـذه اللجان، كما يجوز أن يقترح الطلبة تشكيلها أو يتطوع للانضمام إلى كـل لجنة مـن يـشاء مـن الطلبـة، ومهما كانت طريقة تشكيل اللجان فينبغي أن توزع العضوية بحيث تشمل جميع طلبة الصف، كما ينبغي أن يعاد تشكيل اللجان بين حين وأخر أثناء أداء العمل منعاً لتكوين تحزبات متعصبة.

ومن المفيـد أن يراعـي عنـد تـشكيل اللجـان مـا لـدى الطلبـة مـن اهتمامـات وقـدرات وحاجات، على أن هذا لا يعني الحـرص علـى أن يكـون أعـضاء اللجـان دائمـاً مـن نـوع واحـد، فالعمل الذي يقوم به الفرد وهو عضو في جماعة مختلفـة عنـه، يمكـن أن يكـون مـصدر خبرة

تعليمية قيمة له. وبعد تشكيل اللجنة يعمد الأعضاء إلى توضيح العمل المطلوب منهم، ووضع خطتهم في العمل على أساس تعاوني، مع مراعاة أن يكون توزيع الواجبات على أعضاء اللجنة توزيعاً متكافئاً.

إستراتيجية المذاكرة الجماعية: تعليم الجماعات الصغيرة Small Groups

تعد هذه الإستراتيجية أكثر فعالية في تنمية المهارات الاجتماعية كالقدرة على التواصل والحوار والمناقشة، وتدرب الطلاب على تقبل آراء الغير واحترامها ومناقشتها، كما تنمي قوة الشخصية والاعتماد على النفس وتحمل المسؤولية وروح التعاون بين المعلمين، وتظهر الكثير من المواهب والقدرات الفردية التي قد لا تكون لدى بعض المتعلمين، وتوفر مناخا للتفاعل الايجابي بين المتعلمين إذ يتعلم الطلبة بعضهم من البعض الآخر وهي تجنب خجل الطلبة من طرح الأسئلة على المعلم أو إبداء الرأي حول أي قضية.

وتتكون الجماعات الصغيرة من (٢ -٣) طلاب غير متجانسين والتي تتقابل للمناقشة والمذاكرة في العملية التعلمية فهي تكون أكثر الطرق كفاءة عندما تمكن الطلبة مساعدة بعضهم البعض، وعندما يتحول التعلم إلى عملية تعاونية يستفيد منها كل عضو يصبح أسلوب الجماعات الصغيرة في التعلم أكثر كفاءة.

ويتوقف الأمر كثيراً على الفرص المتاحة لكل فرد لكي يعرض صعوباته ويصححها دون خفض عضو أو رفع أخر، وتوفر الجماعة فرصاً للطلبة المتفوقين لتدعيم تعلمهم عن طريق مساعدة غيرهم على فهم فكره عن طريق الشرح والتطبيقات.

ويتم اختيار كل مجموعة ممثلاً عنها من بين أعضائها، والهدف منها هو انجاز عمل مشترك تحت إشراف وتوجيه المدرس.

إستراتيجية تعليم المجموعات الكبيرةLarge Groups

يتم فيها تشكيل مجموعة تعليمية غير متجانسة من ناحية القدرات والخلفية العلمية تتراوح بين (٣-٦) طلاب ولكل طالب دوراً خاصاً به ويشترك الجميع للوصول إلى حل،

التعلم التعاوني

ويكون الهدف المشترك في المجموعة هو نجاح المجموعة بكاملها، ويكون دور المدرس ضبط المجموعات وإعانة الطالب وقت الحاجة ومزوداً بالتغذية الراجعة وقت الضرورة، وراصداً لعملية المشاركة الجماعية.

أما خطة سير الدرس على وفق إستراتيجية (المجموعات الصغيرة والكبيرة)، فتسير وفق ما يلي:

أولاً-خطوة التخطيط للدرس، وتتضمن ما يلي:

❖ تحديد الأهداف المطلوب تحقيقها وربطها بالمستوى التعليمي.

❖ تحديد نوع النشاط المطلوب والمستوى التعليمي.

❖ توزيع الطلبة بين مجموعات صغيرة وأخرى كبيرة على وفق معيار يستجيب لنوع النشاط التعليمي وأهدافه.

❖ تحديد الوسائل والأساليب التي تسير على وفقها المجموعات في التعلم وتحقيق الأهداف.

ثانياً-خطوة التنفيذ، وتتضمن ما يلي:

❖ يسمي المعلم المجموعات.

❖ يقوم المعلم بتقديم إيجاز عن محتوى التعلم.

❖ يطالب أفراد المجموعات بتقديم ملخصات عن ما تم عرضه.

❖ يعرف الطلبة بما يجب إن تقوم به المجموعات من خلال طرح أسئلة تحتاج إلى الحل.

❖ يقوم الطلبة بدراسة المحتوى وإعداد تقرير موحد عما توصلت المجموعة إليه.

❖ عرض تقارير المجموعات ومناقشتها برئاسة قائد المجموعة.

❖ تقويم أداء المجموعة وتحديد المجموعة الأفضل إذا كانت الإستراتيجية تعاونية.

إستراتيجية فكر- زاوج- شارك Think- Pair- Share

هي إستراتيجية تستخدم لتنشيط ما لدى المتعلمين من معرفة سابقة للموقف التعليمي، وتستخدم هذه الإستراتيجية لإحداث رد فعل حول موضوع ما، فبعد أن يتم بشكل فردي

التأمل والتفكير في المشكلة أو الموضوع لبعض الوقت، إذ يقوم كل زوج من الطلاب بمناقشة أفكارهما لحل المشكلة معا ثم يشاركان زوجا آخر من التلاميذ في مناقشتهما حول نفس الفكرة، وتسجل ما توصلوا إليه جميعاً، ليمثل فكراً واحداً للمجموعة في حل المشكلة المثارة.

تقوم هذه الإستراتيجية على تزويد الطلبة بغذاء فكري في موضوعات تمكنهم من صياغة أفكار فردية أو تشاركية مع زميل آخر وتكون بقيام المعلم بطرح سؤال أو عرض مشكلة وينتظر المعلم فترة وجيزة كي يتأكد من أن الطلبة فكروا وكونوا فكرة سريعة عن المشكلة ثم يطلب من الطلبة التجمع مثنى مثنى حيث يبدأ كل طالبين بالتشاور مع بعضهما بحيث يستفيد كل شريك من وجهة نظر شريكه وإذا وجد المعلم صعوبة في المشكلة المطروحة يسمح للمجموعات الثنائية بالتجمع مع مجموعات ثنائية أخرى بحيث يصبح عدد أفراد المجموعة (٤) طلاب ويستفاد من هذه الإستراتيجية في إمكانية استخدامها في الصفوف الكبيرة العدد وإعطاء وقت لمراجعة محتوى المادة وإعطاء فرصة البدء بالتدريب على العمل التعاوني واحتفاظ الطلبة بكم لا بأس به من المعلومات وتستخدم هذه الطريقة لتحفيز تفكير الطلبة وباستخدام التكنولوجيا أحياناً وبحسب التنويع في المهارات التي يطلبها المعلم إذ كلما كانت المهارات المطلوبة عالية كان مستوى التفكير المطلوب عالياً ومتشعباً، وتستخدم هذه الإستراتيجية بعد قيام المعلم بشرح وعرض معلومات أو مهارات للطلاب.

⇦ مميزات إستراتيجية فكر- زاوج- شارك

تتصف إستراتيجية فكر- زاوج- شارك بعدد من المميزات، وكما يلي:

- تتيح الفرصة للتلاميذ لكي يسالوا، ويناقشوا، ويتبادلوا الأفكار، كما تتيح تلقي المساعدة واستكشاف المواقف.

- تعزز الاتصال الشخصي، والتفاهم، من خلال مناقشات التلاميذ بعضهم بعضاً.

- تتيح للتلاميذ فرصة تعلم طرق وأساليب مختلفة لحل نفس المشكلة، والقدرة على التوصل معا إلى العلاقات المختلفة.

- تكسب المتعلمين الحيوية، وذلك من خلال العمل الزوجي، حيث يعمل كل متعلمين مع بعضهما وبالتالي تزداد الفعالية وتبدو أهميتها لأن كل منهما إما متحدث أو

مستمع، وكذلك من خلال المشاركة مع باقي المتعلمين بالأفكار والتعليقات، التي تلبي احتياجات المتعلم للتواصل الاجتماعي، وحرية التعبير عن الآراء.

- تهيئ مناخاً صحياً مفعماً بالنشاط والفعالية، يساعد على دراسة ممتعة.
- تتيح الفرصة أمام التلاميذ للتعلم من أخطائهم في جو يشوبه التفاهم.
- تكون هذه الإستراتيجية تلاميذ يعملون، ويفكرون فيما يتعلمونه، ويتحدثون عنه، وهذه المناقشة توصل وترسخ محتوى المادة في أذهانهم بشكل أفضل.
- تتيح للتلاميذ فرصة كتابة أفكارهم وحلوهم في كروت أو بطاقات، ويتم جمعها وفحصها من خلال المعلم، مما يعطي المعلم فرصة لكي يرى مدى انطباع التلاميذ، واستيعاب المعلومات والبيانات في المشكلات المطروحة وان كان لديهم صعوبة في الفهم أم لا.

⇦ **فوائد إستراتيجية فكر- زاوج- شارك**

ذكر جونيتر وآخرون **(Gunter&et.al,1999)** عدد من الفوائد لإستراتيجية فكر- زاوج- شارك، وكما يلي:

- تزيد من الوعي بالتحصيل.
- تنمي مستويات التفكير العليا.
- تساعد التلاميذ على بناء معارفهم، خلال مناقشاتهم الثنائية.
- تساعد على إطلاق اكبر عدد من الأفكار والاستجابات الأصيلة.
- تساعد المتعلمين في التغلب على مشكلاتهم.
- تزيد من دافعيتهم للتعلم وتنمي الثقة في نفس المتعلمين.
- تعطي الفرصة للجميع للمشاركة بدلا من التطوع في المناقشات العادية.

⇦ **خطوات إستراتيجية فكر- زاوج- شارك:**

التفكير في السؤال أو المشكلة التي عرضها المعلم- حيث يطرح المعلم سؤالاً أو مسالة ترتبط بالدرس، ويطلب من التلاميذ أن يفكروا فرادى لمدة دقيقة مثلاً، ويمنع الحديث والتجوال في وقت التفكير.

المزاوجة - يطلب المعلم من الطلاب الانقسام لأزواج ويناقشوا ما فكروا فيه لمدة دقيقة ويكون تفاعل التلاميذ في هذه الخطوة بالاشتراك في إجابة السؤال أو مناقشة الأفكار.

المشارك- يطلب المعلم من الأزواج عرض الحلول التي توصلوا لها وأفكار حول السؤال، بحيث تتاح للطلاب الانتقال من زوج لآخر حتى يتاح لربع أو نصف الأزواج الفرصة لعرض ما فكروا فيه وتوصلوا اليه.

إستراتيجية المائدة المستديرة- تنظيم الحلقة Round-Table-Round-Robin

هي نمط تعليمي يعتمد على قيام الطلبة بالإجابة بالتناوب داخل المجموعة مع القيام ببعض المناقشات الشفوية ويتم تطبيق هذه الإستراتيجية بقيام المعلم بطرح مسالة أو مهمة تحتمل العديد من الأجوبة المحتملة.

في هذا الأسلوب يعمل الطلبة معاً في مجموعة ليكملوا منتجاً واحداً يخص المجموعة، وليشاركوا جميعاً في تبادل الأفكار ويتأكدوا من فهم المجموعة للموضوع، ويحدد المعلم فيها الأهداف المتوقع أن يحققها الطلاب بعد دراستهم للموضوع الذي وضعت له، ويوزعهم على مجموعات صغيرة (٣-٤) طلاب غير متجانسين يجلسون على شكل دوائر لكي يحدث بينهم اكبر قدر من التفاعل والانسجام أثناء التعلم، ويوجه الطلاب داخل المجموعة إلى التعاون المتبادل فلا يتوقف التعاون عند حدود المجموعة بل يمتد إلى المجموعات الأخرى، وتفيد هذه الإستراتيجية في ما يلي:

- يسمح لكل الطلبة المشاركة في الأجوبة.

- توضح هذه الإستراتيجية المعلومات الموجودة مسبقا عند الطلبة حول المفاهيم المطروحة.

- تعويد الطلبة الرد المناسب بصورة ايجابية مقنعة.

يراجع الطلبة المعارف التي درسوها ويزاولون مهارات معينة. ويتلخص دور المعلم في إستراتيجية المائدة المستديرة – تنظيم الحلقة، فيما يأتي:

- تحديد الأهداف أو نواتج التعلم المتوقعة.

- توزيع الطلبة بين مجموعات لا يزيد عدد أفراد المجموعة على (٦) طلاب.

- تحديد المهمات المطلوب تحقيقها.

- استعمال التفكير المنطقي والاستدلالي في انجاز مهمة حل المشكلات.

- تبصير المجموعات بالمهمة المطلوبة.

- اختيار كل مجموعة منسقاً بين أفرادها يتولى إدارة الحوار فيما بينهم.

- التذكير بأخلاقيات التعلم التعاوني، وما يقتضي من مهارات اجتماعية وتفاعل ايجابي.

- تقديم المجموعة تقريراً حول ما توصلت إليه في نهاية التعلم.

- يمكن للمجموعة التي أنجزت عملها معاونة المجموعات الأخرى.

⇦ **خطوات إستراتيجية المائدة المستديرة – تنظيم الحلقة**

- يقوم المعلم بطرح سؤال يستدعي إجابات متعددة.

- الطالب الأول من كل مجموعة يقوم بتدوين إجابة واحدة على ورقة، ويقوم بتمريرها بعكس عقارب الساعة للطالب التالي.

- الفريق ذو الإجابات الأكثر يحظى بنوع من التقدير.

| إستراتيجية المساءلة أو طرح الأسئلة Questioning Strategies |

الأسئلة هي ذلك النمط من التعلم الذي يستخدم لدعم نوعية المعلومات من خلال استقصاء يتطلب طرح الأسئلة أو صياغتها أو اختيار الأفضل منها، ونظرا لتعدد الأهداف وتنوعها في الموقف التعليمي فقد وجدت الأسئلة باعتبارها العمود الفقري في التعلم النشط، فالمعلمون يطرحون ويشجعون الطلبة على التفكير المبكر وتعليم أساليب التفكير وتشجيع التباين في عملياته وتطوير عمليات التفكير، ومن خصائص الأسئلة المفتوحة، هي:

- الوضوح في الصياغة وعدم وجود نوع من الغموض أو أي مجال للتأويل أو التفسير البعيد عن المطلوب عن ذلك السؤال، بحيث يتم اختيار الكلمات العربية سهلة الفهم.

- الوضوح في الهدف، بحيث يكون السؤال هادفاً في طرحه، أي يعمل على تحقيق هدف أو أكثر من الأهداف التربوية المنشودة المخطط لها مسبقاً.
- الإيجاز أو القصر في صياغة السؤال.
- ملائمة الأسئلة لقدرات التلاميذ ومستوياتهم العقلية وخبراتهم السابقة.
- مراعاة الأسئلة لما بين التلاميذ من فروق فردية ليس في القدرات العقلية فحسب، بل في الاهتمامات والميول.
- تنوع الأسئلة من حيث السهولة والصعوبة كي تراعي ما بين التلاميذ من فروق فردية بحيث يكون فيها ما يركز على الحفظ والفهم وبعضها يهتم بالتطبيق والتحليل وبعضها يهتم بالتركيب والتقويم.
- أن يتضمن السؤال فكرة واحدة فقط، لان وجود أكثر من فكرة يؤدي إلى التشويش وتشابك الأمور في أذهان التلاميذ.
- ضرورة ألا يوحي السؤال بالإجابة تصريحاً أو تلميحاً.
- أن يثير السؤال تفكير المتعلم ويعمل على تحدي العقل لديه.

⇦ **أمور واجب مراعاتها خلال استخدام أسلوب الأسئلة**

- ضرورة توجيه الأسئلة للصف بأجمعه وليس لطالب بعينه.
- ضرورة طرح السؤال بشكل واضح ثم اختيار احد التلاميذ للإجابة عنه فيما بعد.
- الانتظار فترة قصيرة من الوقت تتراوح ما بين (٣-٥) ثوان بعد طرح المعلم للسؤال قبل تحديد طالب للإجابة عنه.
- تشجيع جميع الطلبة على المشاركة في الإجابة عن الأسئلة، من اجل الاستفادة من ناحية والتخلص من عناصر الخوف والعقاب أو الفشل من ناحية ثانية.
- تجنب الاستهتار أو التهكم أو السخرية من إجابة بعض التلاميذ أو استفساراتهم، حتى لا يبعدهم عن المشاركة الفاعلة مع زملائهم.
- استخدام أساليب التعزيز المختلفة لتشجيع الطلبة على المشاركة في الإجابة عن الأسئلة المتنوعة التي يطرحها المعلم، بشرط عدم المبالغة في استخدامها حتى لا تعطي تأثيراً سلبياً.

⇦ خطوات أسلوب طرح الأسئلة

تتمثل أهم خطوات أسلوب طرح الأسئلة التي ينبغي على المعلمين إتباعها في الأتي:

- تحديد المجال أو الموضوع أو القضية أو الرأي أو الشخص المرشح للتقصي.
- حداثة نوعية المعارف والمعلومات والبيانات ذات العلاقة بالمجال أو الموضوع أو الرأي المطروح.
- البدء بتطوير قائمة بالمجالات المعروفة للتلاميذ والتي تقع خارج المستوى الحالي لمجال معرفتهم.
- صياغة الأسئلة وطرحها، بحيث تمثل الإجابات منها إطاراً من المعلومات والبيانات الإضافية عن المجالات غير المعروفة للتلاميذ ولاسيما طرح الأسئلة التشعبية والأسئلة المفتوحة النهائية، والأسئلة التي تركز على الأمور المجردة والأسئلة التأملية، وغيرها من الأسئلة التي تشجع على انسياب الأفكار وتوالدها.

المثال على هذه الأسئلة المفتوحة مثل:

١- ماذا تفعل إذا وجدت صنابير المياه معطلة في البيت أو المدرسة؟

٢- ماذا يحصل إذا جفت مياه الآبار في القرية؟

٣- لماذا تعتبر وسائل النقل من أكثر الملوثات للبيئة في المدينة؟

إستراتيجية اعرف- ماذا ستعرف- ماذا تعلمت

Know- Want to Know- Learned- (K-W-L)

هي إستراتيجية تمهيدية تساعد على تذكير الطلبة بمعلومات حول موضوع معين، ماذا يريد الطلبة أن يعرفوا؟ ويتم تسجيل ما تعلموه وما لم يتعلموه ويكون التنفيذ في هذه الإستراتيجية بتقسيم الطلبة في الصف إلى مجموعات رباعية وتوزيع المهام المراد تعلمها على المجموعة وتقوم كل مجموعة بإعداد بطاقة التعلم الخاصة بها وهي عبارة عن لوحة مقسمة إلى ثلاثة أعمدة ويستفاد منها في المراجعة السابقة للمادة المطلوبة وتطوير توقع الطلبة على التقويم الذاتي وتحسين مهارات البحث والاتصال لديهم. وتدل الأحرف:

What I Know?: K، ويقصد بها ماذا اعرف عن الموضوع؟ أي مساعدة الطلاب بتذكر ما يعرفون حول الموضوع.

What I want to Learn? :W، ويقصد بها ماذا أريد أن أتعلم؟ أي مساعدة الطلاب كي يقررون ما يريدون التعلم.

What I Learned : L، ويقصد بها ماذا تعلمت ؟ أي مساعدة الطلاب كي يميزون الذي يتعلمون كما قرأوا، والشكل الآتي يوضح إستراتيجية**K-W-L**

K المعرفة	W المراد معرفته	L المعلومات المتعلمة

الشكل (٦) إستراتيجية K-W-L

⇦ **مزايا استخدام إستراتيجية KWL**

تخدم هذه الإستراتيجية عدة أغراض نحاول ذكرها كالآتي:

- تساعد الطلاب على تذكر المعلومات السابقة عن الموضوع.
- تبين الغرض من القراءة للنصوص الواردة في الدرس.
- تساعد الطلاب على متابعة الفهم.
- تساعد الطلاب على تقييم فهم النص.
- تقدم فرصة لتوسيع أفكار النص.

⇦ **خطوات تطبيق إستراتيجية KWL**

- اختيار النص أو الموضوع المراد تدريسه.
- يرسم المعلم مخطط (**KWL**) على السبورة، كما في الشكل (٧).

- يدرب المعلم المتعلمين على كيفية تعبئة المخطط من خلال الخطوات التالية:

■ كتابة الموضوع في أعلى المخطط

■ توزيع المخطط كأوراق نشاط على الطلاب. والشكل التالي يوضح ذلك.

موضوع الدرس: الكرة	المواضيع الفرعية: مفهوم الكرة -المساحة السطحية للكرة	
ماذا اعرف عن الموضوع؟ K	ماذا أريد أن أتعلم عن الموضوع؟ W	ماذا تعلمت عن الموضوع؟ L
١- المعلومــــات والخبــرات السابقة التي سبق للمتعلم تعلمهــا بهــدف ربطهــا بالمعلومات الحالية. ٢- إعادة الصياغة. ٣- مناقشة الموضوع لتوضيح المعلومات المتوافرة. ٤- رسم صورة أو رسم بياني. ٥- تحديد المعلومات السابقة. ٦- تصنيف المجموعات.	دور المعلمة/ أسـئلة عـصف ذهنــي لاسـتثارة عقــول المتعلمين دور المـتعلم وضـع كافة الأسئلة التي تود الإجابة عنها وتعلمها عن الموضوع. ١- قراءة المتعلمين حول خطة العمل. ٢- البحث عن معلومات. ٣- تحديد مصادر البيانات. ٤- تبادل الخبرات. ٥- عمل تجارب. ٦- الاستعانة بذوي الخبرة. ٧- وضـع أسـئلة حـول المـراد تعلمه عن الموضوع.	كتابــة البيانـات التـي تمـت الإجابة عليها مـن أسـئلة المتعلمـين ويحاول المعلم توجيه الأسئلة التي لم يتم الإجابة عنها كأسئلة بحثية. ١- مراجعة ما تعلموه بـصورة فردية. ٢- تسجيل الاكتشافات. ٣- مشاركة الـردود والإجابات السريعة بأساليب متعددة. ٤- كتابــة الحقـائق التـي تعلموها. ٥- قـراءة مـا كتبـوه علـى الزملاء.

الشكل (٧) ورقة عمل إستراتيجية KWL

- يعرض الشكل ويوجه اهتمام المتعلمين إلى أن العمود الأول يسجل فيه كل ما نعرفه عن الموضوع، ومناقشة المعلومات السابقة حول الموضوع ثم تسجل الإجابات على السبورة من قبل المعلم بهدف ربط المعلومات السابقة بالمعلومات الحالية.

- تحديد الهدف.

- يوجه اهتمام المتعلم إلى العمود الثاني وفيه يسجل كل ما يريد المتعلم معرفته عن الموضوع، من خلال أسئلة إيحائية حول المطلوب معرفته، ويضعوا الأسئلة المراد الإجابة عليها.

- يصحح المتعلمين ما كتبوه في العمود الأول ويحاولون الإجابة على الأسئلة ويضعوا أسئلة جديدة من خلال ما تعلموه عند ملء العمود الثاني.

- يجيب المتعلمون على الأسئلة في العمود الثالث ويسجلون ما تعلموه عن الموضوع والأسئلة المتبقية والتي هي عبارة عن تساؤلات بحثية للثغرات المعرفية والتي تنتج الصورة النهائية للتعلم.

- الأساليب المفضلة- التفضيلات المنتجة للتفكير والتعلم وعرض الأفكار.

- يلخـص المتعلمـون مـا تعلمـوه في خريطـة معرفيـة أو خريطـة ذهنيـة، كعمليـة تقويميـة للإستراتيجية.

- يكتب كل متعلم ما تعلمه من الدرس.

⇦ **دور المعلم في تنفيذ إستراتيجية KWL**

- توجيه المتعلمين نحو قراءة العنوان، ومن ثم سؤال أنفسهم السؤال التالي (ماذا اعرف عن الموضوع؟، مع ضرورة مساعدته على توليد اكبر قدر من الأسئلة مع التقدم في استخدام الإستراتيجية.

- متابعة زيادة عدد الأسئلة وذلك بحساب الوقت الملائم لمقدار تنمية طلاقة المتعلمين، فكلما زاد عدد الأسئلة التي يضعها كل متعلم، مع تقدم الوقت في استخدام الإستراتيجية في زمن قصير، كلما أعطت الإستراتيجية فعالية أكثر، مع مراعاة الاختصار في الوقت الخاص بالسؤال، حيث لا يتجاوز خمس دقائق من الحصة.

- ضرورة تكرار الأسئلة مع المتعلمين أثناء استجاباتهم حتى تثبت المعلومة ولا تكرر الأسئلة مع متعلمين آخرين.

- كتابة الأفكار في العمود الأول، مع ضرورة قبول أي فكرة لها علاقة بالموضوع، وان كانت خاطئة.

- قبل القراءة، على المتعلم أن يسال المتعلمين (ماذا تريدون معرفته عن الموضوع؟)، ويحصل على خمسة أو ستة أفكار ويكتب الأسئلة حولها.
- في مرحلة القراءة، وبعد أن يضع المتعلمون سؤال حول ما الذي أريد أن اعرفه عن الموضوع؟، هنا يبدأ المعلم بتوجيه المتعلمين بوضع الهدف لأنفسهم من القراءة، وضرورة البدء بصياغة الأسئلة بصيغة العموم، أي أعطيني كافة الأسئلة التي يمكن أن تطرح من خلال قراءة القصة، وما الأسئلة التي ترى أنها لم ترد، وكنت تود أن توجد في القصة.
- يتم وضع علامة (√) بقرب الفكرة التي أكدها النص أثناء القراءة.
- بعد ذلك يتيح المعلم الفرصة للطلاب ما بين ثلاث إلى خمس دقائق، يقرأ المتعلمون النص ويقومون بملء العمود الثالث من الشكل (ما الذي تعلمته عن الموضوع؟)، ويمكن عمله كواجب بيتي.

إستراتيجية عظم السمك Fish Bone Strategies

هي إستراتيجية تعاونية مخططة بشكل منظم صممت لمساعدة الطلبة على تمييز التأثيرات المنفصلة واستخدمت لحل المشكلات، ويتم فيها تقسيم الصف إلى مجموعات رباعية ويضع المعلم المشكلة في رأس السمكة على السبورة وعظام السمكة هي الأفكار المطروحة التي تمثل أسباب المشكلة ومظاهرها ونتائجها والحلول لها.ويطلب المعلم من الطلبة أن يذكر كل طالبين سببين أو أكثر من الأسباب المحتملة لحدوث المشكلة ويدون المعلم هذه الأسباب على العظام الصغيرة وكل عدد من العظام يمثل مجموعة من الأسباب وبذلك ينظم الطلبة تفكيرهم ويحللون الأسباب والتأثيرات وهنا يسمح باستخدام التفكير المتشعب والمتنوع والاستماع إلى أفكار الآخرين واحترامها ويستفاد من هذه الإستراتيجية في أن لكل طالب الحق في التعليم والنشاط والحصول على الاعتماد الايجابي بين الطلبة وتطوير مهارات الاتصال.

إستراتيجية الرؤوس المرقمة تعمل معاً Numbered Heads Together

طور هذه الإستراتيجية كاجان ١٩٩٢ لكي يدمج عددا اكبر من الطلاب في تناول وفهم ومراجعة محتوى الدرس وتتلخص في الخطوات الآتية:

الترقيم- يقسم المعلم التلاميذ إلى فرق، تتكون من (٣-٥) أعضاء ويعطي كل تلميذاً رقماً (١،٢،٣،٤،٥).

طرح الأسئلة – يطرح المعلم سؤالاً على التلاميذ.

جمع الرؤوس- يضع التلاميذ رؤوسهم معاً ليتأكدوا من أن كل فرد يعرف الإجابة.

الإجابة- ينادي المعلم على رقم فيرفع التلاميذ المرقمين بنفس الرقم أيديهم ويقدموا إجابات للصف كله.

إستراتيجية الدراما التعليمية Teaching Drama

تعد إستراتيجية الدراما التعليمية من طرائق التدريس التي تساعد على إثراء وتعميق عملية التعلم لكل التلاميذ وخاصة الصغار منهم، نظراً لارتباطها بالخبرة المباشرة الناتجة عن نشاط وفعالية المتعلم، كما أنها لا تركز على العمليات العقلية فقط، إنما تضع في اعتبارها جميع جوانب الشخصية للمتعلم، حيث يقرب النشاط التمثيلي الحقائق والأحداث في أذهان المتعلم وهذا يساعد على ربط الأحداث بعضها ببعض في قوة وتدفق، ومن المبادئ الأساسية لتطبيق الدراما التعليمية ما يأتي:

- فعالية المتعلم ومشاركته الايجابية في عمليتي التعليم والتعلم.

- معالجة بعض محتويات المنهج بطريقة درامية، وتعتمد على الحوار والتمثيل، بحيث تتحول الأحداث والمواقف المختلفة إلى وقائع حية ملموسة يتم التعبير عنها بصورة نابضة بالحركة والحياة.

- استخدام أكثر من حاسة في أثناء عملية التعليم، نظراً لاعتماد المسرحية على حاسة الكلام والسمع والرؤية واللمس، وهو ما يجعل الخبرات التعليمية أكثر مقاومة للنسيان.

التعلم التعاوني

- مراعاة الجوانب النفسية للمتعلم، حيث تعتمد الدراما على حب التلميذ للعب والتمثيل والنشاط والانطلاق، لذا كان التركيز على أن يكتسب التلميذ مزيداً من المعلومات والحقائق والمفاهيم والاتجاهات والقيم من خلال طريقة تدريسية محببة إلى نفسه وبصورة مشوقة لا تبعث على الملل.

- إعطاء التلاميذ الوقت الكافي لأداء الدور المنوط بهم.

- تحويل حجرة الدراسة إلى مسرح مصغر، فتتحول من مكان منفر يحد من انطلاق نشاط التلميذ إلى مكان يقضي فيه فترات طويلة بلا ضجر أو ملل.

- قيام المعلم بدور المخطط والميسر والموجه لعملية التعلم، وذلك من خلال إدارته للخبرات التعليمية بصورة درامية، ويمكن أن يكتب المعلم أهداف الموقف التمثيلي ويتيح الفرص للتلاميذ لتقديم اقتراحاتهم.

وتتكون الدراما التعليمية من:

- **أسلوب لعب الأدوار**- هو لعب تمثيلي، يمثل فيه التلميذ مع بعض زملائه مواقف وأحداث ومشكلات عملية واجتماعية يكتسب من خلالها بعض الخبرات العلمية والاجتماعية، ثم تتم مناقشة بين المعلم والتلاميذ للوصول إلى نتائج مستهدفة وقد يمثل التلميذ دوراً لشخصية تاريخية بارزة وقد يمثل دور شخصية حية يعبر عن شعورها وتصرفاتها.

- **أسلوب المسرحة التربوية**- هو صياغة موضوع دراسي في قالب مسرحي، يتم تمثيله من قبل بعض التلاميذ في مكان مخصص لذلك، ويمكن أن تتم المواقف التمثيلية داخل حجرة الفصل الدراسي ويشاهده بقية التلاميذ الآخرين.

إستراتيجية تبادل الأدوار Pairs- Check Strategies

هي عبارة عن إستراتيجية لتنظيم التفاعل بين الأفراد في الفصل الدراسي وتتبع أسلوب إجراءات عرض المواد والتمارين ومراجعتها، وتكوين أشكال التعاون المشترك في التعلم من خلال التقسيم لفرق ثنائية ثم فرق رباعية مشتركة جماعياً تصلح لمشاركة الفصل بأكمله.

وتهتم إستراتيجية تبادل الأدوار بوجود مشكلة تعطى للزوجين المختارين، على أن يتبادل الأزواج أدوارهم بعد كل مشكلتين للزوج الواحد، ثم يتأكد الزوج الأول من إجابة الزوج الآخر أو الثاني، ثم يوضح الأزواج آراءهم ويسجلوا ردود أفعالهم، ويتابع بعضهم البعض في شكل أزواج متبادلين للأدوار والمهام التعليمية، ثم يتم إظهار الاحتفاء والسرور بين الأزواج المتفوقين.

وعند تعليم مهارة جديدة في تبادل الادوار لابد ان يكون هناك جدولاً محدداً لعملية تنظيم هذه المهارة، ويوضح كيفية الاختلاف المثير في الاجادة التي تنتج وعند تبادل الادوار بعدة دقائق لابد من التأكد أن الطالب الاول قد أتقنها والطالب الثاني كان اقل منه والطالبين الثالث والرابع قد اصطدما بالمشكلة الأولى وبذلك لابد من إعطائهم نفس الفرصة، وعلى المعلم أن يدرك أن ممارسة القاعدة الخطأ في حل المشكلات ربما يؤدي إلى الاستسلام وصرف انتباه الطلاب، وبذلك فهو مطالب بتأكيد وجود مساعدات بين الطلاب وان كل الطلاب يقومون بمهمة التركيب البسيط وهو تبادل الأدوار الذي سيؤدي بالإجادة حسب توجيهات العمل.

⇦ خطوات إستراتيجية تبادل الأدوار

تقوم استراتيجية تبادل الادوار على عدة خطوات، هي:

الخطوة الأولى- العمل المزدوج: تقسيم الفرق إلى مجموعة أزواج حيث يعمل الطالب الأول على حل المشكلة بينما يقوم الطالب الثاني (المدرس الشخصي) بمراقبته ومساعدته عند الضرورة.

الخطوة الثانية- اختبار المدرس الشخصي: يقوم المدرس الشخصي باختبار عمل شريكه وموافقته عليه، وإذا لم يتم اتفاق الشركاء على الإجابة يسألون الأزواج الأخرى من الفريق، وإذا لم يستطع الفريق بأكمله الاتفاق على الإجابة يقوم أعضاء الفريق برفع أيديهم عاليا، ويدرك بذلك المعلم أن الأيدي مرفوعة تدل على أن هناك أسئلة للفريق.

الخطوة الثالثة- إطراء المدرس الشخصي: إذا كان الشركاء متفقين على الإجابة يقوم المدرس الشخصي بإطراء الشريك الاخر.

الخطوة الرابعة والخامسة- تبادل الادوار: أي أن الطالب الذي أصبح مدرباً سوف يقوم بحل المشكلات بينما الطالب الآخر يصبح متدرباً.

الخطوة السادسة- اختيار الازواج: يقوم الفريق باعادة الاتحاد ومقاربة اجوبة الازواج، فاذا اختلفوا ولم يكونوا قادرين على الاتفاق يرفع اعضاء الفرق الاربعة ايديهم.

الخطوة السابعة- احتفالات الفريق: في حالة اتفاق الفريقين على الاجابة سوف يقومون بمصافحة بعضهم البعض.

⇦ تنفيذ إستراتيجية تبادل الأدوار

تنفذ استراتيجية تبادل الادوار وفقا لكاجان Kagan الى عدد من الخطوات، هي:

- يطلب المعلم من الطلاب ان ينقسموا الى مجموعتين من خلال توزيعه لنوعين من البطاقات الملونة وبذلك ينقسم الفصل الى زوجين.

- يطلب المعلم من كل زوجين الانضمام وتكوين مجموعة ثنائية ثم مجموعة رباعية.

١- يعرض المعلم الموضوع على طلاب الصف بعد تكوين المجموعات، كل مجموعة تتكون من اربعة طلاب.

٢- يترك المعلم للطلاب حرية الانقسام وفق المجموعات.

٣- يسمح المعلم لأي مجموعة باختيار علامة تميزها عن المجموعة الأخرى وفق رغبتهم.

٤- تقسم المجموعة الرباعية كالآتي (كاتب، باحث، وطالبان يناقشان المجموعة لحل الأسئلة، أحدهما الرئيس المتحدث والآخر المتابع والمراقب).

٥- كل مجموعة رباعية تحدد رئيساً للمجموعة.

٦- كل مجموعة رباعية تنقسم إلى مجموعة زوجية مكونة من طالبين.

٧- كل مجموعة زوجية تحدد رئيساً لها.

٨- يتم تبادل الأدوار في المجموعات الرباعية والزوجية بين أعضاء المجموعات.

٩- عند طلب المعلم من المجموعة إجراء نشاط خارج الصف عليه أن يحدد مع المجموعات (الطالب الرئيس) في المجموعة وبقية الأدوار ينفذها الطلاب بينهم.

١٠- على المعلم أن يحدد للمجموعات التعليمات التي يريد أن ينفذها في الحصة، فعلى سبيل المثال عدم ارتفاع الأصوات، وعدم الحركة الكثيرة داخل المجموعة الواحدة.

إستراتيجية خرائط المفاهيم Concept Mapping Strategies

خرائط المفاهيم هي مخطط مفاهيمي من المفاهيم المنظمة في موضوع ما، ويتم ترتيبها بطريقة متسلسلة هرمية، بحيث يوضع المفهوم العام أو الشامل في أعلى الخريطة، ثم المفهوم الأقل عمومية بالتدريج في المستويات التالية، مع مراعاة أن توضع المفاهيم ذات العمومية المتساوية بجوار بعضها البعض في مستوى واحد، ويتم الربط بين المفاهيم المترابطة بخطوط أو أسهم، تكتب عليها بعض الكلمات التي توضح نوع العلاقة بينها.

⇦ مراحل بناء خرائط المفاهيم

تمر عملية بناء أي خارطة مفاهيمية بمراحل عدة، وهذه المراحل هي:

١- تحديد المفهوم العام أو الموضوع المراد بناء خريطة مفاهيمية له.

٢- تحديد المفاهيم الفرعية المرتبطة بالمفهوم العام الرئيس في قائمة مرتبة تنازلياً من الأكثر عمومية إلى الأكثر تجريدا.

٣- تحديد كلمات أو حروف الربط التي تعطي معنى لطبيعة العلاقات بين المفاهيم.

⇦ الفرق بين الخرائط المفاهيمية والخرائط الذهنية

يمكن أن يحصل المعلم على خرائط مختلفة من المفاهيم نتيجة للمعاني المختلفة لديه المعتمدة على خبراته ومعارفه السابقة، ويجب الإشارة إلى أن في الخرائط المفاهيمية يمكن لأي مفهوم فرعي أن يصبح مفهوماً رئيساً في خريطة مفاهيمية أخرى وهذه الصفة المرنة تجعل إمكانية زيادة التوضيح في الخريطة المفاهيمية ممكنة، في حين أن الخرائط الذهنية على العكس من ذلك، ويمكن توضيح نقاط الاختلاف بين خرائط المفاهيمية والخرائط الذهنية، في الشكل التالي.

ت	خرائط المفاهيم	خرائط الذهن
١	رسم مخطط لموضوع ما يقوم المعلم به عادة	رسم مخطط لموضوع ما يقوم المتعلم به عادة
٢	تلتزم الخريطة بحدود المعلومات في الدرس	تـذهب ابعـد مـن المعلومـات وتحـوي علاقات جديدة يضعها المتعلم بنفسه
٣	خرائط المفاهيم تأخذ المعلومات وتسجلها كما وردت	الخريطـة الذهنيـة هـي خلـق روابـط وعلاقات جديدة
٤	هي إستراتيجية تدرس في الأساس لتوضيح المادة وتنظيمها	هي إستراتيجية تعلـم يبنى فيهـا الطالب روابط ومهارات
٥	خرائط المفاهيم متشابه خاصة إذا وضعها المعلم	لكل طالب خريطـة ذهنيـة خاصـة بـه ولا يمكن إيجاد خريطتين متشابهتين
٦	خريطة مكتملة	خريطة ناقصة يمكن استكمالها بشكل دائم
٧	يمكـن لأي شـخص فهـم الخريطـة والإفادة منها	لا يمكن استخدامها إلا من قبل صاحبها

الشكل (٨) الفرق بين الخرائط المفاهيمية والخرائط الذهنية

⇦ أنواع خرائط المفاهيم

هناك أنواع عدة لخرائط المفاهيم نذكر منها:

١- **خرائط المفاهيم الهرمية**: تكون فيها المفاهيم الأعم والأشمل في قمة الخريطة، وتندرج تحتها المفاهيم الأكثر خصوصية والأقل شمولية، وان استخدام هـذا النـوع مـن الخرائط في شكل أفكار أساسية يزيد قدرة العقل على ترتيب الأفكار على نحو هائل.

٢- **الخرائط العنكبوتية**: هي خرائط يكون لها في العـادة نقطـة محوريـة، وتمتد منهـا تفرعـات متماثلة على جانبها أشبه ما تكون بأرجل العنكبوت المتفرعة من جسمه.

٣- **خريطة المفاهيم المزدوجة**: تستخدم هذه الخرائط في المواقف التي تتضمن عمليات مقارنـة في الخصائص أو السمات المتشابهة والمختلفة.

إستراتيجية القبعات الست Six Hats Thinking

هـي إسـتراتيجية اسـتخدمت مـن قبـل دي بونـو (DeBono,1985) لتحسـين التفكيـر عنـد الإنسان باستخدام القبعـات السـتة، والتفكير بطريقة القبعـات السـتة هـو تفكيـر مـنظم يضـع

١١٤

حدود فاصلة بين أنواع التفكير المختلفة وهو أشبه باكتشاف خريطة التفكير والتي تحدد بداية الطريق ومسارات الاتجاه نحو الهدف، وأما القبعات الستة هي طريقة لتطوير عصف الدماغ، ولا تتطلب هذه الطريقة أن يبدأ التفكير بالتسلسل بل يمكن استدعاء القبعة المناسبة أو نوع التفكير المناسب حسب الحاجة، وفيما يلي استعراض القبعات الستة للتفكير:

❖ **القبعة البيضاء "الحقائق"**

هي تفكير المعلومات والحقائق الموضوعية والأرقام والتساؤل، فهي تحدد حاجات الإنسان المعلوماتية، وحينما يكون الشخص في حالة تفكير القبعة البيضاء يجمع الحقائق والمعلومات والخطط ويدرس جوانب المشكلة ويتهيأ لها، وكما يتميز سلوكه بالموضوعية في إصدار الأحكام وتوجيه الانتباه إلى المعلومات غير المتوفرة.

إن مرتدي القبعة البيضاء لابد أن يركزوا على بعض الخصائص التالية:

- طرح معلومات أو الحصول عليها.

- التركيز على الحقائق والمعلومات.

- التجرد من العواطف أو الرأي.

- الاهتمام بالأرقام والإحصائيات.

- عدم تفسير المعلومات.

- الحيادية والموضوعية التامة.

- تمثيل دور الكمبيوتر في إعطاء المعلومات.

- الاهتمام بالأسئلة المحددة للحصول على الحقائق أو المعلومات.

❖ **القبعة الحمراء "المشاعر"**

تمثل القبعة الحمراء وجهة النظر العاطفية واللون الأحمر في هذه القبعة يرمز للغضب والغيظ والعواطف، وتعني التعبير عن الانفعالات والمشاعر والعاطفة والحدس والتخمين والجوانب الأخلاقية والإنسانية في المشكلة. فالعواطف تصبح جزءا من مشروع أو عملية التفكير الكلي.

إن مرتدي القبعة الحمراء لابد أن يركزوا على بعض الخصائص التالية:

- إظهار المشاعر والأحاسيس، وليس بالضرورة من وجود مبرر لهذه المشاعر، مثل السرور،الثقة، الغضب، الشك، القلق، الأمان، الغيرة، الخوف، الكره.....الخ.

- الاهتمام بالمشاعر فقط، بدون النظر إلى الحقائق أو المعلومات أو المبررات.

- إظهار الجانب الإنساني غير العقلاني.

- تتميز غالباً بالتحيز أو التخمينات التي ربما لا تصل إلى درجة يمكن جعلها، أي أنها مشاعر ليس لها أساس سوى إحساس الفرد بها.

- المبالغة في تحليل الجانب العاطفي وإعطائه وزناً اكبر من المعتاد.

- رفض الحقائق أو الآراء دون مبرر عقلي، بل على أساس المشاعر أو الإحساس الداخلي.

❖ **القبعة السوداء " الحيطة والحذر " التفكير السلبي**

تركز القبعة السوداء على النواحي السلبية وسبب عدم القيام بها واللون الأسود في هذه القبعة يوحي بالحزن والسلبية، وهذه القبعة يرتضيها الناس في أكثر الأوقات فهي تسأل عما يجعل الفكرة المطروحة غير جدية، إنها قبعة الحلم السلبي على الأمور.

إن مرتدي القبعة السوداء لابد أن يركزوا على بعض الخصائص التالية:

- نقد الآراء ورفضها، وربما تلجا في ذلك إلى المنطق والحجج والأدلة التي ينظر إليها من زاوية سلبية معتمة.

- التشاؤم وعدم التفاؤل باحتمالات النجاح.

- إيضاح نقاط الضعف في أي فكرة.

- التركيز على احتمالات الفشل وتقليل احتمالات النجاح.

- التركيز على العوائق والمشكلات، والتجارب الفاشلة.

- التركيز على الجوانب السلبية، كارتفاع التكاليف أو قوة الخصوم أو شدة المنافسة أو الضعف الذاتي، أو الأخطار المتوقعة.

- توقع الفشل والتردد في الإقدام.

- عدم استعمال الانفعالات والمشاعر بوضوح، وإنما تلجأ إلى استعمال المنطق وإظهار الرأي بصورة سلبية.

❖ **القبعة الصفراء " التفاؤل " التفكير الايجابي**

هي قبعة التفكير الايجابي الذي يبحث فيه الفرد عن الجوانب النافعة واللون الأصفر في هذه القبعة مشرق وايجابي ويرمز إلى التفاؤل والأمل والتغيير الايجابي، وهذه قبعة ذات رؤية منطقية في العمل المطروح للنقاش وتمكن الشخص من إشباع الفضول والسرور في العمل بتفاؤل فالتفكير هنا هو أكثر من مجرد أحكام عقلية واقتراحات ايجابية انه موقف عقلي متفاءل وايجابي.

إن مرتدي القبعة الصفراء لابد أن يركزوا على بعض الخصائص التالية:

- التفاؤل، والإقدام، والايجابية، والاستعداد للتجريب.

- التركيز على إبراز احتمالات النجاح وتقليل احتمالات الفشل.

- تدعيم الآراء وقبولها، باستعمال المنطق وإظهار الأسباب المؤدية إلى النجاح.

- إيضاح نقاط القوة في الفكرة، والتركيز على جوانبها الايجابية.

- تهوين المشكلات والمخاطر، وتوضيح الفروق عن التجارب الفاشلة الساقطة.

- التركيز على الجوانب الايجابية مثل عدم المبالاة بالمنافسين أو الشعور بالثقة بالنفس أو تهوين الأخطار المتوقعة.

- الاهتمام بالفرص المتاحة، والحرص على استغلالها.

- توقع النجاح والتشجيع على الإقدام.

- عدم اللجوء إلى المشاعر والانفعالات بوضوح، باستخدام المنطق وإظهار الرأي بصورة ايجابية ومحاولة تحسينه.

- يسيطر على صاحبها حب الإنتاج والانجاز، وليس بالضرورة إبداع.

- يتمتع بأمل كبير وأهداف طموحة يعمل نحوها.

- ينظر إلى الجانب الايجابي في أي أمر ويبرر له بتهوين الجانب السلبي.

❖ القبعة الخضراء " أفكار جديدة" التفكير الإبداعي

هي قبعة التفكير الإبداعي الابتكاري الذي يبحث فيه الفرد في تفكيره بالخروج عن المألوف حيث يخرج من الأفكار القديمة إلى ساحة الأفكار الجديدة بالحركة من فكرة إلى فكرة أخرى عن طريق البحث عن حلول أو بدائل جديدة، واللون الأخضر في هذه القبعة يدل على العشب الكثير والنمو والخصوبة، و ترمز هذه القبعة للابتكار والإبداع والأفكار الجديدة..

إن مرتدي القبعة الخضراء لابد أن يركزوا على بعض الخصائص التالية:

- الحرص على الأفكار الجديدة، والآراء والمفاهيم والتجارب والوسائل.

- البحث عن البدائل لكل أمر، والاستعداد لممارسة الجديد منها.

- لا يمانع في استغراق بعض الوقت والجهد، للبحث عن الأفكار والبدائل الجديدة.

- الرغبة في التخيل والتفكير العميق.

- الاستعداد لتحمل المخاطر، من اجل استكشاف جديد.

❖ القبعة الزرقاء " الحكم " التفكير المنظم

تلعب القبعة الزرقاء دور المتحكم المنظم لعملية التفكير(تفكير النظرة العامة) ويرجع دي بونو اللون الأزرق لهذه القبعة إلى السماء التي تعلو كل شيء، كما إن اللون الأزرق هو لون حيادي وهادئ وبارد، وبالتالي التفكير بهذه القبعة هو تفكير القوة والمنطق من خلال النظرة الشاملة فإنها قبعة السيطرة التي لا تبحث عن الموضوع ولكن التفكير حول الموضوع أي تهتم بما وراء الإدراك، وإن مفكر القبعة الزرقاء يشبه قائد الفرقة الموسيقية وهو الذي يطلب استخدام تفكير القبعات الأخرى.

إن مرتدي القبعة الزرقاء لابد أن يركزوا على بعض الخصائص التالية:

- البرمجة والترتيب، والاهتمام بخطوات التنفيذ والانجاز.

- التركيز على محور الموضوع، وتجنب الأطناب، أو الخروج عن الموضوع، أو الاقتراحات غير المجدية.

- تنظيم عملية التفكير وتوجيهها.

- القدرة على التمييز بين الناس وأنماط تفكيرهم، أي أن صاحبها يرى قبعات الآخرين بوضوح.

- توجيه أصحاب القبعات الأخرى (عن طريق الأسئلة) وفض الجدل والاشتباك بينهم.

- تلخيص الآراء وتجميعها وبلورتها.

- يميل صاحبها لإدارة النقاش والحصص، حتى لو لم يكن رئيس الجلسة أو المعلم.

- يميل للاعتراف بان الآراء الأخرى جيدة تحت الظروف المناسبة، ثم يحلل الظروف الحالية، ليبين ما هو الرأي المناسب في هذه الحالة.

- يميل للتلخيص النهائي للموضوع، أو تقديم الاقتراح الفعال والمقبول والمناسب.

- يستفيد صاحبها من المعلومات والحقائق، ويوظفها بأسلوب منطقي منظم.

⇦ **مجالات استخدام إستراتيجية القبعات الستة**

تستخدم القبعات الستة في عدة مجالات، هي:

- إدارة الاجتماعات في الصف.

- التركيز والانتباه لجذب المتعلمين.

- جعل الآخرين أكثر ايجابية، في التعامل مع المشكلات اليومية.

- تدريس: تحضير وإعداد الدروس.

- تدريس: حل مشكلة تأخر الطلاب.

- تدريس: حل مشكلة عدم حب بعض الطلبة للمواد الدراسية.

- اتخاذ قرار مثل: شراء سيارة، منزل، أسهم.....الخ.

- قضاء الإجازة.

- تطوير وتنمية مهارات التفكير.

- جذب اهتمام المتعلمين للدروس.

هناك استخدامان أساسيان وعامان للقبعات، هما:

أ- **استخدام فردي للقبعات**- تستخدم قبعة واحدة فرادى ولفترة محددة من الوقت، لتبني نمط تفكير معين، وذلك لأغراض كتابة تقرير أو تسيير أعمال اجتماع، أو في محادثة.

ب- **استخدام تسلسلي وتتابعي**- تستخدم القبعات الواحدة تلو الأخرى لبحث واستكشاف موضوع معين وهو ما سوف نسير عليه في استراتيجيات القبعات. وكما يلي:

- **القبعة الزرقاء**- تقدم وتعرف بالموضوع المطروح، أو توجيه سير القبعات الأخريات.

- **القبعة الحمراء** – التعرف على المشاعر تجاه موضوع ما.

- **القبعة البيضاء**- توفير معلومات عن فكرة جديدة أو بحث أو استكشاف فكرة محايدة.

- **القبعة الصفراء**- ابحث عن المزايا أولا لتستكشف قيمة اقتراح أو فكرة.

   * تجنب عناء البحث عن معلومات إذا لم يوجد فوائد ظاهرة للفكرة.

   * تستخدم قبل القبعة السوداء،إذ أن السلبيات فقد تحجب الايجابيات.

- **القبعة الخضراء** – تجنب استخدامها في البداية إذ يفضل أن تبدأ بالقبعة البيضاء لجمع المعلومات اللازمة والتي بها تتمكن من طرح بدائل أو أفكار جديدة.

- **القبعة السوداء**- تمثل الرؤيا التقليدية للتفكير وتحجب فوائد ومزايا الفكرة لذا تجنب استخدامها في البداية.

   في حين تستخدم القبعات الست في وسط التسلسل على النحو التالي:

- **القبعة الخضراء**- إيجاد وطرح البدائل والمقترحات.

- **القبعة الصفراء**- إيجاد الفوائد في مقترحات القبعة الخضراء، والبحث عن قيمة إضافية بعد استخدام القبعة السوداء.

- **القبعة البيضاء**- استقصاء وبحث معلومات وبيانات إضافية عن الموضوع المطروح.

   أما القبعات التي تستخدم في نهاية التسلسل هي:

- **القبعة الزرقاء**- تلخص عمليات التفكير/ التنظيم.

- **القبعة السوداء**- هل كل شيء على ما يرام؟

- **القبعة الحمراء** – بعد القبعة السوداء،لإيضاح ردود الأفعال، ولإيضاح الشعور تجاه الاجتماع والحوار.

- **القبعة الخضراء**- توضع في نهاية الجلسة لوضع بدائل وهي نادراً ما تستخدم في نهاية التسلسل.

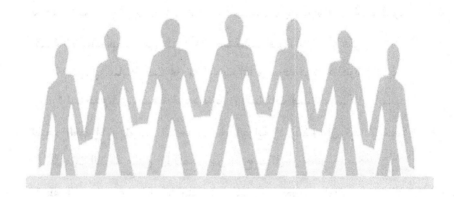

الفصل السادس

المهارات التعاونية

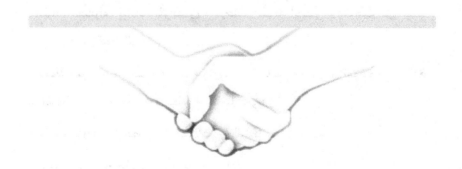

محتويات الفصل:

- المدخل إلى مفهوم المهارات التعاونية

- المهارات التعاونية وبعض المفاهيم الأخرى المرتبطة به

- أنواع المهارات التعاونية

- مكونات المهارات التعاونية

- أهداف المهارات التعاونية

- خصائص المهارات التعاونية

- وظائف المهارات التعاونية

- أساليب اكتساب المهارات التعاونية

- المسلمات التي يقوم عليها تعليم المهارات التعاونية

- جوانب العجز في تعليم المهارات التعاونية

- كيف تتحقق المهارة التعاونية

الفصل السادس

المهارات التعاونية

المدخل إلى مفهوم المهارات التعاونية

إن الإنسان بطبيعته كائن اجتماعي بالفطرة، أي انه يدين بوجوده وتطوره إلى الحياة الجماعية التي عاشها منذ القدم، واستقى من تفاعله مع ضغوطاتها مقومات تطوره عبر العصور، فهو بهذا لا يستطيع العيش بمعزل عن الآخرين فهو يؤثر ويتأثر بالمجتمع الذي يعيش فيه، ومن الجدير بالذكر إن القصاص الأكبر للإنسان هو الوحدة، التي تمنعه من رؤية ذاته ومن التفاعل مع الآخرين، الأمر الذي يزجه في حلقة مفرغة قد تتسبب بتقهقره وضياعه، ولكي يستطيع التواصل مع أفراد مجتمعه يجب أن يتحلى الفرد بمجموعة من المهارات المستمدة من محيط المجتمع الذي يعيش فيه.

فالمهارة هي القدرة على اداء انواع من المهام بكفاءة اكبر من المعتاد وتعرف المهارة انها عملية اي انها تتضمن سلسلة متتابعة من الاجراءات التي يمكن ملاحظتها مباشرة او بصورة غير مباشرة والتي يمارسها المتعلم بهدف اداء مهمة ما ولانها عملية يتضمن اداءها وفق خطوات ثابتة وبطريقة منظمة ومتتابعة ومتدرجة ومحددة.

أما المهارات التعاونية فتعد من العناصر المهمة التي تحدد طبيعة التفاعلات اليومية للفرد مع المحيطين به في المجالات المختلفة، والتي تعد في حالة اتصافها بالكفاءة من ركائز التوافق النفسي على المستوى الشخصي والاجتماعي. لذا فان اكتساب الفرد للمهارات التعاونية يعد أمراً مهماً لنموه الاجتماعي وتكيفه واندماجه في المجتمع الذي يتفاعل معه، وسنلقي الضوء على مفهوم المهارة التعاونية، وكما يلي:

أولاً: المهارة Skill لغويا

المهارة لغوياً يرجع أصل المهارة Skill إلى الفعل "مهر" أي حذق والاسم منه"ماهر" أي حاذق وبارع، ويقال حاذق وبارع، ويقال فلان مهر في العلم أي حاذقاً، عالماً به متقناً له، ويرجع الفعل : "مهر" إلى نوع من الخيل كان يضرب بها المثل في السرعة.

١٢٣

التعلم التعاوني

المهارة في معجم مصطلحات العلوم التربوية

هي نمط متوافق ومنتظم لنشاط جسمي أو عقلي، عادة ما يتضمن عمليات استقبال وعمليات استجابة، وقد تكون المهارة حركية أو يدوية أو عقلية أو اجتماعية وفقاً للجانب السائد في نمط المهارة.

- ### تعريف وبستر Webster ١٩٧١

هي قوة متعلمة لعمل وإنجاز شيء ما بصورة كفاءة، وهو كذلك القدرة على استعمال الفرد لمعرفته بصورة فعالة وبسهولة، ويسر وبسرعة.

- ### تعريف حسونة ١٩٩٥

هي الدقة والسهولة في أداء عمل من الأعمال بدرجة من الإتقان والسرعة مع الاقتصاد في الجهد المبذول، بأقل وقت ممكن عن طريق الفهم.

- ### تعريف احمد ١٩٩٨

هو تلك العمليات التي تزيد من القيام بالأداء بدرجة معقولة من السرعة والإتقان مع الاقتصاد في الجهد، وقد تكون حركية أو عقلية أو اجتماعية.

- ### تعريف مكيالين Macmillan ٢٠٠٣

هي القدرة على إنجاز شيء ما بصورة جيدة مرضية، ويحدث ذلك عادة نتيجة للخبرة والتدريب.

ثانياً-التعاوني Cooperate

التعريف اللغوي للتعاون- التعاون من عون في باب العين فصل الواو، وتعني الإعانة وتقديم المساعدة لكل من يطلبها أو يحتاج إليها.

التعاون اصطلاحاً:

- ### تعريف جلال ١٩٦٦
هي سعي الأفراد في سلوكهم إلى تحقيق أهداف مشتركة.

- ### تعريف المنيزع والعتر ١٩٧٧
هي العمل سوياً أو تبادل العون لتحقيق هدف معين مثل تعاون شخصين أو أكثر لأداء عمل من الأعمال لتحقيق نفع مشترك أو خدمة مشتركة.

- تعريف الدمرداش ١٩٧٧

هـي مهارة يقوم اكتسابها على الممارسة الناجحة والتوجيه السليم والقدوة الحسنة والإيمان بأهميتها وتقدير نتائجها.

- تعريف اوكسفورد Oxford ٢٠٠٠

هي أداء فعل أو عمل مع شخص آخر أو أشخاص آخرين لمنفعة متبادلة.

ثالثاً: المهارات التعاونية

إن المهارات التعاونية هي تلك الأنشطة الاجتماعية التي تجعل الفرد أكثر قبولاً عند الآخرين وإن السلوك الاجتماعي في الأساس فكرة وصفية تشير أما إلى تفاعل بين فردين أو أكثر، وأما إلى تأثير كل منهما على الآخر.

المهارات التعاونية وبعض المفاهيم الأخرى المرتبطة به

ارتبط مصطلح المهارات التعاونية بعدد من المفاهيم، فقد اعتبرها البعض مرادفا لهاً، ومـن هـذه المفاهيم: مفهـوم السـلوك الاجتماعـي ومفهـوم الشخصية ومهارات الكفـاءة الاجتماعية والمهارات التوكيدية.

١- السلوك الاجتماعي Social Behavior

هو إدراك الفرد انه كائن مستقل لديه القدرة على تحقيق الحاجات الاجتماعية مـن خـلال العلاقات والتواصل مع الآخرين والمساهمة في ألوان النشاط الاجتماعي.

إن مفهوم السلوك الاجتماعي يتشكل عند الطفولة، ويرتبط بمجموعة من النواتج في الحياة فيما بعد، والمتمثلة بالمهارات الاجتماعية فمثلا يرتبط تطوير مهارات اجتماعية معينة ارتباطا قويا بـالتكيف المناسب والنجاح على الصعيدين الشخصي والتحصيلي في مجال العمل، أو في رفض الرفاق والتسرب مـن المدرسة والاضطرابات العقلية وانحراف الأحداث.

٢- الكفاءة الاجتماعية Social Competence

الكفاءة الاجتماعية، هي قدرة الفرد على التفاعل والتكيف مـع البيئة بفاعلية، وتمكن الفرد من التأثير في الآخرين، وتحقيق الأهداف الشخصية والمهنية مـن خـلال تكوين علاقات

مـع الآخـرين، لهـا طابع الاستمرار، وأمـا مكونـات الكفـاءة الاجتماعيـة كـما حـددها فـانج وهوجـان (Vanghn &Hogan) فهي:

- العلاقات الاجتماعية مع الآخرين.

- الإدراك الاجتماعي الدقيق المناسب مع العمر.

- غياب السلوكيات سيئة التكيف.

إن الفرق بين مصطلحي الكفاءة الاجتماعية والمهارات التعاونية حيث ينظر إلى مصطلح كفاءة وحده على انه سمة عامة غير قابلة للملاحظة توجد لدى الأفراد على هيئة أداء، ولكن بدرجات متفاوتة يمكن التعبير عنها، وتتأثر بالمتغيرات الثقافية والاجتماعية للشخص الـذي يقيم الأداء، في حين يشير مصطلح المهارة التعاونية إلى قدرة معينة وضرورية بأداء الوظيفة المطلوبة.

٣- الشخصية Personality

هـي تنظيـم متكامـل دينـامي للـصفات الجسدية والعقليـة والخلقيـة والاجتماعيـة للفـرد كما تبين للآخرين مـن خـلال عمليـة الأخـذ والعطاء في الحيـاة الاجتماعيـة، وتضم الشخصية الـدوافع الموروثة والمكتسبة والعادات والاهتمامات والعقد والعواطف والمثل والآراء والمعتقدات.

إن مفهوم الشخصية أكثر شمولاً وعمومية من مفهوم المهارات التعاونية، حيث تتركز المهارات التعاونية على جوانب نوعية محددة ترتبط بموقف معين، في حين يشير مفهـوم الشخصية إلى الأهداف والتفصيلات، وأما المهارات التعاونية فتشير إلى انجاز وتحقيق هذه الأهداف.

٤- التوكيدية Assertiveness

هي سلوك يمكن الفـرد مـن التصرف وفقاً لاهتماماتـه المفـضلة لديـه، ليجاهـد دون أن يـشعر بالقلق، ويكون قادراً على التعبير بصدق عن مشاعره أو ممارسة حقوقه الشخصية دون إنكار لحقوق الآخرين.

إن مفهوم المهارات التعاونية أكثر اتساعاً من مفهوم التوكيدية لأن المهارات التعاونية تشتمل على مهارتين رئيسيتين، هما توكيد الذات، والقدرة على إقامة علاقة وثيقة مع الآخرين.

أنواع المهارات التعاونية

لقد قام علماء التربية وعلم النفس بإجراء دراسات تربوية ونفسية عديدة للتوصل إلى مهارات لابد من تعليمها، وتتمثل المهارات التعاونية، في :

- مهارات تعاونية مبتدئة مثل (الإصغاء أو الاستماع، البدء في الحوار، تشكيل الحوار، طرح السؤال).

- مهارات تعاونية متقدمة مثل (طلب المساعدة، الاندماج مع الآخرين، إعطاء التوجيهات).

- مهارات لازمة للتعامل مع المشاعر مثل (اعرف مشاعرك، فهم مشاعر الآخرين).

- مهارات تشكل بدائل للحالة العدائية عند المراهقين مثل (طلب الإذن، المشاركة، المناقشة).

- مهارات لازمة للتعامل مع الضغط والإجهاد مثل (تقديم الشكوى، التعامل مع الأفراح).

- مهارات التخطيط مثل (التقرير لعمل شيء، تحديد سبب المشكلة، وضع هدف).

أما موس Moos،(2000) فقدم أنواع أخرى للمهارات التعاونية تتمثل في :

- مهارات تعاونية تساعد على بدء وتسهيل العلاقات الاجتماعية والحفاظ عليها بين الأشخاص مثل (تكوين صداقات، والعلاقات المتجانسة مع الأسر والتي تمثل مكافأة في حد ذاتها).

- مهارات تعاونية تشجع وتدعم الالتزام بالعلاقات الهامة أو النظم الاجتماعية الهامة والشعور بالرضا من ذلك، مثل (التواصل الإيجابي، ومهارات حل الصراعات في نطاق العمل الجماعي أو دخل الأسرة).

- مهارات تعاونية تساعد في الوقاية من تهميش الآخرين لحقوق الإنسان أو تعوق التعزيز، مثل (القدرة على الإصرار أو الرفض).
- مهارات تعاونية تؤدى إلى التعزيز وتقلل من التغذية الراجعة السلبيةلأنها ترتبط بالمعايير والتوقعات الثقافية المرتبطة بالسلوك الاجتماعي.

وقدم هايز Hayes،(1994) أنواع أخرى للمهارات التعاونية، تتمثل في :

- المهارة في إدراك تعبيرات الوجه والدلالات اللفظية.
- المهارة في فهم اللغة والأعراف الاجتماعية.
- المهارة في المتابعة اللفظية.
- المهارة في تقديم المساعدات للآخرين وتلقي ما يبدون من ملاحظات.
- المهارة في استرجاع المعلومات.
- المهارة في إدراك البيئة المحيطة.
- المهارات التنظيمية.

إن المهارات التعاونية تتنوع حسب الأشخاص واحتياجاتهم، وقد تم تصنيف المهارات التعاونية إلى مهارات أسرية وعامة ووظيفية، والشكل التالي يوضح ذلك.

مهارات أسرية	مهارات عامة	مهارات وظيفية
مشاعر الغيرة	التحية	معرفة حدود الأدوار
كلمات الحب والمحبة	تقديم المساعدة وطلبها	التعامل مع الرؤساء
النظرة الايجابية للمرأة	المحافظة على استمرار العلاقات مع الآخرين	الالتزام بالعمل وإنهاؤه
تقديم الهدايا	الاستجابة للمزاح	احترام العمل والعاملين
إشعار الطرف الأخر بالدفء والحنان	إظهار روح رياضية عند اللعب	الاستجابة للفشل رفع الشكوى
استخدام المدح بدل النقد		حل المشكلات

الشكل (٩) المهارات التعاونية (الأسرية- العامة -الوظيفية)

مكونات المهارات التعاونية

يمكن التغلب على اختلاف المصطلحات بالتعرف على مكونات المهارات التعاونية، وكما يلي:

أولاً: تصنيف جونسون وجونسون وهوليك للمهارات التعاونية، ويتضمن المكونات الآتية:

التشكيل: هي اول المهارات لتاسيس مجموعة العمل التعاوني. وهي عبـارة عـن مجموعـة اوليـة من المهارات الادارية موجهـة نحـو تنظيـم المجموعـة وتأسيس الحـد الادنى لمعـايير سـلوكية للسـلوك المناسب، وتتمثل هذه المهارة بالسلوكيات الآتية:

- ✔ البقاء في المجموعة.

- ✔ التحدث بصوت هادئ واضح مسموع والعمل بدون ضجيج.

- ✔ تشجيع الأفراد الآخرين على العمل والإنجاز والالتزام... إلخ.

- ✔ الاستماع للآخرين وعدم مقاطعتهم.

- ✔ مناقشة الآراء بموضوعية وتقديم النقد البناء والامتناع عن النقد السلبي.

- ✔ تقبل الأفراد الآخرين.

العمل: هي المهارات المطلوبة لإدارة نشاطات المجموعة في انجاز المهمة والمحافظة على علاقـات فاعلة بين الأعضاء، وتتمثل هذه المهارة بالسلوكيات الآتية :

- ✔ تحديد الهدف.

- ✔ توضيح المهمات وتوزيع الأدوار.

- ✔ طلب المساعدة وتقديمها.

- ✔ حفز الآخرين وتعزيزهم.

- ✔ التوفيق بين الآراء والأفكار وتوضيحها وبلورتها.

- ✔ إدارة النقاش.

- ✔ تقديم الإرشاد والتوجيه.

الصياغة: هي المهارات المطلوبة لبناء مستوى أعمق من العمليات العقلية لفهم المواد التي تدرس لإثارة استراتيجيات التفكير العليا، ولزيادة درجة الإتقان وتذكر المادة المقررة لفترة أطول، وتأتي عادة في نهاية الدرس، فهي تشمل طرح الأفكار والتوسع فيها لتوفير فهم أوسع وأعمق للمهمة المعطاة وصياغتها بعد الاتفاق عليها ومنها البحث عن الدقة والتوسع في المعلومات، وتتمثل هذه المهارة بالسلوكيات التالية :

✓ تصويب وتعديل الطروحات والآراء وتوجيهها نحو الأهداف.

✓ فحص ومراجعة العمل، والتأكد من الاتجاه والإنجاز.

✓ التذكير بالمسار المطلوب والعودة إليه.

✓ تلخيص الموضوع أو الأفكار وربطها.

✓ استخلاص النتائج وصياغتها.

مهارة التعمق (التخمر): هي المهارات اللازمة للانخراط في المناقشات الأكاديمية بغرض إثارة تصور المفاهيم للمادة المدروسة وإثارة التضارب الإدراكي والدراسة عن مزيد من المعلومات وطرح المسوغات التي تستند إليها الاستنتاجات وهي الأكثر صعوبة وتعقيداً. وتتمثل هذه المهارة بالسلوكيات التالية :

- طرح الأسئلة السابرة وأسئلة التفكير المتباعد.

- النقد الموضوعي البناء (نقد الفكرة لذاتها بهدف تصويبها، وعدم نقد صاحبها).

- تبرير الأفكار والآراء والإجابات.

- ربط الأفكار ودمجها والخروج بالفكرة المبلورة.

ثانياً: تصنيف بيلاك وآخرون المهارة التعاونية

يقسم بيلاك وآخرون المهارة التعاونية إلى ثلاث مكونات هي :

أ- مهارات المحادثة :

إن الفرد الذي لديه مهارات المحادثة هو الشخص الذي يستطيع أن يبدأ المحادثة ويستمر فيها وينهيها، وتشمل مهارة الاستمرار في المحادثة ثلاثة عناصر هي (إلقاء الأسئلة على الآخرين - إعطاء معلومات للآخرين - الاستماع الجيد).

ب- المهارات التوكيدية :

إن الفرد الذي لديه المهارات التوكيدية هو الشخص الـذي يستطيع أن يعبر بحرية عـما يريـد، وتقسم المهارات التوكيدية إلى نوعين هما :

١-   **مهارات التوكيد الموجب**، وهى المشاعر الايجابية نحو الآخرين مثل مهارات المجاملة مـن مدح وثناء على الآخرين لإنجازاتهم وما يمتلكونه من أشياء مادية، ومهارات التعاطف وهـي المشاركة الوجدانية للآخرين في مواقف الفرح والألم، وتقديم مبررات للسلوك الـذي يسلكه الشخص عندما يخطئ في حق الآخرين.

٢-   **مهارات التوكيد السلبي**، وهى مـشاعر الـرفض والاستياء والـدفاع عـن الـنفس: مثل رفض الطلب غير المنطقي، والاحتجاج، وطلب سلوكيات جديدة، والتعبير عن الغـضب، والتفاوض للوصول إلى الحل.

ج- **مهارات الإدراك الاجتماعي:**

إن الفرد الذي لديه مهارات الإدراك الاجتماعي هو الشخص الذي يستطيع أن يعرف متى وأيـن وكيف يصدر الاستجابات المختلفة، وتشمل فهم الإشارات الاجتماعية، والانتباه، والتنبؤ أثناء التفاعل.

ثالثاً: تصنيف ناتسون وآخرون للمهارات التعاونية، وعلى النحو التالي:

أ- المبادأة بالتفاعل

هي تعنى القدرة على بدء التعامل مع الآخرين لفظي أو غير لفظي كالتعرف عليـهم أو مـد يـد العون لهم أو زيارتهم أو تخفيف ألآمهم أو إضحاكهم.

ب- **التعبير عن المشاعر السلبية**

تعنى القدرة على التعبير عن المـشاعر لفظيـة أو غـير لفظيـة كاسـتجابة مباشره أو غـير مباشرة لأنشطة وممارسات الآخرين التي لا تروق لهم.

ج- **الضبط الاجتماعي الانفعالي**

تعنى القدرة على التروي وضبط الانفعالات في مواقف التفاعـل مـع الآخـرين وذلـك في سبيل الحفاظ على روابطه الاجتماعية.

د- التعبير عن المشاعر الإيجابية

تعني القدرة على إقامة علاقات اجتماعية ناجحة من خلال تعبير الرضا عن الآخرين ومجاملتهم، ومشاركتهم الحديث.

رابعاً: تصنيف موريسون (Morreson 1981) للمهارات التعاونية يتضمن ثلاث مكونات رئيسة، هي:

١- المكونات التعبيرية، وتتضمن:

✔ محتوى الحديث.

✔ المهارات اللغوية من حيث حجم، وسرعة، ونغمة، وطبقة الصوت.

✔ المهارات غير اللفظية من حيث الحركة الجسمية والاتصال بالعين وتعبيرات الوجه.

٢- العناصر الاستقبالية، وتتضمن:

✔ الانتباه.

✔ الفهم اللفظي وغير اللفظي. لمحتوى الحديث.

✔ إدراك المعايير الثقافية أثناء الحديث مع الآخرين.

٣- الاتزان التفاعلي، ويتضمن:

✔ توقيت الاستجابة.

✔ نمط الحديث بالدور.

✔ التدعيم الاجتماعي.

خامساً: تصنيف ميرل (Merrel 1993)، ويتضمن المكونات الآتية:

✔ التفاعل الاجتماعي.

✔ الاستقلال الاجتماعي.

✔ التعاون الاجتماعي.

✔ الضبط الذاتي.

✔ المهارات البين – شخصية.

✔ المهارات الاجتماعية المدرسية.

أهداف المهارات التعاونية

يجمـع البـاحثون عـلى إن للمهارات التعاونيـة العديـد مـن الأهـداف، التـي يمكـن إجمالهـا في الآتي:

١- تحقيق التعارف والتقارب بين الناس.

٢- بناء جسور الثقة المؤدية إلى الحوار والنقاش وحل الخلافات.

٣- إشباع الحاجات والتعلم والمتعة والمساعدة.

خصائص المهارات التعاونية

المهارات التعاونيـة هـي سـلوكيات ملاحظة يمكـن قياسـها يسـتخدمها الفـرد أثناء تفاعلـه مـع الآخرين، وهناك عدة خصائص أساسية مميزه لمفهوم المهارات التعاونية أهمها، ما يلي:

أ-   يشتمل مفهوم المهارة التعاونية على البراعة Proficiency والكفـاءة Competence والخـبرة في أداء الفرد لنشاطاته الاجتماعية، ومختلف أشكال تفاعلاته مع الآخرين.

ب-   العنصر الجوهري في أي مهارة تعاونية هو القدرة على تحقيـق نتيجـة فعالة في الاختيـارات من أجل الوصول إلى هدف مرغوب.

ج-   تشتمل المهارات التعاونية على قدرة الفرد على الضبط المعرفي لسلوكه.

د-   يهدف الفرد من وراء سلوكه الحصول على التدعيم الاجتماعي من البيئـة التـي يعيـش فيهـا بالشكل الذي يحقق له التوافق النفسي والاجتماعي.

وظائف المهارات التعاونية

المهارات التعاونية هي مجموعة من السلوكيات التي تعلمها الفرد من البيئـة والتي تمكنـه مـن التكيـف مـع المجتمع لتجنبـه الاسـتجابات المؤديـة إلى العقوبة أو النبـذ مـن الآخرين كـما تدفعـه

على إدراك حاجات ورغبات وانطباعات الآخرين بدقة، وهي مجموعة من الاستجابات التي تحقق قدراً من التفاعل الناتج مع البيئة سواء في المجتمع أو الأسرة أو في المدرسة أو مع الرفاق أو حتى مع الغرباء وتؤدي إلى تحقيق أهدافه التي يقبلها المجتمع، وللمهارات التعاونية وظائف هي:

١- **التعلم والتثقيف**: وتتمثل في اكتساب المعلومات والمهارات والمعتقدات والاتجاهات مما يؤدي إلى فهم أفضل للعالم والناس والذات.

٢- **التوجيه**: التأثير في اتجاهات الآخرين وسلوكهم ومواقفهم، كتأثير الوالدين والمعلمين في الأطفال.

٣- **اللعب والتسلية والترفيه**: لمنح الحياة توازناً يخفف من ثقل الجدية كالتحدث حول النشاطات والقصص والنكات.

٤- **المساعدة**: الإرشاد والمواساة والنصح.

أساليب اكتساب المهارات التعاونية

تبدو أهمية المهارات التعاونية في العصر الذي يتسم بالثورة التكنولوجية والانفجار المعرفي، في اكتساب الأفراد التواؤم والتكيف مع هذه المستحدثات، حيث ينبغي أن يتعلموا الأنظمة التي يعيش الناس بمقتضاها، ويحترمونها ويقدرونها، وأن يسلكوا الطرق والعادات والقوانين التي يتبعها المجتمع، وهناك عدة أساليب تستخدم لاكتساب المهارات التعاونية ويمكن تصنيفها في ثلاثة مستويات، هي:

- **أساليب بدنية**: مثل التدريب على الاسترخاء والتحكم في الجوانب غير اللفظية.

- **أساليب معرفية**: مثل التدريب على الحوار الداخلي والايجابي وتغيير المعتقدات اللامنطقية.

- **أساليب سلوكية**: مثل تمثيل الدور والاقتداء وإعادة السلوك والتلقين والتدعيم وتقديم المساعدة، والشكل التالي يوضح أساليب اكتساب المهارات التعاونية.

ت	الأسلوب	الاستراتيجيات المستخدمة	التعريف	الغرض
١	أساليب بدنية	التدريب على الاستجابة البدنية	التدريب على الاستجابة البدنية الملائمة للحالة الانفعالية والموقف الاجتماعي بما في ذلك نبرات الصوت والتقاء العيون وتعبيرات الوجه والحركة.	الإقناع الفاعلية الاجتماعية خلق انطباع جيد ومتحمس الثقة بالنفس إعطاء أوامر أو توجيهات. التدريب على اتخاذ القرار. تقديم المساعدة
		التعمية والإرباك	إظهار الموافقة على ما يوجه لك من اتهامات مع إبداء الاستعداد لتغيير سلوكك عندما يظهر الطرف الأخر ما يستحق ذلك.	عندما يكون الطرف المقابل من النوع اللحوح الذي يكثر من الإدانة واللوم والنقد
		التلون الانفعالي	التدريب على الانفعالات المختلفة والمتعارضة بما فيها المعارضة والهجوم وتقبل المدح وإظهار الود وتأكيد الأنا.	تكوين علاقات اجتماعية إنهاء المواقف الاجتماعية. التخلص من القلق الاجتماعي ضبط النفس تحقيق مكاسب متبادلة.
٢	أساليب معرفية	نطق المشاعر	هو التعبير المعتمد والتلقائي عن الانفعالات بكلمات صريحة ومنطوقة.	التعود على التلقائية. تشجيع الآخرين على تكوين علاقات ناجحة. التحرر من القلق الاجتماعي
		التأكيد السلبي	الاعتراف بالخطأ عندما تقوم بفعل يستحق اللوم.	تصحيح الخطأ. إقامة علاقة طيبة مع الرؤساء والمقربين من الأصدقاء والمقربين
		التساؤل السلبي	الاستجابة لانتقادات الآخرين بالسؤال عن الانتقادات والأخطاء التي ترتكب مع أبداء الاستعداد للتعبير.	التقليل من الضغوط أو الصراعات الأسرية. حل الصراعات الاجتماعية.

ت	الأسلوب	الاستراتيجيات المستخدمة	التعريف	الغرض
٣	أساليب سلوكية	تجريد غضب الآخرين من قوتهم	تجاهل محتوى الرسالة أو السلوك الغاضب والتركيز على طريقة الشخص الانفعالية في الحديث.	تجنب التعامل مع أشخاص انفعاليين. ضبط النفس. إيقاف سلوك عدواني خارجي.
		لعب الدور	التدريب على أداء دور أو سلوك جديد.	تخفيف القلق الاجتماعي المناقشات العامة. أعطاء أوامر. مواجهة الفشل والإحباط تجنب الاندفاع.
		التجاهل	تجاهل الاستجابة المعارضة مع الاستمرار في التعبير عن السلوك أو الفكرة التي بدأتها واستئناف التعبير عنها بالرغم من المعارضة والمقاطعة.	التدريب على ضبط النفس. الإصرار على تحقيق الهدف.

الشكل (١٠) أساليب اكتساب المهارات التعاونية

المسلمات التي يقوم عليها تعليم المهارات التعاونية

يقوم تعليم المهارات التعاونية على أربـع مـسلمات أوردهـا جونـسون وآخـرون (& Johnson 1986،et.al)، وكما يلي:

المسلمة الأولى:

قبل تعليم المهارات التعليمية لابد من إيجاد إطار للتعاون، إذ لا يتوقع الطلبـة أن يتعـاونوا مـع بعضهم إذا كانت النشاطات التعليمية مخططة ومنفذة بطريقـة فرديـة، بحيث يعمـل الطلبـة فـرادى ومنعزلين ومتنافسين، كذلك يجب على المدرس أن يسعى إلى إيجاد إطار للتعاون بين الطلبة فيشعر كـل فرد في المجموعة انه عضو مكمل لها، وان يسترشدوا معاً بالشعار " ننجو معاً أو نغرق معاً".

المسلمة الثانية:

ينبغي تعليم المهارات التعاونية بشكل مباشر، أن تخطيط المعلم لدروسه تعاونياً هو أمر لا يحقق المهارات التعاونية لدى الطلبة تلقائياً، فالمهارات التعاونية لا تتوافر لدى الطلبة منذ الولادة، لأن تعلمها لا يختلف عن تعلم أي مهارة أخرى كالقراءة والكتابة.

المسلمة الثالثة:

إن الأعضاء في المجموعة التعاونية هم الذين يقررون بشكل مباشر المهارات التي يجري تعلمها واستيعابها، مع أن المدرس هو الذي ينظم عملية التعلم داخل الصف وهو الذي يحدد أساس المهارات المطلوبة للتعاون، كما يعتمد المدرسون على الطلبة المشاركين في مجموعات التعلم التعاوني للمساعدة والمراقبة في استخدام المهارات، وهم الذين يقدمون التغذية الراجعة حول درجة جودة المهارات المستخدمة ويعززون استخدامها المناسب.

المسلمة الرابعة:

كلما تعلم الطلبة مبكراً كان ذلك أفضل لنجاح استخدام استراتيجيات التعلم التعاوني كما يمكن تعليم الأطفال المهارات التعاونية وهم في السنوات الأولى من العمر قبل أن يدخلوا المدرسة، وكما يمكن لمعلمة الروضة في رياض الأطفال أن تعلم أطفالها بعض المهارات التعاونية، وينسحب الأمر كذلك على الطلبة في المستويات اللاحقة جميعها وعلى الراشدين في المجتمع، فعندما نطلب من الكبار أن يتعاونوا في أسرهم وعملهم ومجتمعاتهم المحلية.

جوانب العجز في المهارات التعاونية

يصنف جريشام (Gresham, 1986) جوانب العجز في المهارات التعاونية إلى:

١- عجز في المهارة التعاونية

إن بعض الأفراد ليس لديهم المهارات اللازمة للتفاعل مع زملائهم فلا يستطيعون الاستمرار في العمل مع مجموعتهم.

٢- عجز في أداء المهارة التعاونية

إن بعض الأفراد لديهم محتوى جيد من المهارات التعاونية، لكنهم لا يستطيعون أن يمارسوها عند المستوى المطلوب في حياتهم الاجتماعية، ويرجع ذلك إلى نقص الحافز أو انعدام فرصة أداء السلوك بشكل مستمر.

٣- عجز في الضبط الذاتي المرتبط بالمهارة التعاونية

إن بعض المتعلمين لا توجد لديهم مهارات تعاونية معينة تناسب مواقف معينة لان الاستجابة الانفعالية تمنعهم من اكتساب المهارات الملائمة للمواقف، ومن الاستجابات الانفعالية التي تعيق تنمية المهارات الملائمة للمواقف، القلق والخوف.

٤- قصور في الضبط الذاتي عند أداء المهارة التعاونية

إن بعض الأطفال لديهم المهارة التعاونية، ولكنهم لا يؤدون المهارة بسبب الاستجابة الصادرة عن الإشارات الانفعالية ومشكلات الضبط السابقة واللاحقة.

كيف تحقق المهارة التعاونية

إن التغير في الأداء والاتقان النهائي لاكتساب المهارة ليس مجرد الأداء الأولي مضافاً إليه عنصر السرعة بل هو أداء قد يختلف كيفياً عن الأداء المبدئي ويتميز بالتغيرات الهامة التالية:

- نقص التوتر العضلي الذي يصاحب المحاولات الاولى.

- حذف الحركات الزائدة عن الحاجة.

- زيادة التوافق لظروف الاداء كما يتمثل في سهولة الحركات ويسرها.

- زيادة المرونة في الاداء نتيجة لتغير ظروف الاداء.

- زيادة الثقة في النفس وعدم الظهور النسبي للتردد.

- زيادة الاستبصار بالعمل وادراك العلاقات بين اجزائه مما يساعد على ادراك المتعلم للاسباب الحقيقية الحسنة.

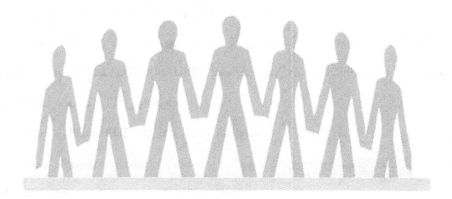

الفصل السابع

المجموعات التعاونية

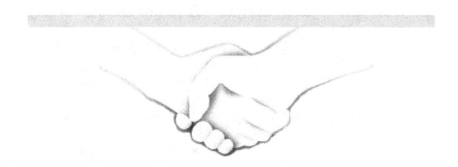

محتويات الفصل:

- المدخل إلى مفهوم المجموعة التعاونية

- المجموعات المرتبطة بالمجموعة التعاونية

- مواصفات المجموعات التعاونية

- اثر المجموعة التعاونية على حياة أعضائها (الطلاب)

- أنواع المجموعات التعاونية

- الفرق بين التعلم في المجموعات التعاونية والمجموعات الجماعية التقليدية

- نماذج التعلم في المجموعات التعاونية

- صيانة المجموعة التعاونية ووظائفها

- أشكال توزيع المهام في المجموعات التعاونية

- أمور يجب مراعاتها قبل البدء في العمل مع المجموعات التعاونية

- ترتيب المقاعد في المجموعات التعاونية

- نماذج تقويم أداء المجموعات في التعلم التعاوني

- توزيع المهام التعليمية في المجموعات التعاونية

الفصل السابع

المجموعات التعاونية

المدخل إلى مفهوم المجموعة التعاونية

كلمة مجموعة لها معان متعددة تختلف عن بعضها تبعا للمجال والموقف التي تستعملها فيه، فالفرق بين المجموعة والصف الكامل هو في عدد المشتركين.

فالمجموعة هي عدد من الأفراد يجمعهم هدف مشترك وهذا التعريف عام وشامل، وتعرف أيضا بأنها "تنظيم اجتماعي لعدد من الأفراد يزيد عددهم عن الاثنين، يعرفون بعضهم، ولهم اتصالات وأهداف مشتركة وتربطهم علاقات متبادلة فضلاً عن التلاحم والتناسق بين أوجه النشاط التي يمارسها الأعضاء ومجرد وجودهم في المجموعة يؤثر على سلوك كل واحد ويخلق إشكالاً ذات تأثير اجتماعي بين أعضاء المجموعة، وإن سلوك هؤلاء الأعضاء يجب أن يشير إلى نوع من الانتظام، ويدل على أن كلاً منهم يتصرف في إطار مجموعة من المبادئ التي تحكم العلاقة المتبادلة".

وكل مجموعة تعمل فترة طويلة من الزمن تخلق إشكالاً ثابتة من الفعاليات الاجتماعية التي نلاحظ فيها مدى حساسية الجوانب الاجتماعية التي تضم علاقة الرفض والقبول بين الأفراد والتي تؤثر على ترابط المجموعة ورغبة أفرادها في الاستمرار أو إنهاء انضمامهم للمجموعة أما الجانب الآخر فهو جانب المهمة والذي يضم مكونات العمل المثمر أو غير المثمر والمرتبط في انجاز المهمة.

ويشمل مفهوم المجموعة العناصر التالية:

١- **المفهوم الجماعي**: وهذا يشير إلى أن أعضاء الجماعة واعون بوجودهم كمجموعة، أي أن كل فرد منهم يدرك وجوده ضمن مجموعة ينسجم فكرياً معها ويعبر عن ذاته خلالها.

٢- **التنظيم العددي**: مكون من ثلاثة إلى سبعة أفراد، والمجموعة التي تضم أكثر من سبعة تقسم إلى مجموعتين.

٣- **الاستقلال:** يكون أعضاء المجموعة في كثير من الأحيان مستقلين إلى حد ما وهم يتأثرون بعضهم بالبعض الآخر، ويستجيبون لأي حدث يؤثر في أعضاء المجموعة.

٤- **للأعضاء في المجموعة يوجد جانب مشترك،** ولهم أهداف محددة ومعروفة.

٥- **الالتحام:** ويتمثل في رغبة أعضاء المجموعة في البناء داخل المجموعة للعمل على سعادتها وتحقيق أهدافها والمشاركة في نشاطاتها.

٦- **توجد أنماط تأثير متبادلة في المجموعة:** وهي نتيجة لمراحل الاتصال المتبادل التي تحدث بين الأعضاء والتي تضم اتصالا لغويا وغير لغوي بين أعضاء المجموعة.

٧- **العضوية:** ترتبط العضوية في المجموعة بالعديد من الخصائص النفسية والانفعالية والفكرية التي توحد أعضائها وتسمح لهم بالعمل معا، حيث يمكن أن يتفاعل شخصان أو أكثر لتشكيل مجموعة.

٨- **في كل مجموعة تنجز فعاليات في عدة مستويات بنفس الوقت:** مثل فعالية في مستوى تنفيذ المهمة، وفعالية في مستوى الشعور الاجتماعي، وبين هذه المستويات تعمل المجموعة من خلال الرغبة في النجاح وتحقيق أهدافها.

٩- **الاحتياجات:** يسعى كل فرد في المجموعة إلى إشباع حاجاته، لذا فان هذه الحاجات الفردية مجتمعة تعمل على توحيد الجماعة بهدف إشباع كل فرد منهم إلى حاجاته والحصول على مستوى الاستقرار والاتزان العقلي والانفعالي والاجتماعي.

أما أنواع المجموعات، فقد قسم هيل (Hill)،الأدوار والمسؤوليات في المجموعة إلى:

أولاً- **المجموعات الكبيرة Large Group:** عندما يكون حجم المجموعة في حالة تزايد، فان خصائصها تكون عرضة للتغيير، والشكل التالي يوضح خصائص المجموعة الكبيرة المتغيرة.

عدد الأعضاء	الخصائص المتغيرة
٢-٦	قليل من البناء والتنظيم يتطلب: قيادة مرنة
٧-١٢	بناء الأشياء، اختلاف الأدوار، قلة التفاعل، الوجه للوجه.

١٣-٢٥	بناء الأشياء وتباين الأدوار،ظهور مجموعات فرعية،صعوبة التفاعل وجها لوجه.
٢٥ فأكثر	ظهور قيادة ايجابية ناجحة، وأشكال من مجموعات فرعية تتصف بالنمطية، وظهور الصراع والتنافس.

الشكل (١١) خصائص المجموعة الكبيرة المتغيرة

ثانياً- المجموعات الصغيرة Small Group - يكون الأمر أكثر سهولة في حالة المجموعات الصغيرة، إن التفاعل المباشر بين أعضائها ميسر وممكن وكذلك مشاعرهم تجاه بعضهم البعض تكون أكثر قبولا وتفهما.

أما المجموعة التعاونية فقد استندت إلى المجموعات الصغيرة في القسم الثاني من تقسيم المجموعات، وذلك لان تقسيم المجموعات الكبيرة فيه من الخصائص المتغيرة يصعب تطبيقها في محيط الصف.

وهناك العديد من الدراسات التي تؤكد أهمية عملية التعلم والتفاعل في المجموعات الصغيرة، حيث أن هناك التزاماً من جانب الطالب بالانتماء إلى مجموعته، وعلى الرغم من أنماط التعلم والقيم المشتركة.

وإن المجموعات الصغيرة تمد الطلبة وتعطيهم الفرصة حتى يفحصوا فهمهم لذاتهم، وتجعلهم يقدرون الإحساس والشعور بالانتماء.

المجموعات المرتبطة بالمجموعات التعاونية

يمكن للمعلم الاطلاع على هذه الأنواع من المجموعات والاستفادة منها عند إعداد المجموعات التعاونية وتقسيم الطلاب فيها، ونحاول ذكرها كالتالي:

١- مجموعات العبور Crossover Groups

تتمثل هذه المجموعات في تقسيم الفصل إلى مجموعات فرعية، حيث تتقابل المجموعات الفرعية مع بعضها البعض الآخر حول مشكلة معينة، لذا في هذه الطريقة يكون عدد الأعضاء في كل مجموعة يساوي الجذر التربيعي للعدد الكلي المشترك في المجموعة الشاملة.

وإن هناك طريقتان للتفاعل، وكل طريقة تطلب من أعضاء المجموعة أن تتفاعل مع مجموعة واحدة أو أكثر من المجموعات الأخرى.

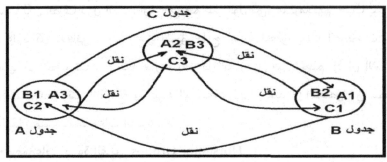

الشكل (١٢) مجموعات العبور

٢- المجموعات الكروية الثلجية (الهرمية)

Snow Ball Groups (Pyramiding)

هي طريقة فعالة لضمان المشاركة الشاملة لكل الصف، وتبدأ بكتابة الأفراد لأفكارهم قبل المشاركة بها في المرحلة الأولى وبعدها تتم المشاركة على هيئة أزواج، ويتحد الأزواج ليكونوا ثمانيات، والتي في النهاية تقرر أو تعود في قرارها إلى الجلسة المطلقة أو المكتملة ويعرف هذا النموذج التطوري لتفاعل المجموعة بالكرة الثلجية، والشكل التالي يوضح ذلك.

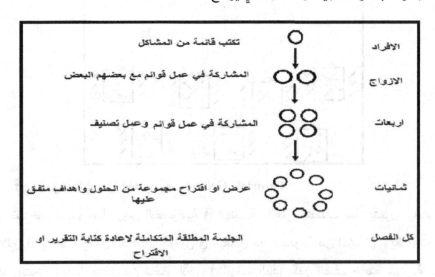

الشكل (١٣) المجموعات الكروية الثلجية (الهرمية)

٣- المجموعات الطنانة   Buss Groups

هي المجموعة التي يتمكن الطلاب من خلالها التعبير عن الصعوبات والمشاكل التي لا يرغبون في أن تنكشف لكل الصف دون اندفاع أولي يجبرهم على قول شيء ما لزملائهم، حيث يتم مناقشة تلك الصعوبات والمشاكل لدقائق محددة عن طريق طرح أسئلة تتعلق بتلك الصعوبات لمحاولة حلها والتخلص منها ثم إعطاء تغذية راجعة فورية بعد كل انجاز من قبل المعلم، إذ أن الأسئلة المطروحة ليس لها وقت محدد، وتثير الضجيج في البيئة الصفية، إذ أنها تفيد في التخلص من سوء الفهم أثناء المحاضرة ولهذا سميت بالمجموعات الطنانة.

٤- مجموعات حدوة الفرس Horseshoe Groups

هذه الطريقة تصف تنظيم الفصل، فضلاً عن مواجهة الطلاب لجبهة الصفوف المكتظة، فإنهم يرتبون أنفسهم حول طاولات بأخذ شكل حذوة الفرس بنهاية مفتوحة تواجه الجبهة أي وجها لوجه، ويقوم المعلم بالسير حول المجموعات ليستمع إليها بطرح الأسئلة أو الإجابة عنها عند ظهور أي مشكلة، ويكون دور المعلم مفسراً أو شارحاً لهذه المشكلة لكل مجموعة وللفصل ككل، ويمكن أن يستعين بأحد الطلاب لشرح وتفسير مشكلة المجموعة التي ينتمي إليها جميع الطلاب في الفصل، والشكل التالي يوضح ذلك.

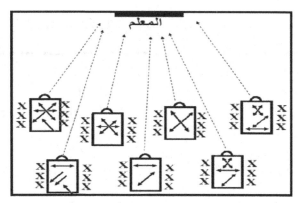

٥- مجموعة الدروس الخصوصية Tutorials Groups

تستخدم مجموعة الدروس الخصوصية في الهندسة والعلوم لتصنف صفاً يتمرن فيه عدد يزيد عن ثلاثين طالباً حيث يعمل الطلاب منفردين في التعامل مع مجموعة من المشاكل، ويكون دور المعلم الإرشاد والتوجيه، حيث ينتقل من شخص لآخر، في الوقت الذي يكون الصف خاضع لممارسة شكل من أشكال الدرس الخصوصي (المعلم مقابل الطالب).

٦- مجموعة النقابات   Syndicates Groups

هي مجموعة تتكون من (٥-٦) أعضاء في كل واحدة تحتاج إلى قراءة ومناقشة وعمل كتابي بيتي، وإن مهمة المعلم هو إعداد الواجبات البيتية، وإعداد تقارير تبين مدى تقدم المجموعات وبالتالي الحكم على مستوياتهم.

مواصفات المجموعات التعاونية

يرى فارميت (Varmet,1988) بأن نجاح المجموعات التعاونية الصغيرة يقتضي أن تكون منظمة بشكل جيد، وأن تكون أهداف كل مجموعة محددة ومناسبة لها، إضافة إلى تدريب الطلبة على هذا النمط التعليمي الذي يساعدهم على التخلص من العمل الروتيني وذلك بانشغال جميع أفرادها بممارسة الأنشطة المطلوبة منهم، مما يؤدي إلى تنمية إحساسهم بالمسؤولية الاجتماعية والتي تساعدهم على التخلص من العمل الروتيني وذلك بإشغال جميع أفرادها بممارسة الأنشطة المطلوبة منهم، مما يؤدي إلى تنمية إحساسهم بالمسؤولية الاجتماعية والتي تساعدهم على التكيف في المجموعة وتزيد من إنتاجهم الفكري، كما تنمي مهاراتهم وتقديرهم لذواتهم.

ويضيف ريتشارد وآخرون (Richard,et.al,1988) إلى فعالية طريقة العمل التعاوني في استيعاب المعلومات وتذكرها، وهي صالحة للاستخدام في المواد النظرية والعلمية ومن فوائدها تخليص الطلبة من الانطوائية من خلال المشاركة مع الآخرين، وهذه الطريقة فعالة للطلاب ذوي القدرات المعرفية والقوية على السواء، وتتصف المجموعة التعاونية بالمواصفات الآتية:

- تضم من ثلاثة إلى ستة طلاب، ويعتمد هذا التحديد على التجربة والمشاهدة للمجموعات أثناء العمل على انجاز الفعاليات والمهام التي تعطى لها.

- لطلاب هذا النوع من المجموعات يوجد عامل مشترك له مميزات كثيرة بصورة عامة ومنها الطلاب في عمر واحد وهم أعضاء في نفس المدرسة ولهم أهداف واضحة ومحددة تضم التعلم والمعرفة حسب أسس مختلفة، تحدد على يد عينات من خارج المجموعة مثل المدرسة، مكتب المعارف، منهاج التعليم........

- بين أعضاء المجموعة توجد علاقات متبادلة، اتصالات لغوية أو غير لغوية، فعاليات مشتركة ومعلمين.

- يوجد تنظيم طبقي مصادره أما مكانة الطالب التعليمية أو الاجتماعية وتظهر وظائف يقررها الطلاب أنفسهم أو المعلمون في المجموعة التعاونية.

إن التعلم بنظام المجموعات التعاونية له أثره في البعد المعرفي في زيادة التحصيل في مختلف مراحل التعليم والموضوعات الدراسية والمستويات المعرفية العليا، وفي البعد الانفعالي كالشعور بالآخرين واحترامهم والاستماع لهم وتقبل الفروق بين الطلبة في المجموعة وتقبل الطالب للمسؤولية والبعد النفس حركي من حيث قيام الطالب بالنشاطات وحل المشكلات، ومن المهارات اللازمة لتشكيل المجموعات التعاونية القيام بما يأتي:

- استخدام أسماء الزملاء في المجموعة.

- التطلع إلى العضو المتحدث.

- المحافظة على الأيدي والأرجل في مكانها.

- عدم استخدام المثبطات (كالنقد السلبي).

- التطلع إلى الورقة (المادة التعليمية المعينة).

أثر المجموعة التعاونية على حياة أعضائها (الطلاب)

تؤثر المجموعة التعاونية على حياة الطالب في الجوانب الآتية:

- تزود الطالب بخبرات عملية في تحمل المسؤولية والقيادة فيما يتعلق بالنشاط الجماعي.

- تعمل على زيادة ثقة الطالب بنفسه إذ يشعر انه قادر على المساهمة والاختلاط بالآخرين، والعمل على انجاز الأعمال التي من الممكن أن يكون محروما منها في الجو الأسري الذي يعيش فيه بالإضافة إلى مجتمعه خارج المدرسة.

- يتدرب الطالب على التعاون الجماعي مع الطلاب الآخرين من مختلف المستويات والثقافات وفي العمل الجماعي للمجموعة فتنصهر الفروق الطبقية ويشعر الطالب بالمساواة.

- يجد الطالب في النشاط الجماعي مجالاً للتنفيس عن الكبت النفسي والاجتماعي الذي يعانيه ويكون لمساهمته في المجموعة مصدر لتصريف الطاقات الكامنة والانفعالات الداخلية.

- يفتح المجال أمام الطلاب الموهوبين للابتكار والإبداع وتطوير الهوايات والرغبات التي تؤثر في مستقبله.

- يساعد النشاط الجماعي على تطوير وصقل شخصية الطالب في إطار اجتماعي بناء.

هناك أمور لابد من تشجيعها في العمل التعاوني مثل:

- تمييز ومعرفة نقاط الخلاف بين أعضاء المجموعة وتسويتها.

- التأكد من وجود تقارب في وجهات النظر.

- التقليل من سوء الفهم و الانفعال.

- فتح قنوات الاتصال وتبادل المعلومات.

- مناقشة مختلف الحلول المقترحة وإمكانية التوصل لحل وسط.

- وجود سلوك ايجابي يظهر الاهتمام بآراء الآخرين واقتراحاتهم.

- تحقق ثقة الأعضاء بعضهم ببعض.

- إيجاد الجو المناسب بحيث يشعر الجميع بالثقة للاعتراف بالأخطاء.

- الاستماع الفعال والمرونة في التفكير.

- ومن الأمور التي ينبغي تجنبها أثناء العمل في المجموعات التعاونية

- مقاطعة الآخرين.

- التحدث نيابة عن الآخرين دون إذنهم.

- عدم احترام أراء الآخرين.

- المناقشة الثنائية لفترة طويلة ضمن مجموعة من أعضاء المجموعات التعاونية.

- التسبب في مشاكل وذلك بعدم الانفتاح والوضوح مع أعضاء المجموعات التعاونية.

- التهرب من المهام مما يعيق التقدم.

- تجاهل أراء الآخرين وأفكارهم واقتراحاتهم والنظر إليها بسلبية وعدم الموضوعية.

- تضخيم المشكلات البسيطة.

- منع الآخرين من التحدث وشرح وجهات نظرهم وذلك بإظهار سلوك غير فعال من قبل أعضاء الفريق.

- التقليل من شأن خبرات ومهارات أعضاء المجموعات التعاونية للآخرين.

أنواع المجموعات التعاونية

تصنف المجموعات التعاونية حسب المدة الزمنية إلى:

أ- المجموعات التعلمية التعاونية الرسمية: (التعلم التعاوني الرسمي)

هي مجموعات قد تدوم من حصة تدريسية واحدة إلى عدة أسابيع لإنجاز أهداف تعليمية مشتركة ومهام معينة كقرار لوضع حل مشكلة، وإكمال وحدة منهجية، كتابة تقرير، إجراء تجربة، قراءة مرجع، تعلم مفردات، إجابة على أسئلة في نهاية الفصل، أو أي منهاج يمكن أن يبنى بشكل تعاوني أو أية متطلبات لأي درس أو مهمة يمكن أن تعاد صياغتها لتتلائم مع المجموعات التعليمية التعاونية الرسمية.

ب- المجموعات التعلمية التعاونية غير الرسمية: (التعلم التعاوني غير الرسمي)

هي مجموعات تتألف من طلبة يعملون معاً لإنجاز هدف تعليمي بشكل مجاميع مؤقتة، طارئة تستمر من عدة دقائق إلى وقت دراسي واحد، ويستخدم هذا النوع من المجموعات أثناء التعلم المباشر الذي يشمل أنشطة مثل المحاضرة، عرض فيلم، ويركز الطلبة انتباههم على المادة التي سيجري تعلمها، وتهيئة الطلاب نفسياً على نحو يساعد على التعلم، المساعدة على وضع توقعات بشأن ما سيتم دراسته في الحصة، والتأكد من معالجة الطلبة للمادة فكرياً وتقديم غلق للدرس.

إن طلبة مجموعة التعلم غير الرسمي يمارسون بانتباه المادة المدروسة بحيث يضمن عمل الطلبة بصورة مركزة في تلخيص وإعطاء فكرة عن المحاضرة القادمة من خلال مناقشات تدوم من (٤- ٥) دقائق.

ج- المجموعات التعلمية التعاونية الأساسية: (مجاميع القاعدة التعاونية)

هي مجموعات طويلة الأجل وغير متجانسة وتستمر من سنة إلى عدة سنوات وذات عضوية ثابتة وغرضها الرئيس هو أن يقوم أعضاؤها بتقديم الدعم والمساندة والتشجيع التي يحتاجونه لإحراز النجاح الأكاديمي.

إن مجاميع القاعدة ربما تكون مسؤولة لسماح أعضاء المجموعة أن تعرف ما يجري في الصف عندما يفقدون الجلسة وبشكل غير رسمي فأن الأعضاء يتفاعلون كل يوم ضمن الصفوف يناقشون التخصصات ويساعدون بعضهم بالواجب البيتي، ويميل استخدام هذه الطريقة إلى تحسين الانتباه وتحسين نوعية وكمية التعلم. وتقسم المجموعة التعاونية من حيث فاعليتها وتميز أدائها من عدمه إلى:

١- **المجموعة التعاونية الزائفة**- هي المجموعة التي يكون حصيلة عملها اقل من إمكانات أعضائها الفردية، وتتصف بما يأتي:

- إن أعضائها يلتقون لأنه قد طلب منهم أن يعملوا معاً ولكن ليس لديهم أدنى اهتمام بالقيام بذلك.
- هم لا يرغبون في العمل مع بعضهم أو في مساعدة بعضهم على تحقيق النجاح.
- هم يعمدون إلى إعاقة تعلم بعضهم البعض الآخر ولا ينسقون فيما بينهم أو يتواصلون معاً.
- هم يتخلفون عن العمل ويبحثون عن انجازات مجانية.

٢- **المجموعة الصفية التقليدية**- وتتصف بما يأتي:

- يوافق أعضاؤها على العمل معاً، ولكنهم لا يرون أية فائدة من وراء هذا العمل.
- يكون الاعتماد المتبادل ضعيف.
- تبنى المهام التي تقدم إليها في صور لا تتطلب عملاً مشتركاً.
- لا يتحمل أفرادها مسؤولية تعليم أحد من أعضائها إلا تعليم أنفسهم.
- الهدف من التفاعل بين أفرادها هو تبادل المعلومات، ثم يعمل كل منهم بمفرده.
- لا يتلقى أفراد هذه المجموعة تدريبات في المهارات الاجتماعية.
- يتم تقويم أعمال أفرادها ومكافآتهم بشكل فردي، ولا تتم معالجة مدى جودة عمل المجموعة.

٣- **المجموعة التعليمية التعاونية**- تتصف بما يأتي:

- إن مجموع ناتج عمل أفرادها اكبر من مجموع أجزاء هذا العمل.

- إن أعضاءها ملتزمون بتعليم بعضهم البعض الآخر للوصول بهذا التعلم إلى الدرجة القصوى.

- زيادة تعلم الأعضاء إلى الدرجة القصوى هو الهدف الملح الداعي إلى وصول الانجاز الكلي للمجموعة إلى ما هو أعلى من الانجازات الفردية لأفرادها.

- العمل داخل المجموعة يتم في إطار المسؤولية الفردية والمسؤولية الجماعية، أي أن كل فرد يتحمل مسؤولية نفسه ومسؤولية مساعدة الآخرين على انجاز العمل الأفضل.

- اللقاءات بين الأعضاء ليست لتبادل المعلومات ومناقشة الأفكار فقط بل من أجل تحقيق الإسهامات وتقديم دعم أكاديمي للآخرين.

- يتم تعليم أعضاء المجموعة مهارات اجتماعية يتوقع منهم استخدامها في العمل معاً.

- تستطيع المجموعة تحليل وتقويم جهودها ومدى فاعليتها في تحقيق أهدافها.

٤- المجموعة التعاونية ذات الأداء العالي- تتصف بما يأتي:

- التفوق في الأداء على جميع التوقعات المعقولة.

- ارتفاع مستوى التزام كل فرد فيها بالآخرين، وبنجاح أداء المجموعة.

الفرق بين التعلم في المجموعات التعاونية والمجموعات الجماعية التقليدية

يتضح الفرق بين التعلم في المجموعات التعاونية والمجموعات الجماعية التقليدية في :

١- إن التعلم في المجموعات التعاونية مبني على المشاركة الايجابية بين أعضاء كل مجموعة تعاونية وتبنى أهدافه بحيث يبدي كل الطلاب اهتماماً بأدائهم وأداء كل أعضاء المجموعة، وأما التعلم في المجموعات الجماعية التقليدية فيتحمل الأعضاء مسؤولية أنفسهم فقط ويكون التركيز منصرفاً إلى الأداء الفردي فقط.

٢- يتباين أعضاء المجموعات التعاونية في القدرات والسمات الشخصية، وأما التعلم في المجموعات الجماعية التقليدية فيكون هناك تماثل في القدرات.

٣- إن التعلم في المجموعات التعاونية يظهر بصورة واضحة مسؤولية كل عضو في المجموعة تجاه بقية الأعضاء وتجاه نفسه، وأما التعلم في المجموعات الجماعية التقليدية فلا يعد الطلاب مسؤولين عن تعلم بقية زملائهم ولا عن أداء المجموعة.

٤- يؤدي كل الأعضاء في المجموعات التعاونية أدواراً قيادية، وأما التعلم في المجموعات الجماعية التقليدية فيتم تعيين قائداً واحداً وهو المسؤول عن مجموعته.

٥- يستهدف التعلم في المجموعات التعاونية الارتقاء بتحصيل كل عضو إلى الحد الأقصى إضافة إلى الحفاظ على علاقات عمل متميزة بين الأعضاء، وأما التعلم في المجموعات الجماعية التقليدية فيتجه اهتمام الطلاب فقط نحو إكمال المهمة المكلفين بها.

٦- يتم تعليم الطلاب في المجموعات التعاونية المهارات الاجتماعية التي يحتاجون لها مثل القيادة، وبناء الثقة، ومهارات الاتصال، و فن حل الخلافات، وأما التعلم في المجموعات الجماعية التقليدية فيُفترض وجود هذه المهارات عند الطلاب.

٧- نجد المعلم في المجموعات التعاونية يلاحظ الطلاب ويحل المشكلة التي ينشغل بها الطلاب ويقدِّم لكل مجموعة تغذية راجعة حول أدائها، وأما التعلم في المجموعات الجماعية التقليدية فنادراً ما يتدخل المعلم في عمل المجموعات.

٨- يحدِّد المعلم في المجموعات التعاونية الإجراءات التي تمكنهم من التأمل في فاعلية عملها، وأما التعلم في المجموعات الجماعية التقليدية فلا ينال هذا الأمر اهتمام المعلم في مجموعات التعلم التقليدية.

نماذج التعلم في المجموعات التعاونية

فقد حدد ويلسون (Wilson,et.al,1975) أربعة نماذج تتبعها المؤسسات التعليمية في تطبيق التعلم التعاوني في المجموعات التعاونية، وكما يلي:

النموذج التبادلي Alternating Model

وفقاً لهذه الصيغة يبادل الطالب بين التفرغ للدراسة والتفرغ للعمل لفترات عمل متساوية،وهنا يكون الشائع أن يعود الطالب إلى مؤسسة العمل لفصول متتالية وخاصة

الطالب الذي يعمل في وظيفة ذات علاقة مباشرة بتخصصه، ويوجد هذا النوع من برامج التعليم التعاوني في المؤسسات التعليمية التي تمنح شهادة البكالوريوس، كما أنها الصيغة التي بدأ بها أصلاً التعلم التعاوني وهي لهذا الأكثر شيوعاً وتهدف إلى التطوير المهني للطالب.

النموذج الميداني Field Model

في هذه الصيغة يقوم الطلاب بالواجبات العملية كمجموعة خلال فترة محدودة من الوقت لا تزيد عن مرة في السنة خلال العام الدراسي، وخلافاً لما عليه الأمر في النموذج التبادلي، فإن الطلاب المشاركين في التعلم التعاوني وفقاً لهذا النموذج لا يعودون في الغالب لمؤسسة العمل المشاركة في فصول متتالية، كما أن الأعمال التي يقوم بها الطلاب يمكن أن تكون مدفوعة الأجر ويمكن أن تكون تطوعية غير أن الشائع في هذا النموذج إنها تطوعية ويوجد هذا النوع من برامج التعليم التعاوني في المؤسسات التي تمنح درجة البكالوريوس وخصوصاً في التخصصات الإنسانية أما هدف البرنامج فيمكن أن يكون هو التطوير المهني أو الشخصي للطالب.

النموذج المتوازي Parallel Model

يحضر الطلاب المشاركون في برنامج التعليم التعاوني وفقاً لهذه الصيغة الدراسية الأكاديمية جزءاً من اليوم، ويعملون في الجزء الآخر من اليوم في مؤسسات العمل، ولهذا فإن طبيعة هذه الصيغة تتطلب أن تكون الوظائف التي يعمل فيها الطلاب قريبة نسبياً من مكان الدراسة، كما أنها وظائف مدفوعة الأجر وغالباً ما يستمر الطلاب في الفصول المتتالية، كما أن الوظائف التي يعملون بها ذات علاقة مباشرة بدراستهم الأكاديمية، وتنتشر هذه الصيغة غالباً في مؤسسات التعليم العالي التي تمنح درجة البكالوريوس والتي تكون مركزة بشدة على التطوير المهني للطالب.

نموذج اليوم المطول Extended-day- model

يعد هذا النموذج عكس سابقه، حيث يحضر الطلاب الدراسة الأكاديمية جزئياً غالباً في الفترة المسائية من اليوم ويعملون بنظام عمال اليوم الكامل أو الجزئي في أول يوم، وهذه الصيغة جذابة لمجموعات الطلاب الأكبر سناً، الذين لديهم رغبة في مزيد من التعلم للاستفادة منها في الترقيات والتطوير الشخصي.

صيانة المجموعة التعاونية ووظائفها

ولكي تفهم الطريقة التي يتم من خلالها أداء الوظائف المختلفة للمجموعة التعاونية، فانه يجب أن تصنف الوظائف إلى ما يلي:

أولاً: بناء المجموعة ووظائف صيانتها - هذه الوظائف تساهم في بناء العلاقات والالتحام بين العضوية، ومن معايير بناء المجموعة التعاونية الناجحة:

✓ **التشجيع** - أن تكون ودياً دافئاً مستجيباً للآخرين وأن تمدح الآخرين وأفكارهم والموافقة لقبول إسهامات الآخرين.

✓ **التفكير ملياً في الأمر**- التوافق والانسجام، تسوية الخلافات في وجهات النظر، عمل حلول وسط.

✓ **الحفاظ على البوابة**- محاولة جعل المشاركة ممكنة لعضو أخر لعمل إسهامات، أي السماح لكل عضو بالمشاركة، مثل لم نسمع محمد بعد....

✓ **المحيط المعياري**- التعبير عن المعايير للمجموعة لتختار موضوع البحث أو إجراءات السلوك والقيم الأخلاقية.

✓ **المتابعة**- تعني التقدم بالمجموعة، حيث يتم قبول أفكار الآخرين بصورة غير قطعية، وأن تعمل كمستمع خلال مناقشة المجموعة، وأن تكون مستمعاً جيداً.

✓ **تخفيف التوتر**- إزالة الشعور السلبي بتحويل المواقف غير السعيدة إلى مواقف مرضية ومقبولة.

ثانياً: الوظائف المهمة بالنسبة للمجموعة - هذه الوظائف تساعد المجموعة على أداء عملها بعد المهمة، وتحتاج المجموعة للقائمة الأولى من الوظائف لصيانتها كمجموعة، وهي في حاجة للقائمة الثانية من الوظائف لتنقل وتتحرك نحو أهدافه، ومن معايير نجاح مهمة المجموعة التعاونية، ما يلي:

✓ **المبادرة** - اقتراح أفكار جديدة أو طريقة بديلة في النظر إلى المشكلة أو هدف المجموعة واقتراح نشاطات جديدة.

✓ -**البحث عن المعلومات**- الاستفسار عن حقائق ذات صلة وعلاقة أو معلومات موثوق بها.

✓ **إعطاء معلومات**- إعطاء حقائق ذات صلة وعلاقة أو معلومات موثوق بها، أو خبرة شخصية لها علاقة بمهمة المجموعة.

✓ **إبداء الرأي**- عرض اعتقاد أو رأي ذي صلة وثيقة بموضوع له اعتبار وأهمية للمجموعة.

✓ **التوضيح**- إمكانية تفسير المعنى والفهم والتوسع فيه وإعطاء أمثلة.

✓ **التوسع**- الاعتماد على ملاحظات سابقة وإعطاء تفاصيل خاصة بها، مع تمثيل ذلك من خلال الواقع.

✓ **التنسيق**- عرض أو توضيح العلاقات بين الأفكار المتعددة، ومحاولة تنسيق الأفكار والاقتراحات معاً وانسجامها مع بعضها البعض.

✓ **التوجيه**- التعرف إلى مدى تقدم المناقشة من ناحية أهداف المجموعة، وطرح الأسئلة عن الاتجاه الذي تسلكه المناقشة.

✓ **الاختبار والفحص**- فحص المجموعة من حيث استعدادها لصنع القرار واتخاذه أو إمكانية اتخاذ إجراء فوري معين.

✓ **التلخيص**- مراجعة محتوى المناقشة السابقة.

أشكال توزيع المهام في المجموعات التعاونية

هناك خمسة أشكال للعمل داخل المجموعات التعاونية، ينبغي للمعلم أن يراعيها عند تقسيم الطلبة على مجموعات بناءا على المهارات المراد تحقيقها، وهي:

الشكل الأول: العمل الفردي لمهمة واحدة- في هذا الشكل يعطي المعلم كل طالب المهمة أو النشاط نفسه، وهنا يكون التعليم فردياً، لكنه في مجموعة، مما يساعد على تبادل خبرات الطلاب بحيث يصل بالمهمة إلى أفضل نتائجها، والشكل التالي يوضح ذلك.

المثال

من علم النحلة أن تجني من الزهر العسل

قوتا لأيام الشتا تجمعه بلا ملل

(أ) ما معنى: تجني.................... بلا ملل.........................

(ب)اشرح البيتين بأسلوبك...

....

....

الشكل الثاني: العمل الفردي جزء من المهمة الكلية للمجموعة- في هذا الشكل يقوم كل طالب بجزء من المهمة الواحدة بحيث تقوم المجموعة بالمهمة كاملة، والشكل التالي يوضح ذلك.

المثال

استعن بالأقوال التالية وألف موضوعا عنوانه:

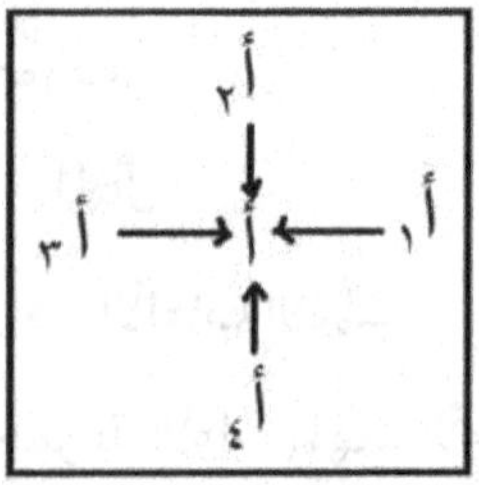

الصحبة للأخيار دون الأشرار

١. قال تعالى: "الأخلاء يومئذ بعضهم لبعض عدو إلا للمتقين"

٢. قال النبي (ص): "الرجل على دين خليله....

فلينظر أحدكم من يخالل"

٣. قال الإمام علي بن أبي طالب (كرم الـلـه وجهه):

فلا تصحب أخا الجهل وإياك وإياه

فكم من جاهل أردى حكيما حين أخاه

٤. قال أهل الحكمة والرأي:

امتحن الصحبة بميزان الإيمان، فهو وحده الحجة لنا وعلينا.

فان أنت صاحبت الصالحين عصمت نفسك من الزلل.

الشكل الثالث: العمل الجماعي للمهمة الواحدة- في هذا الشكل يقوم أفراد المجموعة بالتعاون جميعاً لإتمام وانجاز المهمة منذ البداية حتى النهاية، وتحتاج مثل هذه المجموعة إلى منسق للعمل بين أفرادها.

المثال

ارسم خطاً بين كل عبارة من العمود الأول والكلمة التي تناسبها في العمود الثاني

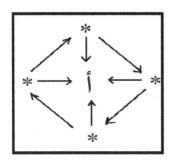

صوت الغراب يسمى	الهديل
صوت الضفدع يسمى	الصياح
صوت الحمام يسمى	النباح
صوت الكلب يسمى	الزئير
صوت الأسد يسمى	النقيق
صوت الحصان يسمى	الصهيل
صوت الديك يسمى	النعيق

الشكل الرابع: العمل في مجموعات مستقلة- في هذا الشكل يقوم المعلم بتوزيع المهمة على جميع المجموعات بحيث تتولى كل مجموعة جزءاً من المهمة ويتكون العمل النهائي من مهمات كل مجموعة.

المثال

الألعاب الاولمبية

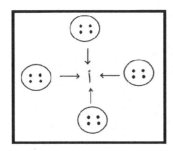

المجموعة الأولى- المهمة الأولى :

لماذا سميت بعض الألعاب (الألعاب الاولمبية)؟

المجموعة الثانية- المهمة الثانية :

ما أهم الأهداف التي تحققها ممارسة الألعاب الاولمبية؟

المجموعة الثالثة- المهمة الثالثة:

هل توجد ضوابط معينة لقبول المتسابق في الألعاب الاولمبية؟

المجموعة الرابعة- المهمة الرابعة:

بماذا يشعر المتسابق الفائز في الألعاب الاولمبية؟

الشكل الخامس: العمل في مجموعات منفصلة لمهمات مختلفة- في هذا الشكل تقوم كل مجموعة بمهمة مختلفة عن المجموعة الأخرى، بحيث يكون هناك (٤) أو (٥) مهمات أو أهداف ونشاطات مختلفة يريد المعلم تحقيقها بالدرس.

المثال

التلوث البيئي

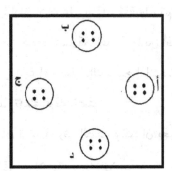

المجموعة الأولى- المهمة الأولى :

- التعرف على تلوث الهواء.

المجموعة الثانية- المهمة الثانية :

- التعرف على تلوث الماء.

المجموعة الثالثة- المهمة الثالثة:

التعرف على تلوث التربة.

المجموعة الرابعة- المهمة الرابعة :

التعرف على التلوث الضوضائي.

والشكل التالي يوضح نموذج لمهمة تعاونية في المجموعة التعاونية

نموذج مهمة تعاونية
مهمة تعاونية
اسم المجموعة.........................الزمن (   ) دقائق
وبالتعاون مع أفراد مجموعتك قم بـ ....
....
....
الإجابة:.........................
....

الشكل (١٥) نموذج مهمة تعاونية

أمور يجب مراعاتها قبل البدء في العمل مع المجموعات التعاونية

أولاً: تحديد الهدف من التعلم التعاوني

إن تحديد الهدف يعمل على تحديد الناتج والسلوك المتوقع في نهاية النشاط، فشكل الناتج أو العمل النهائي يجب أن يتم ذكره بشكل واضح منذ البداية، ولابد من تحديد

الأسلوب اللازم لكل ناتج، ومقدار التحسن المتوقع لكل مجموعة كمعيار لتوجيه أدائها بالإضافة إلى إعطاء إرشادات دالة على التقدم المقبول، ثم التأكد من حصول الفهم والإرشادات لتحقيق وتهيئة الجو التعاوني من خلال المشاركة الفاعلة ما بين أفراد كل مجموعة والابتعاد عن الأسلوب التنافسي، اللازم بالإضافة إلى القيام بعملية التصحيح إذا دعت الحاجة.

ثانياً: تهيئة غرفة الصف

إن ترتيب غرفة الصف يمكن أن يعزّز أو يعيق التعلم التعاوني، عليه فلابد من إعطاء هذا الأمر ما يستحق من أهمية، وكما يلي:

١- ضرورة جلوس أعضاء المجموعة الواحدة بالقرب من بعضهم ، وإن تيسر جعله وجهاً لوجه فذلك أفضل لأسباب منها :
   - المحافظة على التواصل البصري.
   - التحدث بهدوء.
   - سهولة تبادل الأدوات.

٢- تناسب حجم الطاولات مع عدد أعضاء المجموعة.

٣- تكون المجموعات متباعدة ما أمكن منعاً للتشويش في الاتصال.

٤- ترتيب أثاث غرفة الصف بكيفية تيسر حركة المعلم بين المجموعات وإمكانية رؤية الطلاب للوسائل التعليمية.

ثالثاً: حجم المجموعات

يتحدد حجم المجموعات، وعدد الطلبة المشاركين في كل مجموعة، وفقاً لنوع النشاط أو العمل المطلوب القيام به، وتتراوح أعداد المجموعات من ثلاثة أفراد إلى ستة، ولكل حجم من أحجام المجموعات مزايا وخصائص، فعندما تكون المجموعة قليلة العدد من (٢-٣) أعضاء، فإنه يسهل إدارتها، وينصح بتشكيل مجموعات صغيرة عند البدء بالتعلم التعاوني، فأما عندما تكون الأعمال المطلوب القيام بها كبيرة، فإنه يفضل أن تكون أعداد المجموعات كبيرة لتصل إلى ستة أفراد، لأن ذلك يعطي الفرصة للطلبة للإفادة من مهارات ومعارف أفراد المجموعات، وتقلل من عدد المجموعات التي يشرف عليها المعلم في الصف الواحد إلا أن أفضل حجم للمجموعات هو المجموعات التي تتكون من أربعة أفراد.

رابعاً: تشكيل المجموعات

هناك طرق كثيرة لتعيين الطلاب في مجموعات تعلمية وفيما يلي بعض المقترحات الخاصة بتعيين الطلاب في المجموعات.

أ- **الاختيار العشوائي وفق ترتيب معين**، ويتم كما يلي:

١) رتب الطلاب من الأعلى تحصيلاً إلى الأدنى تحصيلاً.

٢) اختر المجموعة الأولى بحيث تضع طالباً ممتازاً وطالباً ضعيفاً وطالبين من فئة متوسطي التحصيل، عينهم في مجموعة واحدة ما لم يكونوا جميعاً من فئة واحدة أو خصوماً ألداء أو أصدقاء حميمين.

٣) اختر المجموعات المتبقية بإعادة الإجراء السابق.

ب- الترقيم

قسم عدد الطلاب على حجم المجموعة الذي ترغبه ثم دع الطلاب يأخذوا الأرقام من واحد إلى ناتج القسمة ثم دع الطلاب يبحثوا عن بعضهم بعضاً ليجدوا نفس الرقم المشابه.

ج- تقليل عدد الطلاب المعزولين

١) اطلب من الطلاب أن يذكروا ثلاثة زملاء أو أقران يحبوا أن يعملوا معهم.

٢) حدد الطلاب المعزولين الذين لم يتم اختيارهم من قبل زملائهم.

٣) كوِّن مجموعة من الطلاب الماهرين حول كل طالب معزول.

خامساً: كيفية جذب اهتمام الطلبة وهم يعملون في مجموعاتهم

عندما يريد المعلم توضيح أمر للطلبة، وهم يعملون في مجموعات، وجلب انتباههم، يمكنه عمل ذلك إما عن طريق إشارات يدوية متفق عليها، و بقرع الجرس، أو اختيار مراقب لكل مجموعة يراقب إشارات المعلم، ويؤكد استجابة بقية أفراد المجموعات لتلك الإرشادات.

سادساً: كيفية ضمان الهدوء وتقليل الفوضى العالية في المجموعات

- على المعلم أن يضمن التزام الطلبة بالقيام بعملهم في مجموعات، وألا ترتفع وتيرة الفوضى إلى حدود غير مقبولة، وهناك أمور تسهم في الحد من الفوضى منها: أن

يعين المعلم أحد أفراد كل مجموعة ليتولى حث الأفراد الآخرين على العمل التعاوني بفاعلية وهدوء، وأن يرتب المعلم جلوس الطلبة بحيث يكونوا متقاربين، لأن ذلك يسهم في تخفيف الفوضى، ويعزز فرص التعاون والمشاركة.

- اقترح بعض التربويين الإشارات الضوئية ذات الألوان المختلفة لتدل إما على الهدوء، أو الفوضى، أو الصمت (اللون الأخضر مثلاً يشير إلى تخفيض الصوت والأحمر يشير إلى الصمت التام).

سابعاً: تحديد الوقت لعمل المجموعات

إن تحديد الوقت لعمل المجموعات أمر ضروري، بالإضافة إلى تحديد وقت لكل المجموعات المضمومة إلى بعضها لتشارك في انجازها وإسهاماتها وهذا الزمن يستخدم للتقارير الجماعية، والمناقشة لكل صف واستخلاص المعلومات، لربط خبرات عمل كل مجموعة بالناتج النهائي.

ثامناً: تقسيم العمل داخل المجموعات

يعد تقسيم العمل داخل المجموعات من أهم الأبعاد المهمة للتعلم التعاوني، فالتخصص بالعمل يشجع المسؤولية ومشاركة الأفكار وتبادلها، الأمر الذي يجعل التعلم التعاوني تعلم فعال.

تاسعاً: تقديم التعزيز والمكافآت

إن تقديم التعزيز والمكافآت هو ضمان لاستمرارية الدراسيين في العمل وأداء النشاط المنوط بهم لتحقيق الهدف.

عاشراً: تدريس العملية التعاونية وتقويمها

حيث يتوجب على المعلم تعريف الطلبة بالمهارات والسلوك التشاركي اللازم وذلك للاستفادة من أنشطة التعلم التعاوني استفادة فاعلة.

أحد عشر: مراقبة أداء المجموعة

إن مراقبة المعلم لأداء المجموعة أمر ضروري لاكتشاف الصعوبات والمشاكل التي قد تعترض أداء أفراد المجموعات، ولتقديم التشجيع لهم في الوقت المناسب لدفعهم إلى العمل بشكل أكثر فعالية.

التعلم التعاوني

أثنا عشر: استخلاص النتائج والمعلومات

حيث يتأكد المعلم من تحقيق كل مجموعة لأهداف النشاط التعاوني المحددة، ومناقشة النتائج التي أمكن التوصل إليها.

ترتيب المقاعد في المجموعات التعاونية

❖ **الترتيب العنقودي**: وفيه تتجمع مقاعد التلاميذ وإدراجهم كل أربعة أو ستة على حده.

ومن مميزاتها:

- يتقابل أعضاء المجموعة وجها لوجه مما يزيد التفاعل بينهم.

- يتساوى بعد جميع الأعضاء عن مركز المجموعة خاصة في المجموعة الكبيرة.

ومن عيوبها:

- إن المادة التعليمية تبدو مقلوبة لبعض الأعضاء.

- عدم مواجهة بعض الأعضاء للمعلم عند تلقي الإرشادات العامة.

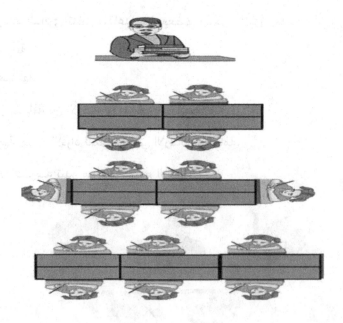

الشكل (١٦) الترتيب العنقودي

❖ **الترتيب الدوار أو المتحرك-** وفيه تنظم الإدراج أو المقاعد على هيئة أجنحة.

ومن مميزاتها:

- لها نفس مميزات الطريقة العنقودية.

- سهولة إعادة ترتيب المجموعة ليواجه كل الأعضاء معلمهم.

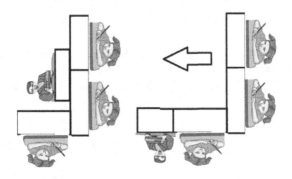

الشكل (١٧) الترتيب الدوار أو المتحرك

❖ **الترتيب الدائري-** تنظم المقاعد حول بعضها بشكل دائري مما يحدث اكبر قدر من التفاعل بين أعضاء المجموعة.

ومن مميزاتها:

- تقليل المسافة بين الأعضاء في المجموعات الصغيرة.

- مواجهة جميع الأفراد للمعلم لتلقي الإرشادات العامة.

- المادة التعليمية تبدو معتدلة لجميع الأعضاء.

الشكل (١٨) الترتيب الدائري

التعلم التعاوني

ومن عيوبها:

- إن أعضاء المجموعة الواحدة لا يتقابلون وجها لوجه مما يقلل التفاعل بينهم خاصة في المجموعات الكبيرة.

نماذج تقويم أداء المجموعات في التعلم التعاوني

فيما يلي عدد من النماذج لتقويم أداء المجموعات في التعلم التعاوني، وكما يلي:

١- تقويم أداء الطلاب في المجموعات التعاونية

يتم تقويم أداء الطلاب في المجموعات التعاونية حسب أدوارهم، بوضع علامة (√) أمام الدور في الحقول المقابلة (جيد، متوسط، ضعيف) لكل دور ولكل مجموعة (الأولى-الثانية-الثالثة- الرابعة- الخامسة)، والشكل التالي يوضح ذلك.

المجموعة الخامسة			المجموعة الرابعة			المجموعة الثالثة			المجموعة الثانية			المجموعة الأولى			البيان
ضعيف	متوسط	جيد	ضعيف	متوسط	جيد	ضعيف	متوسط	جيد	ضعيف	متوسط	جيد	ضعيف	متوسط	جيد	
															دور القائد
															دور المسجل
															المشاركة الفعالة
															التعبير عن الآراء
															إنجاز المهمة
															التفاهم والتفاعل
															تناوب الأدوار
															استخدام الأدوار
															الالتزام بالهدوء
															احترام آراء الآخرين
															التخلي عن الأنانية

الشكل (١٩) ملاحظة أداء الطلاب في المجموعات التعاونية

٢- تقويم أداء المجموعات في التعلم التعاوني

يتم تقويم أداء المجموعات في التعلم التعاوني حسب أدوارهم، بوضع علامة (√) أمام الدور في الحقول المقابلة (جيد، متوسط، ضعيف) لكل أداء ولكل مجموعة (الأولى- الثانية -الثالثة- الرابعة- الخامسة)، والشكل التالي يوضح ذلك.

رقم المجموعة	التقدير	التعاون مع الأفراد	الفاعلية	المشاركة بالأفكار	تناوب الأدوار	إنجاز المهمة	استخدام الأدوات	التفاهم	المحافظة على النظام	الالتزام بالهدوء
١	جيد									
	متوسط									
	ضعيف									
٢	جيد									
	متوسط									
	ضعيف									
٣	جيد									
	متوسط									
	ضعيف									
٤	جيد									
	متوسط									
	ضعيف									
٥	جيد									
	متوسط									
	ضعيف									

الشكل (٢٠) ملاحظة أداء المجموعات في التعلم التعاوني

٣- تقويم المتعلم من قبل المتعلمين

يتم تقويم أداء المعلم في التعلم التعاوني، بوضع علامة (√) أمام فقرات أداء المعلم في الحقول المقابلة (ممتاز، جيد جداً، جيد، متوسط، ضعيف)، ولكل فقرة أداء، والشكل التالي يوضح ذلك.

ت	أداء المعلم	ممتاز	جيد جداً	جيد	مقبول	ضعيف
١	إلمام المعلم بالموضوع.					
٢	قدرة المعلم على توصيل المعلومات.					
٣	طريقة تنظيم الموضوع من حيث الوضوح والكفاية.					
٤	قدرته على شرح محتوى المادة.					
٥	مدى تعاونه مع المتعلمين.					
٦	تنوع الأنشطة والتمارين والوسائل المستخدمة.					
٧	قدرة المعلم على إدارة المداخلات والمناقشات					
٨	يلتزم المعلم بتغطية الموضوعات المحددة في الخطة.					
٩	يستثمر المعلم وقت الحصة في التعليم والتدريب.					
١٠	يبدو المعلم مستعدا للدرس.					
١١	يزود المعلم المتعلمين بالتطورات أو وجهات النظر الجديدة.					
١٢	يثير المعلم اهتمام المتعلمين بالدرس.					
١٣	يلتزم المعلم بالمواعيد الرسمية لبدء الحصة					
١٤	يشرح المعلم الدرس بأسلوب متسلسل ومتماثل.					
١٥	يشجع المعلم المتعلمين على المناقشة في قاعة الصف.					
١٦	يحسن المعلم استخدام الوسائل التعليمية مثل الرسوم والأمثلة التوضيحية.					
١٧	يجعل التعليم سهلاً ومشوقاً.					
١٨	يعطي المعلم المتعلمين الحرية في الأسئلة.					
١٩	يشجع المعلم على الاطلاع الخارجي.					
٢٠	يجيد تقسيم الصف إلى مجموعات.					
٢١	يحافظ على الهدوء بين المجموعات.					
٢٢	يتجول بين المجموعات.					

ت	أداء المعلم	ممتاز	جيد جداً	جيد	مقبول	ضعيف
٢٣	يتمكن من إدارة المناقشات بين المجموعات.					
٢٤	يستطيع تقويم المجموعات.					

الشكل (٢١) تقويم المعلم من قبل المتعلمين

٤- تقويم المتعلم لنفسه في المجموعة التعاونية

يقوم المتعلم بتقويم نفسه في المجموعة التعاونية بعد نهاية كل جلسة بالإجابة على الفقرات في الحقول (دائماً- أحياناً- أبداً) بوضع علامة (√) أمام فقرات أداء المتعلم ولكل فقرة أداء، والشكل التالي يوضح ذلك.

ت	أداء المتعلم	دائما	أحيانا	أبدا
١	لقد أسهمت بأفكاري ومعلوماتي.			
٢	طلبت من الآخرين الإسهام بأفكارهم ومعلوماتهم.			
٣	قمت بتلخيص الأفكار والمعلومات.			
٤	طلبت المساعدة عندما كنت بحاجة لذلك.			
٥	ساعدت الآخرين في مجموعتي أو غيرها على التعلم.			
٦	تأكدت أن زميلي في مجموعتي قد فهم كيفية أداء العمل أو المهمة المدرسية التي نقوم بدراستها.			
٧	ساعدت في استمرار مجموعتي في الدراسة.			
٨	أشركت زملائي في العمل الذي نقوم به.			
٩	التزمت بالهدوء مع أفراد مجموعتي.			
١٠	قدمت الاقتراح المناسب في حالة عجز زميلي عن أداء عمله.			

الشكل (٢٢) تقويم المتعلم لنفسه في المجموعة التعاونية

٥- تقويم وظيفة المجموعة

إن الطريقة أو الأسلوب التي يختارها الشخص لتقويم عمل المجموعة يجب الإعلان عنه مسبقا ويتفق عليها داخل المجموعة وتتناسب مع المناخ الكلي للموقف التعليمي، والشكل

التالي يوضح تقويم وظيفة مجموعة العمل التعاوني لكل عضو من أعضاء المجموعة التعاونية، من خلال الطلب من كل عضو مشترك في التقويم بوضع علامة (√) أمام كل صفة عمل أو مهمة تعاونية.

ت	تقويم وظيفة المجموعة	نعم	لا
١	وافق أعضاء المجموعة وفهموا الأهداف المحددة للمجموعة.		
٢	وافق أعضاء المجموعة على نشاط المجموعة.		
٣	استجابت المجموعة للمشاعر التي عبر عنها أعضاؤها.		
٤	استمعت المجموعة واستجابت لأفكار الأعضاء وتعليقاتهم.		
٥	جميع أعضاء المجموعة اشتركوا وساهموا في المناقشة.		
٦	مناخ المجموعة ودي ويشجع الأعضاء على التعبير عن انتقاداتهم وطرح الأسئلة.		
٧	قائد المجموعة يشجع على المناقشة قبل عرض الأفكار على المعلم.		
٨	قائد المجموعة يربط الأفكار المترابطة، ويلخصها، ويلخص المفاهيم التي تم مناقشتها مع المجموعة.		
٩	قائد المجموعة يقرر إذا اتفق أعضاء المجموعة على نقطة محددة.		
١٠	المجموعة تواجه العضو الذي يعوق المجموعة من تحقيق مهمتها مثل المجادلة الغير ضرورية.		
١١	المجموعة قادرة على مناقشة نقاط الاختلاف بين الأعضاء.		
١٢	لم يسيطر قائد المجموعة على الموقف.		
١٣	المجموعة تقيم تقدمها نحو أهدافها خلال ونهاية الحلقة الدراسية.		
١٤	في نهاية الحلقة الدراسية، تقرر المجموعة مهمتها الخاصة والعمل المطلوب أن يتم للحلقة الدراسية القادمة.		

الشكل (٢٣) تقويم وظيفة المجموعة

توزيع المهام التعليمية في المجموعات التعاونية

تتمثل المهمة التعليمية بمجموعة من الإجراءات أو الخطوات يتبعها المكلف بها لتحقيق غرض معين، ويمكن التعبير عنها بأوراق العمل، وتعرف بأنها مجموعة من الأوراق المعدة

المجموعات التعاونية

بحيث يستطيع الطالب إتباع تعليماتها خطوة خطوة، وتنفيذ المهام المطلوبة منه بحيث يصل إلى الهدف المنشود معتمداً على نفسه.

ويتم إعلام طلاب المجموعة التعاونية بطبيعة التعلم الذي سيقومون به وبالأهداف التي سيحققونها، ونوع المفاهيم والمعارف المتصلة بكل ذلك.

وتقسم أوراق العمل إلى:

- أوراق **المعلومات** - تمد الطلاب بالخلفية المعرفية التي تلزمهم لانجاز المهمة.

- أوراق **المهام**- توجه الطلاب لإتمام أنشطة التعلم مثل القراءة وحل المشكلات والملاحظة والممارسة، وغالباً ما يصاحبها كتب عمل ومرشد للدراسة.

- أوراق **التعليمات** - تمد الطلاب بالتعليمات اللازمة للتحصيل وخطوات العمل بصورة فردية.

- أوراق **العمل أو التجريب** - تعد إحدى أنواع المهام وتستخدم في المقررات المعملية مثل الكهرباء والالكترونيات وتساعد على حل المشكلات وتطبيق المبادئ وتترك فيها مساحات خالية تملأ بمعرفة الطالب أثناء العمل.

- أوراق **الملاحظات** - تستخدم مع الدروس التي تمد الطالب بالمعلومات، وتعد بمثابة ذاكرة للطالب، وتحتوي على الخطوط الرئيسة والعناصر البارزة في المحتوى الدراسي مثل المصطلحات الجديدة والتعاريف والمراجع والرسوم.

- أوراق **الرسم** - تهدف إلى الأنواع المختلفة من الرسوم غير المتاحة للطلاب، وتستخدم داخل الصف في الشرح والمراجعة.

- أوراق **المران** - هي نوع من أنواع أوراق المهام، وتشمل ممارسة الطلاب لما تعلموه وتطبيق المعلومات والمهارات من خلال تدريبات مختلفة.

- أوراق **المشكلات** - تستخدم للتعبير عن المشكلات التي تتطلب التحليل واتخاذ القرار للوصول إلى الحل.

- أوراق **العمل الذاتي** - تستخدم في الدراسات الفردية وتحتوي على المعلومات والمهام وأسئلة تغطي المعلومات المعطاة.

- **أوراق التقارير** - تملأ بمعرفة الطالب عن طريق تجميع المادة العلمية التي تساعد على حل المشكلات، وتستخدم لتسجيل النتائج والقياسات في فراغات كافية لكتابة البيانات المطلوبة. والشكل التالي يوضح أنموذج مصغر لإحدى ورق عمل المجموعات التعاونية.

التاريخ...

الزمن ....

اسم المجموعة...

أسماء الأعضاء

١- ....

٢- ....

٣- ....

٤- ....

اسم الموضوع...

نوع المهمة التعليمية.......................................

....

....

....

....

....

الشكل (٢٤) أنموذج مصغر لإحدى ورق عمل المجموعات التعاونية

الفصل الثامن

الصعوبات التي تواجه تطبيق

التعلم التعاوني وعلاجها

محتويات الفصل:

- أولا: الصعوبات الإدارية والفنية وعلاجها

- ثانيا: الصعوبات المتعلقة بالمعلم وعلاجها

- ثالثا: الصعوبات المتعلقة بالطالب وعلاجها

- رابعا: الصعوبات المتعلقة بالمنهج الدراسي

- أسلوب العصف الذهني لمعالجة صعوبات تنفيذ التعلم التعاوني

الفصل الثامن

الصعوبات التي تواجه تطبيق التعلم التعاوني وعلاجها

| المدخل إلى صعوبات تطبيق التعلم التعاوني |

يواجه التعلم التعاوني بعض الصعوبات والمشكلات منها ما هو إداري ومنها ما هو فني، وذلك لان المدارس لم تجهز أساسا لهذا المنحنى التعليمي، ونظرا لما يحتاجه هذا النوع من إمكانيات مادية ووسائل تعليمية وكوادر بشرية في أثناء تطبيقه، فان عدم توفرها قد يكون عائقا يحول دون تطبيق التعلم التعاوني، ومن هذه المعوقات والصعوبات ما يأتي:

أولاً: الصعوبات الإدارية والفنية

- قلة المصادر التعليمية الخاصة التي يمكن توظيفها في التعلم التعاوني.

- التنظيم التقليدي للجدول الدراسي والحصص.

- اكتظاظ الصفوف الدراسية بالطلبة مما يصعب تحريك مقاعدها وتقليل حركة المعلم.

- صعوبة ترتيب غرفة الصف مع إجراءات تطبيق أسلوب التعلم التعاوني.

- ندرة وجود سجلات خاصة تيسر عمليات التخطيط والتقويم والمتابعة لتعلم الطلبة تعاونياً.

- ندرة توفر الأثاث اللازم للتعلم التعاوني من كراسي وطاولات وغير ذلك.

- قصر زمن الحصة التعاونية.

- المساحات الضيقة التي تتصف بها الصفوف الدراسية.

- وجود اتجاهات سلبية لدى الإدارة نحو التعلم التعاوني خوفا من إثارة الفوضى بسبب عمل المجموعات التعاونية.

- ندرة الموارد المالية التي تحتاجها المواد اللازمة للتعلم التعاوني.

- عدم منح المعلمين السلطة والصلاحية لتطبيق التعلم التعاوني في الحصص الدراسية.

- عدم إتباع الطرق الصحيحة في تكوين المجموعات التعاونية.

⇦ علاج الصعوبات الإدارية والفنية

- تحتاج دروس التعلم التعاوني إلى وقت اكبر من تلك التي تحتاجها الدروس المطبق فيها الطرق التقليدية، لذا ينبغي تخطيط الجداول الدراسية جيداً لمراعاة ذلك كان يتم تدريس الدرس الواحد في أكثر من حصة.

- ترتيب جلوس الطلبة بشكل بيضوي أو دائري حول الطاولة، وإذا لم توجد مثل هذه الطاولة فيتم وضع الطاولات الصغيرة أو المقاعد بحيث تجلس المجموعات الصغيرة مواجهة لبعضها بعضا، كما يجب أن تحيط بالطلبة مجموعة من السبورات مع الكثير من الطباشير والأقلام والأوراق أو دفتر ملحوظات لكل مجموعة.

- اختيار غرفة مناسبة ليطبق فيها دروس التعلم التعاوني، أما إذا كان الصف مكتظاً بالطلبة فيتم تقسيمهم إلى مجموعات عديدة ومن الممكن قيام أكثر من معلم بتدريس الصف الواحد من خلال أسلوب الفريق.

ثانياً: الصعوبات المتعلقة بالمعلم

- افتقار المعلمين للخلفية النظرية عن التعلم التعاوني.

- ندرة امتلاك المعلمين للمهارات المطلوبة لتطبيق التعلم التعاوني.

- كثرة الأعباء الملقاة على كاهل المعلمين وضيق الوقت مما يمنع من التحضير للتعلم التعاوني.

- انخفاض الدافعية لدى المعلمين لتطبيق التعلم التعاوني.

- عدم توافر الحوافز المشجعة للمعلم لتطبيق التعلم التعاوني.

- ضعف قناعة المعلمين باستراتيجيات التعلم التعاوني.

- خوف المعلمين من إثارة الفوضى والشغب أثناء التعلم التعاوني في الحصة.

- ضعف مهارة المعلم في صياغة مشكلة أو سؤال أو نشاط يمثل محورا لعمل مجموعة التعلم التعاوني.

- نقص إدراك المعلم لدوره كمخططاً ومرشداً وميسراً للمعارف ومنسقاً للعلاقات الاجتماعية ومقيماً في التعلم التعاوني.

الصعوبات التي تواجه تطبيق التعلم التعاوني وعلاجها

- عدم توفير المعلم للأجواء النفسية المريحة داخل حجرة الصف أثناء التعلم التعاوني.

- قلة خبرة المعلم في اختيار العدد المناسب عند تشكيل مجموعة التعلم التعاوني.

- قلة اهتمام المعلم بالجانب الاجتماعي عند توزيع الطلبة على مجموعات التعلم التعاوني.

- افتقار المعلمين لإدارة الوقت أثناء عمل المجموعات في التعلم التعاوني.

⇦ **علاج الصعوبات المتعلقة بالمعلم**

- الوقوف على حال أفراد المجموعة الكلية.

- التمهيد المناسب- المحدد- لموضوع الدرس.

- تحديد حجم المجموعة.

- تحديد نشاط كل مجموعة.

- تحديد زمن تنفيذ النشاط المراد تنفيذه.

- اختيار مقرر لكل مجموعة بحيث يتم تبادل هذا الدور من نشاط لآخر.

- توضيح المطلوب من النشاط قبل البدء بالعمل قبل التنفيذ.

- إثارة دافعية أفراد المجموعات للمشاركة الفاعلة أثناء تنفيذ النشاط.

- التجوال بين المجموعات والجلوس معهم أثناء تنفيذ النشاط والتأكد من طرح الأسئلة المناسبة.

- الانتهاء من النشاط في الزمن المحدد.

- تعزيز الإجابات المتميزة وإبرازها أمام الجميع للاستفادة منها.

- عرض الإجابات الصحيحة إمام الطلبة بهدف تصويب الأخطاء وتقديم التغذية الراجعة.

ثالثاً: الصعوبات المتعلقة بالطالب

- هيمنة ذوي القدرات العالية على نشاط جماعة التعلم التعاوني.

- رفض بعض الطلبة فكرة ارتباط درجته في المادة الدراسية بدرجة أعضاء الجماعة.

- افتقار الطلبة لمهارات التعلم التعاوني.

- إثارة بعض أعضاء الجماعة للشغب والعبث أثناء التعلم التعاوني.

- الافتقار إلى النضج وتحمل المسؤولية لدى بعض الطلبة لمهارات العمل المسند إليهم والمهمات الموكلة إليهم.

- ضعف الثقة بين أعضاء الجماعة الواحدة.

- قلة احترام بعض الطلبة لرأي الآخرين سواء في نفس المجموعة أو المجموعات الأخرى.

- التوزيع غير المنتظم للطلبة داخل المجموعات التعاونية.

- ضعف التجانس الفكري والاجتماعي بين الطلبة.

- عدم التزام الطلبة بالوقت المخصص لكل نشاط أثناء عملية التعلم التعاوني.

- إمكانية فرض احد أفراد المجموعة رأيه أو إرادته على بقية الأفراد.

⇦ علاج الصعوبات المتعلقة بالطالب

- تهيأة الطلاب لتنفيذ العمل المشترك والتعاوني عن طريق إعطاء الدروس الخصوصية التي تخصص للمتعلم التعاوني بعيدا عن المنهاج الدراسي.

- الاهتمام بالتقويم الفردي والجماعي، وإبقاء المجموعات صغيرة حتى تزداد المسؤولية الفردية.

- جعل الأعضاء يعلمون ما تعلموه لشخص آخر.

- ملاحظة عمل المجموعة .

- تسجيل مدى مساهمة كل فرد في المجموعة.

- توزيع الأدوار وحصول كل فرد على مهمة في التعلم التعاوني.

رابعاً: الصعوبات المتعلقة بالمنهج الدراسي

- افتقار المحتوى الدراسي إلى التنظيم القائم على التفاعل النشط للطلبة.

- ضعف ملاءمة تنظيم المناهج الدراسية لتطبيق نمط التعلم التعاوني.

- تصميم معظم المناهج الدراسية لتناسب نمط التعلم الجمعي.

الصعوبات التي تواجه تطبيق التعلم التعاوني وعلاجها

- تصميم معظم المناهج الدراسية لتدريس الأعداد الكبيرة من الطلبة (نمط التعلم الجمعي).

- عدم وضوح أهداف التعلم التعاوني في المناهج الدراسية.

- خلو المناهج الدراسية من المهمات التعليمية التي تحتاج للبحث والتنقيب للوصول إلى الحل المطلوب.

- افتقار المناهج الدراسية للأنشطة التعاونية الجماعية.

- افتقار المناهج الدراسية لاستراتيجيات حديثة في التعلم التعاوني.

- ندرة وجود مشكلات حقيقية يوفرها المنهاج لمجموعات التعلم التعاوني.

- افتقار المناهج الدراسية لأساليب التدريس التي تعمل على ربط المعرفة الإنسانية بالبيئة المحلية.

- افتقار المناهج الدراسية لأساليب التدريس القائمة على النشاط الايجابي للمتعلم.

- ندرة أساليب التقويم المتماشية مع التعليم في المناهج الدراسية لتقويم التعلم التعاوني.

- اعتماد أساليب التقويم في المناهج الدراسية على الاختبارات التحصيلية.

أسلوب العصف الذهني لمعالجة صعوبات تنفيذ التعلم التعاوني

هوأسلوب يستعمل من اجل تحفيز وتوليد الافكار حول موضوع معين من اجل الحصول على اكبر عدد ممكن من الافكارمن مجموعة الاشخاص المشاركين خلال مدة قصيرة.

ويعد أسلوب العصف الذهني من الاساليب الناجحة التي يمكن استخدامها في حل مشكلات بيئية مختلفة، وهو اسلوب مرن يمكن تبنيه من قبل المعلمة لتزويد الاطفال بالكلمات والجمل والافكار المتعلقة بموضوعات وخبرات بيئية مختلفة، وكما يمكن استخدامه لمعرفة ما يعرفه الاطفال الصغار حول موضوع معين، كما يتعلم الاطفال المشاركين في العصف الذهني كيف يحترمون ما يضيفه الاخرون، وما يسهمون في التعبير عن افكارهم ويثقون بوظيفتهم ضمن المجموعة.

⇦ مراحل العصف الذهني

يمر العصف الذهني باربعة مراحل هي:

- مرحلة تحديد وصياغة المشكلة: في هذه المرحلة يتم توضيح المشكلة وتحلل الى عناصرها الاولية، مع عرض مناقشة تمهيدية للتاكد من فهم الاطفال لها.

- مرحلة بلورة المشكلة: يتم تحديد المشكلة بدقة، واعادة صياغتها من خلال مجموعة من التساؤلات التي تؤلف المشكلة الرئيسة.

- مرحلة استمطار الافكار لواحدة او اكثر من عبارات المشكلة التي تمت بلورتها.

- يتم عرض الافكار التي تتضمنها المشكلة وتصور الحلول لها، من خلال الالتزام بالقواعد الخاصة بها ، وكما يلي:

- تقديم اكبر عدد ممكن من الافكار والترحيب بها، وهذا من شانه ان يزيد الافكار الجديدة والغريبة والغير المالوفة.

- قبول أي فكرة مهما كانت خيالية او وهمية، والترحيب بالافكار الغريبة غير المالوفة لان اصالتها تكمن في غرابتها.

- تجنب نقد او تقويم الافكار المعروضة.

- متابعة افكار الاخرين ومحاولة تحسينها وبنائها وتجميعها.

⇦ مرحلة تقويم الأفكار المقترحة

يتم تقويم الأفكار المقترحة من اجل التوصل إلى عدد من الأفكار الجيدة لغرض حل المشكلة.

⇦ قواعد وقوانين جلسات العصف الذهني

- ان لا يزيد عدد أعضاء مجموعة العصف عن اثني عشر مشاركا.

- ان يجلس الأعضاء في كل مجموعة مواجهة بعضهم البعض أو حول دائرة مستديرة.

- ان لا يسمح بتقييم الأفكار المطروحة من المشاركين مهما كانت غريبة أو ساذجة.

- يطلب من المشاركين التركيز والإصغاء لما يطرحه الزملاء واستيعاب أفكارهم.

- يسمح للمجموعة التحدث دون قيود .

الصعوبات التي تواجه تطبيق التعلم التعاوني وعلاجها

- بقاء الجلسة مفتوحة حتى ينتهي المشاركون من جمع ما لديهم من أفكار وبحسب وقت كل جلسة.

- تحديد الإجابات والمقترحات والآراء بحسب درجة التأييد الذي تحظى به، فالفكرة التي يؤيدها أكثر الأعضاء تأتي في الصدارة.

⇦ **فوائد العصف الذهني**

- ينظر إلى المتعلم باعتباره مشاركا ليناقش ويحاور ويجيب.

- يساعد على إيجاد مناخ صفي حيوي متعاون وجو يمتاز بالأمن والهدوء والمرح والفكاهة .

- يظهر وجهات نظر عديدة ومختلفة، قائمة على ردود فعل عاطفية وعقلية تجاه مشكلة معينة، مما يكثر البدائل المناسبة لحل مشكلة معينة.

- الإقلال من الخمول الفكري للمشاركين.

- يسهم في ديمقراطية التعليم والعملية التعليمية داخل الصف.

⇦ **أساليب تنفيذ جلسات العصف الذهني**

١- **أسلوب٥٥٥٥**: وفيه يكون عدد المجموعات (٥) وعدد أفراد المجموعة الواحدة (٥) والوقت المخصص لكل مجموعة(٥) دقائق وعدد الأفكار المطلوبة لكل مجموعة (٥) أفكار.

٢- **أسلوب لعبة الكرة**: يطلب من مجموعة العصف الوقوف أو الجلوس بشكل حلقي، ثم تقوم المعلمة برمي الكرة إلى احد الأطفال بعد طرح سؤال العصف الذهني، ولا تعاد الكرة إلى المعلمة وإنما تقذف إلى طفل آخر.

٣- **أسلوب أسك**: فيه تقسم المجموعة الكلية إلى ثلاث مجموعات فرعية بحيث تتولى كل مجموعة الإجابة عن جزء من السؤال.

٤- **أسلوب افعل ولا تفعل**: هذا الأسلوب تكون فيه الإجابة عن سؤال العصف الذهني بان يذكر كل فرد من أفراد المجموعة ما الذي عليه أن يفعله، وما الذي عليه أن لا يفعله.

٥- **أسلوب ٦-٦:** وفيه يتم تقسيم سؤال العصف الذهني إلى (٦) محاور أساسية ثم تطلب من كل فرد من أفراد مجموعة العصف أن يجيب بستة أفكار عن كل محور.

٦- **أسلوب الشجرة:** يقوم هذا الأسلوب على أساس أن يقابل ساق الشجرة سؤال العصف الذهني، وأوراق الشجرة تمثل الأفكار المطروحة، حيث يتم رسم ساق الشجرة مع أغصانها أعلى السبورة، ثم توزع أوراق ملونة مختلفة على أفراد مجموعة العصف ويطلب منهم كتابة فكرة واحدة على كل ورقة ثم يقوم كل فرد بلصق ورقته على أغصان الشجرة.

٧- **أسلوب بساط الريح:** في هذا الأسلوب يتم تذكير أفراد مجموعة العصف الذهني بأنهم سيقومون برحلة على بساط الريح في مكان معين وعلى كل فرد أن يكتب كل ما يراه في خياله عن هذا المكان، مع الامتناع عن الكلام مع بعضهم البعض أثناء فترة التحليق.

٨- **أسلوب بدي:** هو أسلوب فردي حيث يطلب من المشارك بالعصف أن يقوم بعمل معين لم يسبق أن قام به، وعليه أن يذكر ما الذي سيفعله قبل البدء بالعمل وفي إثناء تنفيذه للعمل، وبعد الانتهاء من العمل.

٩- **أسلوب إملاء الجرة:** هو من الأساليب البسيطة جدا، حيث تقوم المعلمة برسم جرة في كل ورقة توزعها على أفراد مجموعة العصف، ثم تطلب منهم إملاء الجرة بالأفكار على أن يبدأ الجميع في نفس الوقت وينتهي الجميع بانتهاء الوقت المحدد للإجابة.

١٠-**أسلوب هيكل السمكة:** يتم رسم الهيكل العظمي للسمكة على أن يكون رأس السمكة هي المشكلة المراد العصف عنها وعظام السمكة هي الأفكار المطروحة التي تمثل أسباب المشكلة ومظاهرها ونتائجها والحلول لها.

ولكي تحقق جلسات العصف الذهني أهدافها ، لابد من توزيع الأدوار وكما يلي:

١- **الميسر:** يطلق عليه مسميات مختلفة مثلا المعلم،القائد، المدرب، المحفز، رئيس الجلسة، ودور الميسر هو الاستعداد والتحضير الكامل للجلسة، وإعطاء مقدمة عن

الموضوع المراد العصف حوله بشكل محدد وتعيين وقت جلسة العصف الذهني، وتوفير المواد اللازمة، ومراعاة مبادئ العصف الذهني وتنشيط أفراد مجموعة العصف الذين لم يشاركوا ويوزع فرص المناقشة مع التدخل الحذر للحد من سيطرة احد الأعضاء على المناقشة ضمن الجلسة.

٢- **الموثق:** ويطلق عليه تسميات مختلفة-مثل المدون، والمدرب، والمعلم، ورئيس الجلسة، أما دوره فيمكن تلخيصه بتجهيز المواد التي يستخدمها للتوثيق كالأوراق والأقلام وما شابه ذلك، وتسجيل الأفكار والمقترحات التي يعصف بها أفراد المجموعة، وعدم التدخل أثناء عملية العصف، وهذا ويمكن لشخص واحد أن يقوم بدور الميسر والموثق في بعض الجلسات التي تتطلب الدمج بين الدورين.

٣- **المشاركون:** ويطلق عليهم أحيانا المتدربون، مجموعة العصف، الفئة المستهدفة- مولدو الأفكار-الأعضاء- الفريق، أما دورهم فهو الاستعداد، والانتباه إلى أفكار الآخرين، والتقيد بالقواعد الخاصة بالجلسة، وعدم إخفاء أية أفكار والبناء على أفكار الآخرين.

⇦ **خصائص مجموعة العصف الذهني**

يشترط في مجموعة العصف الذهني ما يأتي:

- **حجم المجموعة:** تحتاج جلسات العصف الذهني إلى مجموعة نموذجية تتراوح ما بين(٤-٦) فردا، ويرى اوزبورن أن المجموعة المناسبة تتكون من (١٢) فردا.

- **العمر:** إن الفئة العمرية للمجموعة تؤثر تأثيرا في عملية العصف الذهني، فكلما تقدم السن بالإنسان زاد حسه بضرورة تقويم المخرجات اللفظية.

- **اللغة:** هي من الخصائص المهمة لمجموعة العصف الذهني، لذا يجب التعرف على اللغة التي يستخدمها المشاركون، لما لها من اثر في طبيعة المخرجات اللفظية.

- **درجة التعليم الرسمي:** التحصيل الدراسي لأفراد المجموعة، وهل هم متعلمون أم أميون أم أطفال صغار لا يقرؤون ولا يكتبون...لان ذلك يستلزم اختيار العصف الذهني الكتابي أو اللفظي إذا كانت الجلسة لا تستلزم إلا مجرد لفظ الأفكار.

- **الرسمية:** تتطلب جلسات العصف الذهني درجة عالية من اللارسمية والأريحية والتفاعلية وان تتسم بالضحك والفكاهة والمتعة المحدودة.

- **التقارب:** أن يكون أفراد المجموعة متقاربين في القيم والمعتقدات والوظيفة والتخصص، حيث يؤثر التقارب في جلسة العصف الذهني من حيث الأفكار المطروحة.

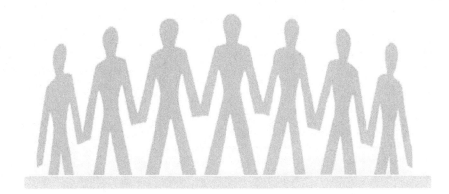

الفصل التاسع

دور المعلم والمتعلم في التعلم التعاوني

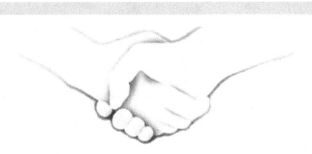

محتويات الفصل:

- دور المعلم في التعلم التعاوني

- إرشادات للمعلمين عند استخدامهم أسلوب التعلم التعاوني

- دور المتعلم في التعلم التعاوني

- الفوائد التي تعود على الطلاب باستخدام التعلم التعاوني

الفصل التاسع
دور المعلم والمتعلم في التعلم التعاوني

دور المعلم في التعلم التعاوني

يعد المعلم من العوامل المساهمة في البناء الحضاري والاقتصادي للأمم، من خلال مساهمته الحقيقية في بناء البشر، وكلما نجح المعلم في رفع المستويات التعليمية لأبناء الأمم ارتفعت معها مستويات المعرفة وانعكس بدوره على تقدم الأمم ورفاهيتها، وحيث أن أحد أهداف العملية التعليمية هو تنمية شخصية الفرد واكتسابه المعارف والعلوم وتزويده بالخبرات والمهارات التعليمية فإن دور المعلم يرتبط بتلك الأهداف، ويتحدد بمقدرة المعلم على الوفاء بمسؤولياته تجاه المجتمع بمدى استيعابه للأهداف وإتقانه للمهارات والمعارف، فهو مؤتمن على الأبناء الذين هم أهم ما يملكه المجتمع من ثروة، وتكمن أهمية المعلم في كونه الشخص الذي يقوم بعملية التعليم، ويرعى هذه الثروة، ويساهم في تنميتها لتحقيق أهداف المجتمع وطموحاته، فمهما بلغت مستويات الأهداف من طموح، ومهما بلغت السياسات التعليمية والخطط المنبثقة عنها من أحكام فان المسؤول المباشر والعامل الحاكم في تنفيذ هذه السياسات ونجاح مخططاتها هو المعلم، ومن أجل ذلك كانت العناية بإعداد المعلم وتدريبه من أهم الضرورات وأول الأوليات في جميع الجوانب الفنية والمهنية والاقتصادية عند الشروع في أي تطوير أو تحسين في العملية التربوية.

فالمعلم صاحب مهنة وهذه المهنة تفرض عليه أن يمتلك كفاءات خاصة تؤهله للقيام بادوار لم نألفها في نظامنا التربوي عامة وفي مناهجنا خاصة، فالمعلم مجرب وباحث وصاحب فلسفة ومنظم ومدير للمواقف التدريسية ومديرا للتفاعلات الصفية وغير الصفية.

يعد المعلم الأساس في التعلم التعاوني، وعليه يقع نجاح أو فشل هذه العملية تخطيطا وتنفيذا وعلى الرغم من تأكيد دور الطالب في التعلم التعاوني إلا أن ذلك لن يقلل من دور المعلم وذلك لضمان تحقيق الأهداف المرسومة.

التعلم التعاوني

فالمعلم المتعاون هو المعلم الذي يحبه الآخرون ويتسابقون إلى العمل معه والوقوف إلى جانبه في أي عمل يقوم به، ويجد ثمرة ذلك عند الـلـه، ولعل من مظاهر التزام المعلم بهذا الخلق، ما يأتي:

١- انك تجد المعلم يميل للأعمال الجماعية أكثر من الأعمال الفردية.

٢- يبادر إلى تقديم المساعدة لمن يستحقها من طلابه وزملائه دون أن يطلب منه.

٣- يساهم في انجاز أعمال الآخرين المطلوبة منهم.

٤- يشارك في نجاح العمل المدرسي.

٥- يتعاون مع زملائه في التخصص في تطوير المنهج المدرسي من حيث تنوع طرق التدريس واستخدام وسائل تعليمية حديثة، والعمل على ابتكار أنشطة تعليمية جديدة، وأيضا التجديد في وسائل تقويم جوانب التلميذ المختلفة.

دور المعلم قبل الدرس التعاوني

١- اختيار الدرس المناسب للتعلم التعاوني.

٢- عمل صحيفة عمل مناسبة للدرس بحيث تكون شاملة لجميع عناصر الدرس.

٣- تحديد المهارات التعاونية التي سيعمل بها من خلال ورش العمل أثناء الدرس التعاوني.

٤- توفير الوسائل التعليمية المناسبة للدرس التعاوني.

٥- تجهيز صحيفة الملاحظة.

٦- تجهيز صحيفة المعالجة التي توزع نهاية الدرس التعاوني ليسجل أعضاء المجموعة الايجابيات والسلبيات التي استنتجوها أثناء العمل.

٧- تحديد خطة سير الدرس التعاوني والوقت المناسب لكل خطوة من خطوات الدرس التعاوني.

دور المعلم أثناء الدرس التعاوني

١- تشكيل الطاولات والمناضد داخل الفصل.

٢- توزيع الطلاب على ورش العمل بحيث يراعي الفروق الفردية: ممتاز- جيد جداً- جيد- ضعيف.

٣- توزيع الأدوار على أعضاء المجموعة : قائد- مقرر- ملخص- مشجع.............

٤- إعطاء كل عضو في المجموعة رقماً أو اسماً معيناً.

٥- شرح الأهداف الأكاديمية التي ستتحقق في الدرس.

٦- تفقد المجموعات ومتابعتهم.

٧- مشاركة المجموعات أثناء العمل على تقريب المعلومات.

٨- تلخيص الدرس.

٩- توزيع صحيفة المعالجة على المجموعات في ورش العمل لتسجيل النتائج الايجابية والسلبية في المجموعة التعاونية.

دور المعلم بعد الدرس التعاوني

١- متابعة صحيفة العمل ومقارنتها بالدروس الماضية، وملاحظة مقدار تحسن أعضاء المجموعة وتطور قدراتهم العقلية.

٢- متابعة صحيفة الملاحظة التي سجلت فيها نشاطات الطلاب من عمل ومهارات.

٣- متابعة صحيفة المعالجة: لان صحيفة المعالجة تثبت اتفاق المجموعة أو عدم اتفاقها لان أعضاء المجموعة هم الذين يسجلون النتائج من خلال العمل المكلف به، فالمجموعة التعاونية مجموعة اتفق أعضاؤها على العمل معا، ملزمين أنفسهم بالغايات المشتركة المتمثلة في تحقيق أقصى درجات النجاح لأنفسهم، ولزملائهم، بعكس المجموعة الزائفة التي يكلف أعضاؤها بالعمل معاً لكن ليس لديهم اهتمام بتنفيذ ذلك يعيشون اجتماعات لكنهم لا يرغبون في العمل معاً أو حتى مساعدة بعضهم البعض لتحقيق النجاح وغالباً ما يعطل الأعضاء انجازات بعضهم البعض، فضلاً عن ضعف التواصل بينهم، والشكل التالي يوضح دور المعلم المتعاون مع الطلاب.

ت	دور المعلم المتعاون	درجة الممارسة		
		كبيرة	متوسطة	ضعيفة
١	يوضح للطلاب القوانين والأنظمة المدرسية.			
٢	يعلم الطلاب عمليا بما يتلائم مع ما تعلموه نظريا.			
٣	يوضح للطلاب نظام التقويم المتبع (شفوي- تحريري).			

درجة الممارسة			دور المعلم المتعاون	ت
ضعيفة	متوسطة	كبيرة		
			يعمل على إعداد الوسائل التعليمية المناسبة لمحتوى الدرس.	٤
			يتعامل مع مشكلات الطلاب بمرونة.	٥
			يساعد الطلاب في تهيئة الدروس.	٦
			يقدم أسئلة مثيرة للتفكير.	٧
			يساعد في إثارة الدافعية للتعليم.	٨
			يوظف الأنشطة المدرسية ويربطها بالأهداف.	٩
			يراعي الفروق الفردية بين الطلاب.	١٠
			يزود الطلاب بتغذية راجعة.	١١
			يربط الأفكار وينظمها بشكل منطقي.	١٢
			يساعد الطلاب في توظيف السبورة بشكل فعال.	١٣
			يربط المادة الدراسية بالبيئة المحلية.	١٤
			يقوم الطلاب بطرق مختلفة.	١٥

الشكل (٢٥) دور المعلم المتعاون

إرشادات للمعلمين عند استخدامهم أسلوب التعلم التعاوني

يترتب على المعلمين أن يرعوا الأمور التالية:

- يدرك مفهوم التعلم التعاوني وكيف يختلف عن التعلم التنافسي.

- يفهم الأساس النظري للمكونات الأساسية التي تميز التعلم التعاوني.

- يفهم الأساس النظري لدور المعلم في استخدام التعلم التعاوني.

- يكون قادراً على تصميم وتخطط وتعليم الدروس التعاونية.

- يلتزم التزاماً شخصياً لاكتساب خبرة استخدام التعلم التعاوني وهذا الالتزام ينبغي أن يكون منطقياً بمعنى أن يكون مبنياً على المعرفة النظرية والاطلاع على الأبحاث التي تدعم التعلم التعاوني.

- يكون جزءاً من مجموعة زملاء داعمة للعمل التعاوني.

دور المتعلم في التعلم التعاوني

إن توزيع الطلاب في مجموعات ليس عملاً عشوائياً بل يحتاج إلى إحاطة تامة من المعلم بطلابه، وسلوكهم وقدراتهم وتفاوتهم في التحصيل، وأداء المهارات والمهمات الموكلة إليهم، ولذلك فان دور الطالب في العمل التعاوني مهم للغاية وعندما يتم تعيين أدوار معينة لأعضاء المجموعة فان ذلك يضمن التمرن على المهارات التعاونية وتؤدي تلك الأدوار إلى دفع وظيفة المجموعة التعاونية التعليمية، و يسند لكل تلميذ في أن تعيين الأدوار يسهم بالعديد من المهام المجموعة دوراً محدد وتوزع الأدوار ليكمل بعضها بعضاً، على النحو الآتي:

١- تقلل من فرص عدم مشاركة الأعضاء في العمل الجماعي أو سلطته على المجموع.

٢- تؤكد أن المهارات الجماعية الضرورية تستخدم عن طريق الجماعة.

٣- تولد تفاعلاً بين أعضاء المجموعة.

ويذكر جونسون وجونسون (Johnson& Johnson,1993) الأدوار التالية:

١- **العضو:** لا يمكن أن تعمل المجموعة التعاونية ما لم يكن أعضاؤها متعاونين من حيث القيمة والأهمية، وكل طالب عضو في المجموعة هو مسؤول عن كل ما يؤدي إلى نجاح التعلم التعاوني.

٢- **قائد المجموعة:** شرح المهمة وقيادة الحوار والتأكد من مشاركة الجميع، ومنعهم من إضاعة الوقت، وتقريب وجهات النظر، وتشجيع كل أفراد المجموعة على المشاركة الايجابية.

٣- **المستوضح:** عليه أن يطلب من كل فرد الإدلاء برأيه وشرح المهمة، ويقدم أمثلة توضيحية، وأن يتأكد من فهم كل فرد من أفراد المجموعة.

٤- **مقرر المجموعة:** يتمثل دوره في كتابة وتسجيل ما يدور من مناقشات والتأكد من الإجابة قبل تسجيلها بشكل نهائي.

٥- **المراقب:** يتأكد من تقدم المجموعة نحو الهدف في الوقت المناسب ومن قيام كل فرد بدوره وحسن استخدام المجموعة للمواد المتاحة لها، ويتضمن دوره ما يلي:

- الحصول على المذكرات وتوزيعها على أعضاء المجموعة.

- الحصول على الأشياء الضرورية لإكمال عمل المجموعة مثل القاموس.

- مراقبة صوت المجموعة، وعند ارتفاعه إخبارهم بتخفيض مستوى صوتهم.

- جمع عمل المجموعة وإعطائه للمعلم.

٦- **المشجع:** يستحسن ما كتبه زميله، ويظهر نواحي القوة فيما قدمه مع تبرير استحسانه.

٧- **الناقد:** يظهر جوانب القصور فيما قدمه زميله ويبرر رأيه، ويطلب منه اقتراح التعديل المناسب الذي يحسن من عمل المجموعة.

٨- **حامل الأوراق:** في المواقف التي تتطلب استخدام أدوات، يعين المعلم هذا الدور ليستلم التلميذ الخامات والأجهزة من المعلم، ويحافظ على سلامتها ونظافتها وإرجاعها في نهاية الحصة.

٩- **المادح:** هو الذي يمدح عمل المجموعة ويشجعها على الاستمرار.

١٠- **الموقت:** دوره بسيط، ولكنه مهم في عمل المجموعة التعاونية، حيث يساعد المجموعة في التحكم في سرعة انجاز العمل في الوقت المحدد، ويخبرهم بالوقت المستغرق في المهمة والوقت المتبقي.

١١- **الكاتب:** يقوم بتسجيل الإجابات الصحيحة، ويساعد هذا الدور الطلاب في تعلم الكتابة وإبقاؤها.

١٢- **القارئ:** هو من يقوم بقراءة المادة المقررة بشكل جهري.

١٣- **الملخص:** هو من يقوم بتلخيص المادة، بحيث يتمكن أعضاء المجموعة من مراجعتها.

١٤- **المفسر:** هو من يقوم بسرد ما فهموه بشكل جماعي بدون اخذ ملاحظات.

١٥- **معطي الفكرة:** يقوم بتزويد المجموعة بالأفكار مثل اعتقد،.......

١٦- **السائل لأغراض تقديم المساعدة:** هو الذي يسال أعضاء المجموعة إذا كانوا يحتاجون إلى مساعدة فيما يصعب عليهم.

ويمكن إجمال مهام هذه الأدوار فيما يأتي:

- البحث عن المعلومات وجمعها وتنظيمها.

- انتقاء المعلومات ذات الصلة بموضوع الدرس.

- تنشيط الخبرات السابقة وربطها بالخبرات والمواقف الجديدة.

- التفاعل في إطار العمل الجماعي التعاوني.

| الفوائد التي تعود على الطلاب باستخدام التعلم التعاوني

١- احترام أعلى للذات.

٢- مساندة اجتماعية أقوى.

٣- مهارات تعاونية أكثر.

٤- مزيد من التوافق النفسي الايجابي.

٥- مزيد من السلوكيات التي تركز على العمل.

٦- التذكر لفترة أطول.

٧- مزيد من الدافعية الداخلية.

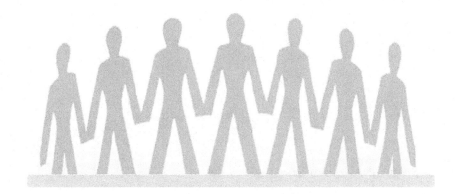

الفصل العاشر

التعلم الفردي والتعلم التعاوني

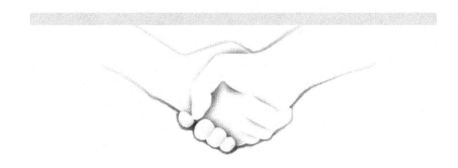

محتويات الفصل:

- **الجذور التاريخية للتعلم الفردي**

- **مفهوم التعلم الفردي**

- **مقارنة بين التعلم الفردي والتعلم التقليدي**

- **أهمية التعلم الفردي**

- **المبادئ التربوية والنفسية التي يقوم عليها التعلم الفردي**

- **أنماط التعليم الفردي**

- **خصائص التعلم الفردي**

- **الخصائص المميزة للمعلمين في التعلم الفردي**

- **ادوار المعلمين في التعلم الفردي**

- **الخصائص المميزة للمتعلمين في التعلم الفردي**

- **ادوار المتعلمين في التعلم الفردي والتعلم التقليدي**

- **خطوات التدريب على التعلم الفردي**

- **المهارات الدراسية اللازمة للتعلم الفردي**

- **عيوب أسلوب التعلم الفردي**

الفصل العاشر

التعلم الفردي والتعلم التعاوني

الجذور التاريخية للتعلم الفردي

نشأ التعليم الفردي منذ القدم متماشياً مع التربية القديمة، نظراً لعدم وجود مدارس نظامية بل كان الاعتماد على مثابرة الأفراد أنفسهم، وهو الأساس الأول للتعليم الفردي.

وإن التعلم الفردي ليس ظاهرة جديدة على العلم، ولا طريقة حديثة في التعلم، وإنما يمتد جذوره منذ القدم إلى بدء الخليقة حيث أن اختلاف المستويات العقلية بين الأفراد يجعلهم يختلفون في مدى استيعابهم وسرعة تعلمهم عن الآخرين كل حسب قدراته وخبراته، وتؤكد الدراسات التربوية أن التربية الإغريقية والتي من ابرز روادها الفلاسفة (سقراط، أفلاطون، أرسطو)، الذين أكدوا على أهمية التعليم الفردي من خلال إعطاء الحرية للفرد المتعلم لتعلم ما يناسبه وبالطريقة التي تتفق مع إمكانياته الخاصة به.

أما التربية الصينية القديمة وعلى رأسها الفيلسوف (كونفوشيوس) حيث وضع أسس تربية الفرد على وفق قدراته واحتياجاته، ويعد (كونفوشيوس) مؤسس نمط التعليم الفردي في التربية الصينية.

أما عند السومريين فيعد حمورابي (١٠٠) ق.م. أول من أسس المدارس والجامعات، وكان له دور كبير في التعليم الفردي للأطفال ويعد نموذجاً رائعاً في التربية، إذ كان يختبر الأشخاص كل على إنفراد بالعلم الذي تعلموه ويسألهم عن الحكمة، ليعرف مدى تفاعل هذا العلم في عقل الطالب من خلال التفكير الذي يجب أن يتميز به الطالب.

واعتمدت التربية الفرعونية في مصر القديمة أساساً على تدريب الفرد على التعليم الفردي. كما أعترف الإسلام بالفروق الفردية بين الطلبة، بقوله تعالى: (وَهُوَ الَّذِي جَعَلَكُمْ خَلَائِفَ الْأَرْضِ وَرَفَعَ بَعْضَكُمْ فَوْقَ بَعْضٍ دَرَجَاتٍ لِّيَبْلُوَكُمْ فِي مَا آتَاكُمْ) (الإنعام:١٦٥)، وقد أكد الرسول (صلى الله عليه وعلى اله وسلم) بقوله: " اطلبوا العلم من المهد إلى اللحد"، فنجد

١٩٥

التعلم التعاوني

في مضمون هذا الحديث حث المسلمين على التربية المستمرة أو التربية مدى الحياة، وهـذا مـضمون مـا يحققه التعلم الفردي.

يعد أسلوب التعليم الفردي من الأساليب المهمة التي أهتم به الكثير من التربويين في العصر الحديث لمواجهة المشكلات التي تواجههم، ومنها مشكلة الفروق الفردية بين الطلبة وما ينجم عنها من مشكلات أخرى.

فقد قام العالم سكنر عام ١٩٣٥، بوضع طريقة في التعليم سميت باسمه وهي أول محاولة في التعليم الفردي وسميت بالتعليم المبرمج، وأكدت طريقته على منح الوقت لكل طالب ليتعلم حسب إمكاناته الخاصة في التعلم، ولكي يتعرف على استجاباته من حيث صحتها من عدمها ولكي يتعزز التعلم عندما يعلم أنه على صحة من إجاباته مما يزيد فاعلية تعلمه وزيادة واقعيته، والذي يعد منطلقاً لعدد من الباحثين والمربين الذين حملوا مبادئ التعليم الشرطي الإجرائي، والذي يتضمن مبادئ التعزيز، وقانون الأثر، ومهمتهم ظهرت أساليب عدة وطرائق مختلفة تسعى كل منها إلى تفريد التعليم، إذ تركز على جوانب معينة من السلوك الفردي.

يعد التعليم الفردي نمطاً من التعليم والتعلم، وهو تغير منهجي يهتم بالفرد ويترك أمر تقدمه حسب مقدراته الفردية وسرعة تعلمه الذاتية، كما انه يزود الطلبة بخبرات تعليمية تتناسب وقدراتهم، وظهرت عدة برامج في التعليم الفردي، تهتم بالفرد كفرد مستقل في عقله وذكائه وقدراته،عن أي فرد آخر، وقد قام العديد من المربيين بتطوير برامج للتعليم الفردي مثل (كيلر، وبلوم)،حيث وضع (كيلر)، خطة للتعليم الفردي وأسماه التعليم الشخصي (Persona led System)، وقد ظهر حديثاً، التعلم بالكمبيوتر، التعلم المصغر، تعليم المبرمج، والتعليم عن طريق النصوص الإثرائية (المكتوبة).

لذا فالتعليم الفردي مجموعة من الإجراءات لإدارة عملية التعليم، بحيث يندمج الطالب بمهمات تعلمية تتناسب وحاجاته وقدراته الخاصة، ومستوياته المعرفية والعقلية، ويهدف إلى عرض المعلومات بأشكال مختلفة تتيح للطالب حرية اختيار النشاط الذي يناسبه من حيث، المعرفة السابقة، وسرعة تعلمه، بهدف تحقيق الأهداف المرغوب فيها إلى درجة الإتقان وتحت أشراف محدد من المعلم وتطبيق هذا الاسلوب يتم من خلال:

- تزويد الفصول بكل المواد التعليمية التي تلائم الطلاب مع مراعاة الفروق الفردية بينهم.

- استخدام التعزيز الايجابي الواصف للعمل ذاته بعد كل انجاز ينجزه الطالب بالإضافة إلى التغذية الراجعة.

- السماح للطالب باستخدام كل الوسائل الموجودة داخل الفصل وذلك بإتباع القوانين المحددة لذلك مع إعطاءه الحرية للتعلم.

مفهوم التعلم الفردي

التعلم الفردي هو نظام يهدف إلى تعليم المتعلم من خلال قيامه بالأنشطة التعليمية معتمدا على نفسه، وفق قدراته وإمكاناته وحاجاته، وبالطريقة التي يراها مناسبة لاكتساب المعلومات والاتجاهات والمهارات بالإضافة إلى مهارات التعلم الذاتي مع حد أدنى من إشراف المعلم وتوجيهه وإرشاده، وعرف التعلم الفردي كل من:

- **تعريف نشوان**

هو نظام ذو مرونة عالية يتألف من مواد دراسية وإجراءات حيث يتاح للتلميذ القيام بمسؤولية كبيرة في تخطيط برامج دراسية، وفيها يتحدد تقدمهم على أساس هذا التخطيط.

- **تعريف الإبراشي**

هو أن تترك الفرصة للفرد ليعمل مستقلاً، ويقوم بوظيفته الخاصة في المجتمع الذي يعد نفسه عضواً عاملاً فيه.

- **تعريف الخطيب**

هو عبارة عن مجموعة من العمليات التي تساعد على تحسين التعليم عن طريق تأكيد ذاتية الأفراد المتعلمين من خلال برامج تعليمية معينة للعمل على خلق اتجاهات ومهارات ضرورية لدى المعلمين والطلاب على السواء.

- **تعريف جامع**

هو الأسلوب الذي يقوم به الفرد بالمرور بنفسه على المواقف التعليمية لاكتساب المعلومات والمهارات بحيث ينتقل محور الاهتمام من المعلم إلى المتعلم، فالمتعلم هو الذي يقرر

متى وأين يتعلم ومتى ينتهي وأي من الوسائل والبدائل يختار، ومن ثم يصبح هو المسؤول عن تعلمه وعن النتائج والقرارات التي يتخذها.

- **تعريف الحيلة**

هو سلسلة من الإجراءات التعليمية والتعلمية التي تشكل في مجملها نظاما يهدف إلى تنظيم التعلم وتيسيره للمتعلم بأشكال مختلفة وطبقاً لأوليات بحيث يتعلم ذاتيا وبدافعية وإتقان وفقاً لحاجاته وقدراته واهتماماته وميوله وخصائصه الإنمائية.

استناداً إلى ما تقدم يعد أسلوب التعلم الفردي من الاساليب الناجحة التي يمكن استخدامها في مجال التعليم ويتم من خلال تزويد المتعلم بالمعلومات التي تساعد على الاكتشاف بطريقة مقصودة ومنظمة، أي انه يوفر فرصاً للتعلم بذاته ومن خلال استخدام قدراته وحاجاته.

مقارنة بين التعلم الفردي والتعلم التقليدي

إن التعلم الفردي ضروري وأساسي لان فيه مراعاة للفروق الفردية بين التلاميذ فقد بين اوينز وستارتون (Owens&Starton,1980) إن الهدف من التعلم الفردي يتحقق عندما يستطيع التلاميذ تحقيق أهداف كل منهم بغض النظر عما يختاره الآخرون، كما أن الأسلوب الفردي يحث التلاميذ على التعلم بأنفسهم ويزيد من إتقانهم للمعلومات والحقائق والاحتفاظ بها لمدة أطول، ومن خلال المقارنة بين التعلم الفردي والتعلم التقليدي يمكن أن نذكر الفروق بينهما، وكما يلي :

١- يمارس المتعلم في الموقف التعليمي الفردي، عملاً متمايزاً يمارسه الطلاب بما يتناسب مع ميولهم وقدراتهم الخاصة، بينما يمارس جميع الطلاب في التعلم التقليدي مهمات تعليمية واحدة يتوقع بلوغها في وقت واحد.

٢- يكون التعلم الفردي موجهاً ذاتيا نحو أداء المتعلم الواحد أو مجموعة من المتعلمين وبما يناسب سرعته وطريقة أداءه وبأشراف المعلم، حيث ينظم تلك الخبرات التعليمية المناسبة لها، في حين أن التعلم التقليدي موجه نحو الصف أو مجموعة غير متجانسة.

٣- تحرر دور المعلم في التعلم الفردي في كثير من الأعمال الروتينية غير التعليمية ويتوافر له الوقت لتوظيفه في الإعداد والإبداع ورعاية الرغبات والحاجات الفردية للمتعلمين. ويكون الطلاب منهمكين بعمل هادف مفيد ينور عقولهم وحواسهم، أما الموقف التعليمي التقليدي فالأمر مختلف تماماً إذ إن خبرات المتعلم موجهة نحو أداء المعلم، الذي يكون فيه المدرس المصدر الوحيد للمعلومات وغالباً ما تكون الأهداف عامة لا يعرفها الطلاب ويستعمل المدرس وسائل الاتصال ذاتها مع جميع الطلبة وحسب اختيار المعلم.

٤- أما التقويم في نظام التعلم الفردي يمكن اكتشاف نقاط الضعف وفي وقت مبكر ومعالجتها دون أن يؤثر ذلك في أداء المتعلم، وذلك بتطبيق اختبارات مرجعية المحك إذ يحدد مستوى الطالب في ضوء المحكات والمستويات التي يحددها التعلم الذاتي ولا يقارن تحصيل الطالب مع باقي زملائه، إما نظام التعلم التقليدي فتكون الخبرات التعليمية موجهه بشكل جمعي لا تمييز بين الطلبة والاختبارات قليلة ولا يمكن اكتشاف فشل الطالب إلا في نهاية المقرر الدراسي، وغالباً ما يستخدم الاختبارات جمعية المعيار (الاختبارات المعيارية) والتي يقارن بها تحصيل الطالب في الفصل مع باقي زملائه، ويتوقف نجاحه على تحصيل أداء غيره، والشكل التالي يبين مجال المقارنة بين التعلم الفردي والتعلم التقليدي.

مجال المقارنة	التعلم الفردي	التعلم التقليدي
المتعلم	محور فعال في التعلم	متلق سلبي
المعلم	يشجع الابتكار والإبداع	ملقن
الطرائق	متنوعة تناسب الفروق الفردية	واحدة لكل المتعلمين
الوسائل	متعددة ومتنوعة	سمعية بصرية لكل المتعلمين
الهدف	التفاعل مع العصر	وسيلة لعمليات ومتطلبات
التقويم	يقوم به المتعلم	يقوم به المعلم

الشكل (٢٦) الفرق بين التعلم الفردي والتعلم التقليدي

أهمية التعلم الفردي

التعلم الفردي جعل مبدأ الفروق الفردية أمراً واقعياً من خلال التدريس لمجموعة كبيرة من الطلاب، ولمجموعة متوسطة، أو لطالب واحد، فلا نقصد بالتعلم لفردي هو التعلم الذي يتم ذاتياً وبمعزل عن الطلبة، وإنما المقصود تعدد الخبرات المعروضة، فالطلاب يستلمون ذاتياً الخبرة المناسبة لاستعدادهم وميولهم وسرعتهم في التعلم، فيمكن أن يتعلم طالب واحد أو مجموعة من الطلاب عن طريق أفلام أو صور مرئية أو تقنيات حديثة لكن حجم الخبرات التعليمية المكتسبة يعتمد على نمط التدريس وأسلوب تجمع الطلبة، والشكل التالي يوضح ذلك.

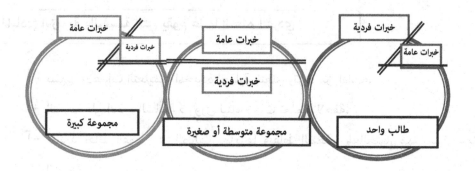

الشكل (٢٧) توزيع الخبرات الفردية لطالب واحد أو مجموعة

وتتجلى أهمية التعلم الفردي بما يأتي:

- إن التعلم الفردي اتجاه حديث في التعليم وهو في الوقت نفسه نظام متكامل يتضمن مجموعة من العناصر التي تشكل مدخلات هذا النظام والتي تتفاعل مع بعضها البعض لإعطاء الغايات النهائية منه.
- يعتبر بعض التربويين أن التعلم الفردي مرادفاً للتعلم الذاتي أو الدراسة المستقلة وفي واقع الأمر، فإن التعلم الفردي اعم واشمل من هذين المفهومين، فالتعلم الذاتي هو احد مفردات التعلم الذاتي وفي الوقت نفسه يعد جزءاً منها، كما أن الدراسة المستقلة هي الوسيلة لتحقيق التعلم الذاتي.

- يشتمل التعلم الفردي على كافة الأنشطة والإجراءات التي تقوم بتعليم الفرد في ضوء قدراته وإمكاناته واتجاهاته بحيث يعطى القدر الكافي من إتاحة الحرية والاستقلالية في التعلم.

- التعلم الفردي يأخذ بعين الاعتبار الفروق الفردية بين التلاميذ بحيث يتعلم كل فرد على حدة كما يراعي أيضاً الفروق داخل الفرد بمعنى أن الفرد يختلف في تفاعله مع المادة الدراسية باختلاف المواقف التعليمية نتيجة اختلاف الميول والرغبات حتى نحو بعض الموضوعات في المادة الدراسية.

- إن الأساس في التعلم الفردي هو دور المتعلم لأنه المناط به تنفيذ الأنشطة التعليمية لذلك لابد من توفير جميع الإمكانات اللازمة وكافة الظروف التي تحقق هذه الأهداف.

المبادئ التربوية والنفسية التي يقوم عليها التعلم الفردي

١- تسهيل الأهداف التعليمية المحددة لعملية التعلم،وتزيد من إفادته.

٢- التعرف على الخبرة السابقة ضروري لبناء خبرات تعلمية لاحقة.

٣- تحديد نقاط القوة لدى الطالب،لتعزيزها ونقاط الضعف لمعالجتها، مما يسهل عملية التعلم.

٤- يكون التعلم أكثر فعالية إذا كان الطالب نشطاً.

٥- التغذية الراجعة المتكررة ذات أثر في تثبيت التعلم.

٦- التغذية الراجعة الفورية ذات أثر كبير في فعالية التعلم.

٧- كل طالب له سرعة تعلم خاصة به، على وفق قدراته الخاصة.

٨- الإدارة الجيدة للظروف التعلمية التعليمية المحتملة، وتنظيم ترتيبات التعزيز للطالب، تؤدي إلى تعلم أكثر فعالية.

٩- يختلف الطلاب في طريقة تعلم المحتوى التعليمي بحسب أنواع الوسائط التعليمية.

١٠- إتقان التعلم السابق شرط ضروري للتعلم اللاحق.

أنماط التعليم الفردي

أسفرت الأبحاث والجهود التربوية الحديثة على ظهور أنماط مختلفة للتعلم الفردي وعلى الرغم من وجود بعض الاختلافات بين هذه الأشكال إلاّ أنها تتفق على تحقيق تعلم يؤكد على استقلالية المتعلم وايجابيته ونشاطه ويتناسب مع قدراته واحتياجاته ومن هذه الأنماط :

١ - التعلم المبرمج:

وهي طريقة حديثة في التعليم والتدريب تؤكد التعلم الذاتي للطالب، و مبدأ الاستجابة والتعزيز إذ تهتم بالطالب ودوره النشيط والفعال في عملية التعلم. وقد نشا هذا الأسلوب من نظريات التعلم السلوكي، وكان رائدها (سكنر) وهي تفترض أن التعلم يحدث عندما تقدم المادة التعليمية للمتعلم على شكل مثيرات تهيئ له الفرص ليستجيب لها ثم يقدم التعزيز المناسب.

إذ يقوم المتعلم بنفسه باكتساب قدر من المعارف والمهارات والاتجاهات والقيم التي يحددها البرنامج الذي بين يديه عن طريق وسائط وتقنيات التعلم (مواد تعليمية مطبوعة أو مبرمجة على الحاسوب على أشرطة صوتية أو مرئية في موضوع معين أو مادة أو جزء من مادة) وتتيح هذه البرامج الفرص أمام كل متعلم لان يسير في دراسته وفقاً لسرعته الذاتية مع توافر تغذية راجعة مستمرة وتقديم التعزيز المناسب لزيادة الدافعية، وظهرت أكثر من طريقة لبرمجة المواد الدراسية.

٢ - البرمجة الخطية:

وتستند إلى تحليل المادة الدراسية إلى أجزاء تسمى كل منها إطاراً وتتوالى في خط مستقيم وتقدم الأسئلة بحيث يفكر المتعلم ويكتب إجابته ثم ينتقل إلى الإطار التالي فيجد الإجابة الصحيحة ثم يتابع وهكذا....

٣ - البرمجة التفريعية:

هنا الإطارات تتصل بإطارات فرعية تضم أكثر من فكرة، ويكون السؤال من نمط الاختيار من متعدد، والمتعلم يختار الإجابة فإذا كانت صحيحة يأخذ الإطار التالي في التتابع

الرئيسي، وإذا كانت الإجابة غير صحيحة يأخذ الإطار الذي يفسر له الخطأ من بين الإطارات الفرعية، ثم يوجه لإطار عمل محاولات أخرى لاختيار الإجابة الصحيحة وبعد المرور على الإطار العلاجي يعود إلى الإطار الرئيسي ويتابع.

٤- التعلم باستخدام الحاسوب :

ظهر هذا النوع من التعلم على يد كل من اتكسون (Atksoun) وويلسون (Wilsown) وسوبس (Supes)، وهو عبارة عن برامج في مجالات التعلم كافة يمكن بها تقديم المعلومات وتخزينها، مما يتيح الفرصة أمام المتعلم ليكتشف بنفسه عن نتائج تعلمه.

خصائص التعليم الفردي

١- إن التعلم الفردي يركز على الإتقان في التعلم فلا يمكن الانتقال من برنامج تعليمي إلى أخر إلا بعد إتقان البرنامج الأول.

٢- يساعد على استقلالية الطالب في عمله.

٣- يسهم في إكساب الخبرة والثقة بالنفس للطالب في عمله..

٤- إن التعليم الفردي عدَّ المدرس موجهاً ومرشداً، ومسهلاً للتعلم ومنسقاً ومنشطاً لمصادر الطالب.

٥- إن التعليم الفردي من خصائص التعليم الذاتي، أي أن على الطالب أن يتحقق بنفسه من تحقيق الأهداف الموضوعة له، من خلال التغذية الراجعة في معرفة نتائج عمله أي التحقق من التعلم ومراجعته، لذا فإن التعليم الفردي يقوم على الطالب من قبل الطالب ذاته وبتوجيه المدرس غير المباشر.

٦- يؤخذ عامل الفروق الذاتية للطالب ذاته، أي داخل الفرد في تفاعله مع المادة الدراسية.

٧- تساعد طرائق التعليم الفردي على تشجيع استخدام التكنولوجيا.

٨- يعطي التعليم الفردي دوراً مهما للمدرس.

الخصائص المميزة للمعلمين في التعلم الفردي

لابد للمعلم في التعلم الفردي أن يتحلى بالخصائص الآتية:

- أن يكون المعلم مدركاً وواعياً لمفهوم التعلم الفردي وأهدافه.

- أن يكون المعلم على علم بالأهداف التعليمية التي ينبغي أن يبلغها المتعلمين.

- أن يكون المعلم متحمساً للتعليم الفردي وعلى قناعة بأهميته.

- أن يكون المعلم قادراً على تنظيم المواد التعليمية المفردة وإعدادها.

- أن يكون المعلم قادراً على الإجابة عن استفسارات المتعلمين وتساؤلاتهم.

- أن يحرص المعلم على توفير أفضل الظروف المناسبة للدراسة الذاتية للمتعلم.

- أن يكون المعلم قادراً على متابعة تعلم المتعلمين وقيامهم بالأنشطة التعليمية.

- أن يكون المعلم ملماً بالمادة الدراسية والمفاهيم والحقائق التي تتضمنها.

- أن يكون المعلم ملماً بالأساليب والطرائق ذات العلاقة بالتعلم الفردي.

أدوار المعلمين في التعلم الفردي

تتمثل ادوار المعلمين في التعلم الفردي بما يأتي:

- المشاركة في إعداد المواد التعليمية.

- توجيه وإرشاد المتعلمين نحو كيفية استخدام المواد التعليمية.

- تقديم العون اللازم للمتعلمين عند الحاجة وبالقدر الذي يحتاجونه.

- الإشراف على تعليم المتعلمين ودراستهم الذاتية.

- توفير المواد التعليمية اللازمة.

- تشجيع المتعلمين على التعلم الفردي.

- تصحيح الأخطاء التي يقع فيها المتعلمين.

- كتابة تقارير دورية عن سير العمل للاستفادة منها في البرامج التالية.

الخصائص المميزة للمتعلمين في التعلم الفردي

- القدرة على استخدام الاستراتيجيات المعرفية وما وراء المعرفية بصورة تساعدهم على انجاز مهامهم الأكاديمية التي يكلفون بها.

- القدرة على التخطيط والتحكم وتوجيه كافة الجهود نحو تحقيق ما حدد من أهداف.

التعلم الفردي والتعلم التعاوني

- يظهر المتعلم في التعلم الفردي مجموعة من المعتقدات الخاصة بالدافعية والانفعالات التكيفية كالإحساس بفاعلية الذات والقدرة على تحقيق النتائج الايجابية وتنمية الأحاسيس الايجابية نحو المهمة كالرضا والحماس.
- يمتلك المتعلم في التعلم الفردي المهارات التي يستطيع من خلالها بناء بيئات تعليمية تساعدهم على التعلم، وتمكنهم من التحكم في الوقت والمجهود الذي يبذلونه في مهام تعليمية.
- القدرة على وضع أهداف واضحة ومحددة يسعون لتحقيقها وخطة يلتزمون بها أثناء عملية التعلم.
- القدرة على التقويم الذاتي استنادا إلى أهداف محددة ومقارنة الأداء الحالي بالأداء السابق.
- القدرة على النجاح في المهام التي تتطلب نوعاً من التحدي واثبات الذات.
- يتسم المتعلم في التعلم الفردي بالثقة بالنفس ودوافع ذاتية مستقلة تساعد على تحقيق أهداف التعلم.
- القدرة على تركيز الانتباه أثناء عملية التعلم ومراقبة الأداء وتعديل مساره إن دعت الحاجة إلى ذلك.
- الميل نحو الموضوع المراد تعلمه ويبذلون مزيداً من الجهد والمثابرة في سبيل إتقانه.
- يتكيفون مع العوامل السياقية للمهام ويبحثون عن طرق مثلى لتحسين تعلمهم.
- يمارسون أنماطاً متعددة من التفكير مثل التفكير التأملي والإبداعي والناقد ويربطون بين الفكر والعمل من خلال ممارسة أنشطة التعلم.
- يميلون إلى البحث عن المصادر الاجتماعية التي تدعم عملية التعلم. والشكل التالي يوضح خصائص المتعلم في التعلم الفردي.

ت	المتغير	خصائص المتعلم في التعلم الفردي
١	الهدف	يوضع نظاما من الخطوات المتدرجة التي تؤدي إلى أهداف بعيدة، ويسعى لتقويم أدائه في ضوئها.
٢	توجه الهدف	يضع أهداف أداء موجهة نحو المهمة، بمعنى انه يرغب في زيادة الكفاية وتقويم خبرات التعلم بنفسه.

ت	المتغير	خصائص المتعلم في التعلم الفردي
٣	فعالية الذات	لديه معتقدات قوية عن فعالية الذات التي تؤدي إلى دافعية قوية للتعلم وتنظيم الذات بفعالية وأهداف عالية المستوى ومراقبة الذات، وتوقعات مرغوبة للنواتج.
٤	الاهتمام الداخلي	يظهر اهتماما بالغا بالموضوع أو المهمة التي يتعلمها ويبحث بنشاط عن فرص التعلم، ويبذل جهدا للتعلم والمثابرة بالرغم من وجود المشكلات.
٥	التركيز	يركز انتباهه الكامل على التعلم/ الأداء.
٦	استراتيجيات التعلم	يكيف ويطور من طرق وتقنيات التعلم مثل التعبير اللفظي أو استخدام النمذجة لتحسين الأداء.
٧	مراقبة الذات	يلاحظ تعلمه الخاص وإذا تطلب الأمر فانه يعدل من أدائه.
٨	تقويم الذات	يقوم تعلمه وأداءه الخاص ويعتمد تقويمه الذاتي على أهداف واضحة وضبط ذاتي يقارن تعلمه الحالي بأدائه السابق.
٩	العزو	يعزو النتائج المتواضعة إلى الإستراتيجية أو الطريقة الخطأ أو إلى التمرين غير الكافي.
١٠	توقعات النتيجة	يعتقد انه يستطيع أن يدير مهامه بنفسه ويصل إلى أهدافه ويحسن نتائجه وأداءه.
	التكيف	يحسن وينظم الأداء بمساعدة أهداف محددة بوضوح وبضبط ذاتي وتقويم دقيق للذات ويضع في اعتباره العوامل السياقية.

الشكل (٢٨) خصائص المتعلم في التعلم الفردي

الفرق بين أدوار المتعلمين في التعلم الفردي والتعلم التقليدي

يتحدد الفرق بين ادوار المتعلمين في التعلم الفردي والتعلم التقليدي في الشكل الآتي:

ت	ادوار المتعلمين في التعلم الفردي	ادوار المتعلمين في التعلم التقليدي
١	الحرية في التفكير والتعبير.	الالتزام بوجهة نظر المعلم في ترتيب المادة أو المحتوى.
٢	الاعتماد على الذات عند اتخاذ القرارات.	الاعتماد على المعلم عند اتخاذ القرارات.

ت	ادوار المتعلمين في التعلم الفردي	ادوار المتعلمين في التعلم التقليدي
٣	سيادة روح التعاون مع الأقران.	سيادة روح التنافس.
٤	المسؤولية الذاتية.	المسؤولية قد تكون مشتركة بين المعلم والطالب.
٥	استخدام استراتيجيات ما وراء معرفية إضافة إلى الاستراتيجيات الأخرى.	استخدام أساليب تقوم على الحفظ ونادرا ما يستخدم استراتيجيات ما وراء معرفية.
٦	دوافع التعلم نابعة من ذات المتعلم.	دوافع التعلم خارجية.
٧	الاعتماد على التفكير بطرق مختلفة مثل الاستقراء،الاكتشاف، الإبداع، التفكير التباعدي.	الاعتماد على التفكير الاستنتاجي والتقاربي.
٨	التعزيز داخلي.	التعزيز خارجي.
٩	تقويم عملية التعلم يتم ذاتيا.	تقويم عملية التعلم خارجية تعتمد على المتعلم.
١٠	استخدام وسائل متعددة في التعلم تعتمد على المرونة (مراجع، طرق البحث، إعادة التنظيم).	اقتصار الوسائل على ما يقدم داخل غرفة الصف، مثل الكتاب، والمنهاج، والمقررات الدراسية.

الشكل (٢٩) ادوار المتعلمين في التعلم الفردي والتعلم التقليدي

خطوات التدريب على التعلم الفردي

وقد لخص ريان وآخرون (Rayan,et.al,1986) خطوات التدريب على هذه الإستراتيجية في النقاط التالية:

- يقوم النموذج بأداء العمل في الوقت الذي يتكلم فيه مع نفسه بصوت مرتفع (النموذج- المعلم).
- يقوم المتعلم بأداء الدور نفسه تحت إشراف النموذج (النموذج- المعلم).
- يقوم المتعلم بمراجعة التعليمات مع نفسه.
- يستخدم المتعلم فنية الاستفهام الذاتي مثل: ماذا يجب علي أن أفعل؟ وهل استخدم خطتي الخاصة؟ وكيف كان أدائي؟

وأكدت الدراسات والأبحاث أهمية هذا الأسلوب وللأسباب الآتية:

- إنه يؤكد على المبادرة الذاتية وذلك بإشراك المتعلم في تدريب نفسه.

التعلم التعاوني

- يزود الطفل بطرق خاصة لحل المشاكل.

- تعزز استقلالية المتعلم بجعله يتبع النموذج الذي قدمه المعلم.

وهناك استراتيجيات أخرى ترتبط بالتعلم الفردي ومنها الأسلوب المعروف بالقواعد العامة للاستذكار SQ3R لعالم النفس (روبنسون) ويتمثل بتحدث التلميذ مع نفسه وهو يقوم بتغطية أو مسح الفصل ثم يعيد صياغة عناوين الفصل في صورة أسئلة ثم يجيب عليها وبعد ذلك يتعلم التركيز على قراءة الفصل ثم الاسترجاع لما قراه ثم مراجعة الفصل بعد الانتهاء من العمل وباستخدام هذه الإستراتيجية يتمكن التلميذ من العمل بدرجة أكبر من الاستقلالية عن المعلم.

المهارات الدراسية اللازمة للتعلم الفردي

فيما يلي بعض المهارات الدراسية التي يقوم المتعلم الفردي، وهي كما يلي:

- **مهارة السرعة الذاتية في التعلم**

يتميز التعلم الفردي وسرعته الذاتية بإتاحة الفرصة للمتعلم بأن يتقدم في عملية التعلم بحسب قدراته الخاصة.

- **إتقان المهمات التعليمية**

يقصد بإتقان المهمات التعليمية إجادة المتعلم للمهمة التي يقوم بتعلمها بدرجة عالية من الإتقان بحيث لا يسمح له بالانتقال إلى مهمة تالية إلا بعد أن يتمكن من إتمام المهمة السابقة بإتقان.

- **التعلم الذاتي والدراسة الذاتية المستقلة**

يؤكد التعلم الفردي على مبدأ تعليم المتعلم كيف يتعلم وكيف يتابع عملية تعلمه ولكي يتحقق ذلك يقوم المعلم بتنمية مهارات المتعلم في التعلم الفردي والدراسة الذاتية المستقلة.

- **مهارات التقويم الذاتي**

ينمي التعلم الفردي مهارات التقويم الذاتي، ففي الاختبارات القبلية يتمكن المتعلم من معرفة مستواه ويحدد أهدافه ويتخذ قراره الذاتي من نقطة البداية، أما اختبارات التقويم

الذاتي فتهدف إلى مساعدة المتعلم على معرفة نموه وتقدمه بعد الانتهاء من كل جزء من محتوى المادة التعليمية حيث تزود هذه الاختبارات المتعلم بالتغذية الراجعة الفورية عن مستوى إتقانه لما تعلم ومدى تحقيقه الأهداف المرجوة.

- **مهارات استخدام المكتبة**

يعتمد التعلم الفردي في تحقيق أهدافه على قيام المتعلم بالأبحاث والتقارير والتجارب وغيرها، مما يستدعي رجوع المتعلم إلى المكتبة كمصدر أساسي من مصادر التعلم، وذلك للاستفادة من موادها المختلفة: كالكتب والدوريات والمجلات والمراجع والصور، وغيرها، وعليه فان اكتساب المتعلم مهارات استخدام المكتبة يساعده على تحقيق أهدافه التعليمية، ويساعده على توفير الوقت والجهد للحصول على المعلومات والمعارف.

- **مهارات استخدام التقنيات**

يدفع التعلم الفردي المتعلم لاستخدام التقنيات الحديثة وطرق تشغيلها مثل الحاسوب والفيديو وجهاز عرض الشرائح، وغيرها من الاجهزة التي تستخدم لعرض المعلومات.

- **مهارات الدراسة الفاعلة**

إن مهارات الدراسة الفاعلة هي المهارة التي تساعد المتعلم على التفاعل النشط مع المعلومات والخبرات المعرفية وتحصيلها بشكل جيد، وهي التي تطور وتنمي لديه الطرق المناسبة للفهم والتطبيق، وهي شرط أساسي لتحقيق أهداف التعليم عامة والتعليم الفردي بشكل خاص.

عيوب أسلوب التعلم الفردي

التعلم الفردي هو نظام ذو مرونة عالية يتألف من مواد كثيرة وإجراءات حيث يتاح للتلميذ القيام بمسؤولية كبيرة في تخطيط برامج دراسية وفيها يتحدد تقدمهم على أساس هذا التخطيط، وللتعلم الفردي عيوب، هي:

- يحتاج إلى أجهزة وبرامج ووسائل خاصة بكل فصل.

- يحتاج إلى معلمين متخصصين في الإشراف على المتعلمين وملمين بكل ما يقدم له.

- ضعف العلاقة بين المعلم والمتعلم، لأن المتعلم يعمل وحيداً.

التعلم التعاوني

- إنه لا يلائم المرحلة الابتدائية الدنيا.
- إنه صعب على المتعلمين الضعاف في القراءة.
- إنه غير ملائم للمتعلمين الذين لا يتبعون الإرشادات والتوجيهات.
- إنه لا يصلح لبعض المواد الدراسية كالألعاب الرياضية الجماعية، والمناقشات الجماعية، وتعلم الدراما.
- يعد صعبا على المتعلمين بطيء التعلم لأنهم يحتاجون دوما إلى المساعدة، وتفريد التعلم يحتاج إلى الدراسة الذاتية والتعلم الفردي، علماً بان بعض الدراسات أثبتت إن بعض أشكال تفريد التعلم تلائم المتعلمين بطيء التعلم.
- يحتاج إلى إعداد جيد، كما أنه يحتاج إلى الإمكانات المادية والتسهيلات الفيزيائية، وهذه الأمور قد تكون صعبة التحقيق في الدول النامية.
- يحتاج إلى تدريب المعلمين، وتوعية المتعلمين وأولياء الأمور بأهميته، وإلا فأن المعلمين بخصائصهم الحالية غير قادرين على تنفيذ برامج تفريد التعلم.
- إن التربية عملية اجتماعية تتم من خلال التفاعل بين المعلم والمتعلمين من جهة وبين المتعلمين من جهة أخرى، ولذلك يتعلم المتعلمين من بعضهم بعضاً ما لم يكن مقرراً في الكتب المدرسية أو المنهاج الدراسي بوجه عام وفي تفريد التعلم تضعف التفاعلات بين المتعلمين من جهة وبين المتعلمين والمعلم من جهة أخرى، وقد يشعر المتعلمين بالملل وعدم التحدي، كما أه لا يوفر مجالات للمناقشة الجماعية.

استناداً إلى ما تقدم إن التعلم الفردي يهتم بالمتعلمين كأفراد لهم خصائصهم ويراعي ما يوجد بينهم من فروق فردية كما يركز على قدرات المتعلم باعتباره شخصية متميزة والعناية به يكون وفق قدراته واستعداداته.

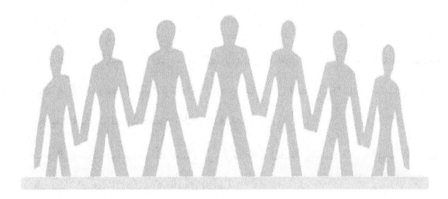

الفصل الحادي عشر

التعلم التنافسي والتعلم التعاوني

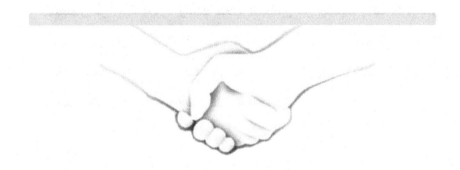

محتويات الفصل:

- المدخل إلى مفهوم التعلم التنافسي

- مفهوم التعلم التنافسي

- أنواع التعلم التنافسي

- مميزات التعلم التنافسي

- عيوب التعلم التنافسي

- دور المعلم في التعلم التنافسي

- دور المتعلم في التعلم التنافسي

- الفرق بين التعلم التعاوني والتعلم التنافسي

الفصل الحادي عشر
التعلم التنافسي والتعلم التعاوني

المدخل إلى مفهوم التعلم التنافسي

يشير (ابن منظور، ١٩٥٦) إلى مفهوم التنافس بأنه شيء نفيس أي يتنافس ويرغب، ونفس الشيء بالضم نفاسة فهو نفيس ونافس ورفع وصار مرغوباً فيه كذلك رجل نافس ونفيس والجمع نفاس وأنفس الشيء صار نفيسا وهذا أنفس مالي أي أحبه وأكرمه عندي، وفي قوله تعالى: **"وفي ذلك فليتنافس المتنافسون"** أي في ذلك فليتراغب المتراغبون .

وفي قاموس أكسفورد (Oxford,1992) هو المحاولة للفوز بشيء عن طريق هزيمة الآخر الـذي يحاول فعل الشيء نفسه، وفي (لسان العرب ،١٩٩٤) فيعني الرغبة في الشيء والانفراد به.

وأما كود (Good,1956) فيرى بأنه مبارزة شعورية ينشد فيها الفرد أو الجماعة الحصول على منافع مقابل فرد أو جماعة أخرى. ويتفـق مـع كولـد (Gould,1965) بأنه شكل مـن أشكال التفاعل الداخلي المتضمن الكفاح من أجل الوصول إلى الأهداف الصعبة وقد يكون مباشر أو غير مباشر، شخصي أو غير شخصي ويميل إلى الابتعاد عن استخدام القوة والعنف.

وأما (راجح ، ١٩٧٣) فيرى بأنه صراع يـستهدف الانتـصار والتفـوق عـلى الغير ويتـضمن إحبـاط نجاح الغير، أي يتضمن تعارض المـصالح. في حـين يرى وبـستر (Websters,1978) هو سعي الفـرد للحصول على أهداف يسعى الآخرون جاهدين للوصول إليها، وأما (دسوقي، ١٩٨٨) فيرى هو مجاهدة الفرد للانتصار على غيره من الأشخاص الذين يسعون هم أيضاً للانتصار، ي أنه مجاهـدة متبادلـة بـين شخصين أو جماعتين أو أكثر في سبيل هدف.

وتشجع الكثير من المجتمعات وخاصة العربية المنافسة بقصد التفوق خاصة وإن نتائج التجارب والدراسات قد أظهرت أن المنافسة تؤدي إلى التقليل من تأثر الأطفال من مختلف الأعمار بغيرهم ممـن يقومون بنفس العمل وتؤدي إلى الجـودة في العمـل والأداء وذلـك لأن الأطفـال حـين يعملـون أزواجـاً يجدون أو يجتهدون أكثر مما كانوا يعملون فرادى في منافساتهم.

يسجل التاريخ أن أول ظهور للتنافس كـان في العصور القديمـة، لقد اتفـق المؤرخـون عـلى أن الإنسان الأول مر بثلاثة أطوار منها الطور الأول، كـان يعيش الإنسان (النياتدرالي) منسـوب إلى وادي النياتدرال قرب دوسيلدوف بألمانيا حيث وجدت بقايا هيكل عظمي لإنسان قديم أشبه بـالحيوان يأكـل الطعام نياً، وينام في العراء ويستعمل الأحجار ليدافع عن نفسه، فلقد كـان الأكـل هـو الفعاليـة الأولى التي انشغل بها الإنسان الأول، وأسعدته في الأوقـات التي لا يكون فيهـا معرضـاً لخطر المداهمـة مـن الأعداء.

وفي العصر الحجري القديم (الطور الثاني) عرف الإنسان النار واهتـدى إلى الكهـف فعاش لأول مرة في جماعات كما استطاع عمل بعض الأدوات البدائية من الأحجار (ولقد ترك الإنسان القديم بعض الرسوم على جدران الكهوف كما في كهوف اسبانيا وفرنسا).

أما إنسان العصر الحجري الحديث (الطور الثالث) فلقد وجد دائماً وبدون شـك بعض الوقـت الحر، فلقد ساعد توفر الوقت إلى تطور الكلام عند الإنسان وأنواع من الكتابة البدائية، والفن، والزراعـة، كما اكتشف الفخار والسـهم والقـوس والمنـسوجات، وسـخر الحيوانـات لخدمتـه، أن شـيئاً مـن حيـاة الاستقرار قد وجدت في هذا العصر .

أما التنافس فقد كـان لـه دور بـارز في تلـك العـصور تمثلـت بالركض والقفـز والصيد والرمـي والملاكمة والسباحة والمصارعة التي كان يستخدمها الإنسان البدائي للحفاظ عـلى حياتـه والهروب مـن أعدائه والحصول على طعامه.

فلقد كانت بعض الألعاب التنافسية جزءاً من الاحتفالات الدينية للحضارات في مصر وبلاد ما بين النهرين (العراق)، حيث كان رجال الدين في البلاد السومرية عام ٤٠٠٠ قبل الميلاد يشجعون الأفراد على استخدام الألعاب التنافسية وغيرها من الألعاب كنوع من الطقوس المقدسة وللتقرب للآلهة .

أما في مصر، فلقد دلت آثار المصريين القدماء على وجود التنافس المتمثل في براعتهم في المبارزة بالعصي والمصارعة وكذلك ممارستهم لأنواع الصيد والسباحة واستعمال الأقواس والسهام والنبال والحراب وغيرها من أدوات اللعب حيث توجد منقوشة على جدران مقابرهم إلى جنب صلواتهم ودعواتهم الدينية مما يدل على اهتمامهم وتقديرهم للألعاب التنافسية.

أما أطفال قدماء المصريين هم أول من عرفوا اللعب التنافسي في اللعب بالكرات ومنها الكرات الزجاجية والجلد والقش والخيط، والحجارة، كما عرفوا العديد من أنواع اللعب الأخرى كالخشخاشة. والدمى المصنوعة من الخشب لبعض الطيور والحيوانات الصغيرة، فقد عثر في داخل مقبرتين من الأسرة الأولى على مجموعة من الأسود المصنوعة من مادة العاج وعلى نماذج أخرى مصنوعة من نفس المادة، وعرفوا لعبة الهوكي إلا أن الكرة قد حل محلها طوق أو حلقة وكل منهما ممسك بالعصا المعقوفة.

ويشهد التاريخ أن المدن الفينيقية في البحر المتوسط وشواطئ الإغريق قد بلغت ذروتها ما بين القرن العاشر وأواسط القرن الثامن قبل الميلاد، أي قبيل انطلاق الألعاب الاولمبية في اليونان سنة (٧٧٦) ق.م، ومن الدلائل على ذلك أن مدينة (ستاد عمريت) وهي إحدى المدن الفينيقية العريقة التي تقع على الساحل الفينيقي الشمالي والتي أنشئت قبل القرن الخامس عشر قبل الميلاد، قد أقيمت فيها الألعاب الاولمبية ويظهر أن العاب عمريت تضمنت الألعاب المائية فعلى شاطئ البحر عند مصب نهر عمريت الذي يبعد عن الستاد نحو (٧٠٠) متراً شاهد رينان سنة ١٨٦٠ مكانا معدا لإقامة العاب رياضية أخرى لها علاقة بالبحر (السباحة والغوص والتجذيف).

أما في كل من الحضارتين الإغريقية والرومانية فقد كان للألعاب علاقة وثيقة بالنواحي الدينية وفي بلاد اليونان كان الفتيان يتعلمون الألعاب الرياضية باعتبارها واجباً وطنياً ودينياً.

وكذلك عرفت الألعاب الاولمبية في اليونان القديمة، وأول تسجيل تاريخي اعتمده المؤرخون بدأ في عام (٧٧٦) ق.م، ومنذ ذلك التاريخ توجد سجلات دقيقة بأسماء الفائزين في المسابقات الاولمبية التي كانت تقام في سهل أولمبيا (Olympic) في منطقة البلوبونيز

(Peloponnese) على شكل حفلات دينية و رياضية و ترويجية، حيث تقام هذه الألعاب تقديساً للإله الأعظم زيوس (Zeus) بصورة دورية مرة كل أربع سنوات ابتداءاً من عام (٧٧٦ ق.م) وحتى عام (٣٩٤) ق.م. حيث توقفت تلك الألعاب .

وتعطينا النقوش التي اكتشفت على الأواني فكرة عن طرق السباحة التي كانت مستخدمة من قبل الإغريق والتي تشبه السباحة الحرة، واحتلت العاب السباحة السريعة ركناً هاماً من أوجه المنافسات التي كان ينظمها الإغريق والتي عرفت باسم Grecian Herminie Games، فقد كتب هوميروس في الإلياذة أن اوليسوس كان سباحاً ماهراً جداً ويقال أن ألعاب المنافسات في السباحة بدأت في العصر الهوميري في اليونان.

أما الرومان فكانت الألعاب التنافسية متسمة بطابع العنف كألعاب المقاتلة المختلفة باستخدام الأسود والنمور والتماسيح وغيرها من الحيوانات المفترسة، التي كانت تستخدم في الحفلات العامة فتترك للقتال فيما بينها أو مع الصيادين أو تطلق على الأسرى و المجرمين، ومن الألعاب العنيفة الترويجية الأخرى التي كانت شائعة في روما هي سباق المركبات والمصارعة، حيث كان الغرض من اللعب هو تدريب الجنود بحيث أصبحت الألعاب التنافسية جزءاً من العمل.

ويرجع نقل الحضارة الإغريقية والمحافظة عليها إلى الرومان إلا أنهم لم يتذوقوا الألعاب الإغريقية فاستبدلوها بالعاب الفلادياتور ومصارعة الحيوانات والعاب الخيل والتدافع في الماء، وقد كتب تونان لودي بويلبكي عن التدافع في الماء "أنه في احتفالات يوليوس قيصر في روما كانت قوات من صور، ومصر تشارك في العاب التدافع في الماء ضمن الامفيتياتر وهي على شكل قتال بحري".

إن أسلوب الألعاب التنافسية العنيفة في روما كان أحد الأسباب التي أدت إلى انهيار الإمبراطورية الرومانية، ذلك لان اللعب التنافسي لم يكن يؤدي إلى النمو والإبداع والتطور، بل كان نوعاً من النشاطات البربرية الدموية .

لقد دلت الحفريات الأثرية عن بعض الأدوات التي كان الأطفال (الإغريق والرومان) يلعبون بها والتي هي قريبة الشبه من الألعاب الرياضية الحالية ككرة القدم التي كانت

مصنوعة من الطين الممزوج بالقش والأطواق والدوامة (النحلة) واللعب التي تحمل على العجلات أشكال للضفادع والتماسيح والجياد والجاموس والبقر والجلاجل التي كانت تعرف بأشكال وأحجام مختلفة، حيث كانت تتخذ أشكال الأواني أو الحيوانات المصنوعة من الطين المحروق وبداخلها أحجار صغيرة لإحداث صوت عند تحريكها كما عرفت الطبلة.

أما في الصين فلقد كانت هناك علاقة وثيقة بين الثقافة والأعمال الإبداعية والألعاب لأفراد المجتمع، فلعبة الصيد والقنص كانت تخص نبلاء الصين القدماء، بينما الرقص قد مارسه صغار النبلاء كرقصة الدرع والحربة.

إلا أن الأدلة تشير إلى ممارسة الصينيين القدماء لبعض الألعاب التنافسية ومنها كرة القدم والطائرة والألعاب المائية والصيد والرمي بالقوس والنشاب والملاكمة والمصارعة والبولو والرقص.

أما في الهند فقد عرف الهنود القدماء بعض الألعاب التنافسية التي كانوا يمارسونها في أوقات فراغهم كالرمي بالقوس والنشاب والمبارزة وصيد الحيوانات كما عرفوا رياضة اليوجا ولعبة الشطرنج.

ولا ننسى دور اللعب التنافسي عند العرب قبل الإسلام، فقد لعبت الألعاب الرياضية دوراً هاماً في حياتهم وكانت مصدرا للصحة والنشاط. لقد كان معظم الرجال يهتمون بركوب الخيل والرماية والمصارعة والمبارزة ولقد استمر الاهتمام بالألعاب في العصر الإسلامي حيث أكد الدين الإسلامي على ألوان النشاط البناء كالصيد والفروسية والألعاب ورواية الشعر والأدب ولم ينه إلا عن الأنشطة الهدامة التي تخالف تعاليم الدين الإسلامي.

وكما حث الإسلام على التعاون من جهة فقد شجع على التنافس من جهة أخرى، لما في التنافس من خير وصلاح للناس جميعاً كما جاء في قوله تعالى " وَفِي ذَٰلِكَ فَلْيَتَنَافَسِ الْمُتَنَافِسُونَ (٢٦)" (المطففين/ اية٢٦)، ومن هنا نرى أن التنافس مثل التعاون مطلب أساسي من مطالب أي مجتمع لتحقيق التنمية الشاملة وزيادة الإنتاج الذي يسعى إليه المجتمع، إلا أن المجتمع في الوقت نفسه نهى عن التنازع والاختلاف والتفرقة المؤدية إلى التفكك بين المسلمين

وزعزعة أركان بناء المجتمع، فقد قال تعالى: "وَلَا تَنَازَعُوا فَتَفْشَلُوا وَتَذْهَبَ رِيحُكُمْ وَاصْبِرُوا إِنَّ اللَّـهَ مَعَ الصَّابِرِينَ (٤٦)" (الأنفال/اية٤٦) ، وهذا يعني أن الحث على التنافس لا يعني التنازع والفرقة والتشرذم بين المتنافسين.

ويحدث التعلم التنافسي عندما يصل كل طالب إلى هدفه، ويفشل بقية الطلاب الذين يتنافسون معه في الوصول إلى أهدافهم، ويجب أن يكون التركيز في التعليم بوجه عام على نتائج التعلم أكثر من التركيز على المكسب، فيكون من الممتع جداً أن تكسب بدلاً من الخسارة في موقف التعلم ولكن المكسب ليس غاية في حد ذاته لذا فانه يجب التركيز على نتائج التعلم أولاً ثم المتعة ثانياً، ثم على المكسب في النهاية.

ومعظم الدول المتقدمة تعطي أهمية فائقة للتنافس بين الأفراد في مجالات التعامل الاجتماعي، والوسائل التربوية لمنشاتها في تقدير وتقييم انجازات الطلاب تقوي وتدعم سلوك التنافس بينهم .

وبالنسبة للتنافس فقد أجرى جونسون وسكون وجونسون,Johnson, Skon) (Johnson,1980) دراسة توصلوا فيها إلى أن التنافس يزيد السرعة في انجاز العمل كما يعمل على زيادة الجهد المبذول من قبل الطالب في المهمة التي يتنافس فيها مع غيره، أما التعلم التنافسي فانه يسهم في زيادة السرعة في انجاز العمل وله فعالية في حث التلاميذ على التعلم في حجرة الدراسة ويثير اهتمامهم بالمادة التعلمية ويهيئ لهم الفرص التي تساير قدراتهم.

وأشارت دراسة قام بها اوكيبكولا واجيوني (Okebukla&Ogunniyii,1984) إلى أن كفاءة التلاميذ في المهارات العلمية في التعلم التنافسي كانت أفضل منه في التعلم التعاوني .

مفهوم التعلم التنافسي Competitive Learning

إن إستراتيجية التعلم المقابلة لإستراتيجية التعاون هي التنافس، فالإنسان في بعض الأحيان يحتاج إلى التنافس الشريف الذي يفجر الطاقات ويطلق القدرات للعمل والإنتاج،

والتنافس قد يحدث بين شخصين أو مجموعتين، أو حتى بين دولتين وذلك من اجل الوصول إلى الهدف المنشود، فالتنافس موجود في كل المجتمعات مهما تباينت مستوياتهم الحضارية أو طبائعهم الاجتماعية، حيث نجد أن الأفراد يتنافسون من أجل الوصول إلى المكانة الاجتماعية أو تولي مركزا مرموقا وغالبا ما تعمل الدول والأمم المتحضرة على تشجيع التنافس الشريف البناء لما له أثر كبير في إحراز التقدم والازدهار وتربية الصفوة، ولعل المجتمعات الرأسمالية هي اكبر مثال على وجود التنافس بين الأمم والأفراد، وقد عرف التعلم التنافسي بما يأتي:

تعرف مالر ١٩٢٩

هو الموقف الذي يثير الفرد ليبذل أقصى جهد لديه بمفرده في عمل معين، كي يفوز على زملائه ويحصل على مكافأة مادية أو تقدير شخصي من المدرس.

تعريف ميد ١٩٣٧

هو محاولة الفرد دراسة مادة تعلمية بمفرده كي يفوز على زملائه الذين يتسابقون معه.

تعريف كيللي وثيباوت ١٩٦٩

هو الموقف الذي يكافأ فيه الفرد الذي حقق درجة أعلى في التحصيل بناء على جودة عمله، ويكافأ الأفراد الآخرون مكافأة اقل منه.

تعريف كوهن ١٩٨٢

هو الموقف الذي يتعارض فيه هدف الفرد مع أهداف الآخرين حيث يصارع كل منهم الآخر للوصول إلى الهدف قبله.

تعريف النجدي ١٩٩٦

هو التعلم الذي يتنافس فيه الطالب مع زملائه في أثناء تحقيق الهدف الذي عادة لا يتوصل إليه سوى طالب واحد أو عدد قليل من الطلبة ، ويمكن ترتيب الطلاب تنازلياً لتوضيح نتيجتهم في تحقيق الهدف المتنافس عليه.

تعريف العمر٢٠٠١

هو التعلم الذي يعمل فيه الطلاب بتنافس مع بعضهم البعض، فنجاح أو فشل طالب يتناسب عكسياً مع نجاح أو فشل طالب آخر وفي مثل هذه البيئة التعليمية لا يجد الطالب سبباً

جوهرياً يدعوه للتعاون مع زميله وطبقا لهذا النمط من التعلم يتم تصحيح أعمال الطلبة ومقارنة درجاتهم مع درجات أفضل طالب في الفصل.

استناداً إلى ما تقدم فان التعلم التنافسي هو الأسلوب الذي يستخدمه التلميذ لتحقيق أهدافه الفردية، وذلك بناءاً على فشل زملائه في تحقيق أهدافهم وبذلك تكون العلاقة بين أهداف التلميذ والآخرون علاقة سلبية.

أنواع التعلم التنافسي

التعلم التنافسي هو طريقة تدريسية تقوم على أساس تحديد المعلم لمخرجات التعلم المطلوبة ويقوم المعلم بشرح المهمة التعليمية للطلبة، ثم يوكل إليهم مهام يتنافسون فيها ليحاول كل منهم تحقيق الهدف بشكل أفضل وأسرع من الآخرين ويبين المعلم للطلاب في كل مهمة تعليمية تتم خلال الحصة الدراسية من كان منهم (الأول، الثاني، الثالث،...) مستعيناً ببطاقات أعدت لهذا الغرض، وفي نهاية كل حصة يقوم المعلم بترتيب أسماء الطلاب(الأول، الثاني، الثالث،...) على لوحة المراكز مع تقديم التعزيز للطلبة الذين أنجزوا المهام بالدقة والسرعة التي مكنتهم من التفوق على الآخرين ، والتعلم التنافسي على نوعين، هما:

- **التعلم التنافسي الجماعي**: حيث يتعلم التلاميذ المادة الدراسية في الجماعة التعاونية الواحدة، ثم تتنافس الجماعة مع الجماعات الأخرى عن طريق تقديم أسئلة يجيبون عنها في الجماعة، ثم تصحح إجابة كل جماعة، وتعطى درجة للجماعة بناء على إسهام كل عضو فيها، وتأخذ الجماعة التي حققت درجة أعلى جائزة وتعتبر هي الفائزة على الجماعات الأخرى.
- **التعلم التنافسي الفردي**: وفيه يوزع التلاميذ على مجموعات ثلاثية غير متجانسة في القدرة التحصيلية، بحيث يتنافس الطلبة على المركز الأول في دراسة الموضوع، وبعد أن يدرسوه منفردين، يقدم المعلم امتحانا يجيبون عنه لتحديد الطالب الفائز في كل جماعة، وبناءً على المركز الذي حققه التلميذ في جماعته ينقل إلى جماعة أخرى

كي ينافس التلاميذ الذين حققوا المركز نفسه في دراسة الموضوع التالي وهكذا يعاد توزيع التلاميذ في كل مرة بحيث ينافس كل تلميذ زميله الذي حقق المركز الأول في المجموعات الأخرى، وبذلك يصبح التلاميذ تارة متجانسين، وتارة غير متجانسين في الأداء التحصيلي عندما يتنافسون في كل موضوع.

ويتميز هذا الأسلوب التنافسي بان الفائزين يواجهون موقفاً أكثر تحدياً في الجماعة التي يتسابقون فيها، كما تتوافر فرص متكافئة للتلاميذ الذين لم يفوزا بالمركز الأول ليحاولوا الفوز في الجماعات الأخرى، كما يتميز بان التلاميذ داخل المجموعة يتجنبون التفاعل الايجابي فيما بينهم أثناء دراسة المادة.

مميزات التعلم التنافسي

يحدث التعلم التنافسي عندما يصل طالب إلى هدفه، ويفشل بقية الطلاب الذين يتنافسون معه في الوصول إلى أهدافهم، ويجب أن يكون التركيز في التعليم بوجه عام على نتائج التعلم أكثر من التركيز على المكسب، فيكون من الممتع جداً أن تكسب بدلا من الخسارة في موقف التعلم ولكن المكسب ليس غاية في حد ذاته لذا فانه يجب التركيز على نتائج التعلم أولاً ثم المتعة ثانياً، ثم على المكسب في النهاية.

فالتعلم التنافسي يقوم على أساس **"أنا أنجو وأنت تغرق، أنا اغرق أنت تنجو"** حيث يعد المعلمون الدروس بحيث يعمل الطلاب ضد بعضهم بعضا من اجل تحقيق هدف معين، حيث:

- يعمل كل طالب وحده.

- يكافأ من اجل أن يكون أفضل من زملائه الآخرين في الصف.

- يسود مبدأ ما يفيد الذات يحرم الآخرين.

- يحتفل الطالب بنجاحه الخاص وإخفاق الآخرين.

- تكون المكافآت محدودة.

- يتم تقييم الطالب وفق منحنى متدرج من الأفضل إلى الأسوأ.

دور المعلم في التعلم التنافسي

حدد جونسون وجونسون(Johnson, Johnson, 1987) أدوار المعلــم في الـتعلم التنافـسي وكـما يلي:

١- تحديد مخرجات التعلم المطلوبة من النشاط أو التدريب.

٢- إعطاء إرشادات للطلبة حول القواعد أو المهام المطلوبة دون إعطاء أي طالب معونة أكـثر مـن طالب آخر.

٣- السماح لأفراد الصف بان يتنافسوا مع بعضهم البعض بحيث يراقب كل منهم تحـصيل الآخـر، ويسمح للفرد معرفة ترتيبه في الصف مقارنة بالأفراد الآخرين(الأول، الثاني، الثالث،............).

٤- تعليمات المعلم هي دائماً:

- اعمل لإنهاء المهمة بمفردك.

- اجتهد للوصول إلى النتيجة بشكل أسرع وأدق من الطلاب الآخرين.

- أهمل أي تعليقات تسمعها من الطلاب الآخرين.

- اطلب المعونة والمساعدة من المعلم فقط.

٥- وضح للتلاميذ انك:

- تريد من كل طالب ان يؤدي العمل او التعيين بشكل افضل من باقي زملائه وبمفرده.

- ان التقييم سيتم على اسـاس مقارنـة عملـه او ادائـه مـع اعمـال او اداء بـاقي الطـلاب وترتيبه في سلم الدرجات.

٦- تشجيع الطلبة في كل مهمة لفظيا وماديا لإذكاء التنافس بينهم.

٧- تعزيز الطلبة الذين يعملـون بمفـردهم ويؤدون العمل بـشكل أفضل وأسرع بالمقارنـة مـع زملائهم في الصف ككل.

٨- تولي مهمة تبديل مراكز الطلبة على اللوحة في نهاية كل حصة.

دور المتعلم في التعلم التنافسي

يتحدد دور المتعلم في التعلم التنافسي على النحو الآتي:

١- بذل الجهد لإنهاء المهمة بإتقان وبسرعة قبل الآخرين.

٢- عدم تقديم المساعدة للآخرين.

٣- طلب المساعدة من المعلم فقط.

٤- بذل الجهد في كل مهمة للتنافس مع زملائه لتغيير موقعه على لوحة المراكز.

٥- التنافس بقوة في كل مهمة يطرحها المعلم، وعدم الإحباط بسبب الإخفاق لان ذلك سيؤثر على ترتيب المراكز في اللوحة.

عيوب التعلم التنافسي

- يولد التنافس والكراهية والعدوانية بين التلاميذ وإعاقة بعضهم لبعض عند تحقيق الهدف.
- يزداد التعرض للإحباط لدى التلاميذ، والخوف والقلق من التقويم في الموقف التعليمي.
- ارتفاع معدل القلق والشك في الآخرين في حالة عدم المساعدة بتحقيق الهدف وبكثرة التشاؤم وحب الذات.
- تؤدي إلى وجود تفاعل سلبي متبادل بين التلاميذ.

الفرق بين التعلم التعاوني والتعلم التنافسي

يتحدد الفرق بين إستراتيجية التعلم التعاوني والتعلم التنافسي في الشكل التالي:

ت	التعلم التعاوني	التعلم التنافسي
١	يوزع الطلاب عشوائياً على المجموعات بحيث تتكون كل مجموعة من أربعة طلاب (غير متجانسين).	يوزع الطلاب عشوائياً على المجموعات بحيث تتكون كل مجموعة من أربعة طلاب (غير متجانسين).

التعلم التعاوني

ت	التعلم التعاوني	التعلم التنافسي
٢	يوجه المعلم الطلاب إلى الجلوس على شكل دائرة حتى يحدث اكبر قدر من التفاعل داخل المجموعة الواحدة وبين المجموعات.	يوجه المعلم الطلاب إلى جلوس كل مجموعة متباعدة عن الأخرى حتى يحدث اكبر قدر من التنافس داخل بين المجموعات.
٣	يقسم المعلم الموضوع إلى مهمات وأجزاء ويحدد الخبرات في ضوء الأهداف التعليمية التي وضعت مسبقا.	توزع ورقة تعليمات تنافسية على المجموعات، وتتم مناقشتها مع كل المجموعات وبها كيفية توزيع المهام.
٤	تدرس كل مجموعة الخبرات والمهام المختلفة حيث يكون للطالب الأول المهمة (أ) والطالب الثاني المهمة (ب) والطالب الثالث المهمة (ج) والطالب الرابع المهمة (د).	توزع المهمات على المجموعات التنافسية، بحيث تأخذ المجموعة الأولى المهمة (أ) والمجموعة الثانية المهمة (ب) والمجموعة الثالثة المهمة (ج) والمجموعة الرابعة المهمة (د) وهكذا....حتى تنتهي المجموعات من بقية المهمات.
٥	توزع ورقة تعليمات على المجموعات توضح دور كل طالب في المجموعة مع مراعاة ممارسة الأدوار أكثر من مرة حتى يتمكن الطلاب من تبادل الأدوار وحدوث تفاعل متبادل بين المجموعات.	يطبق اختبار على كل المجموعات لتحديد مركز كل مجموعة وفق ترتيبها بين المجموعات ثم تدرس كل مجموعة مستقلة عن المجموعات الأخرى ثم يقدم اختبار فوري صغير لتجيب عنه كل مجموعة دون تفاعل اجتماعي وتدون الدرجات.
٦	يشجع المعلم قليلي الكلام على التفاعل والاشتراك مع أقرانهم وحثهم على المناقشة ولهم حرية التحرك بين أعضاء المجموعة الواحدة والتأكد من أن كل عضو مدرك للدرس ومشارك له وله حق التدخل عند ظهور مشكلة يصعب حلها شريطة ألا يقدم معلومات.	يشجع المعلم الطلاب داخل كل مجموعة أثناء الموقف التنافسي التعليمي ، على أن تبذل كل مجموعة أقصى جهدها لتحصل على أعلى درجة وتتفوق على المجموعات الأخرى، لتوضع في قائمة الشرف، ولابد من تشجيع الفائزين من خلال التعزيز الفوري المباشر.

ت	التعلم التعاوني	التعلم التنافسي
٧	يوزع المعلم أسئلة بعد دراسة الموضوع والانتهاء من المهمات بحيث تختلف الأسئلة باختلاف المجموعات وبحيث لا تأخذ كل المجموعات أسئلة متشابهة.	يوزع المعلم أسئلة بعد دراسة الموضوع والانتهاء من المهمات بحيث تتشابه الأسئلة مع كل المجموعات حتى يحدث التنافس في الإجابات.
٨	يجيب كل طالب عن الأسئلة ويطلب المساعدة من زملائه كما يشاركهم في الإجابة عن أسئلتهم كي يتحقق الاعتماد الايجابي المتبادل.	تجيب كل مجموعة عن الأسئلة دون تبادل معلومات مع المجموعة الأخرى وتعين كل مجموعة يمثلها قائد يجيب فرديا ويحصل على درجة ترتب في صفوف مجموعته.
٩	تسجل درجات كل مجموعة في دفتر خاص لمعرفة ومتابعة مدى تقدم المجموعات وأيضا درجة كل طالب داخل مجموعته.	تسجل درجات كل مجموعة في دفتر على لوحة أمام الطلاب وترتب المجموعات وفقا لدرجاتها ، ويرتب الأفراد من القادة لتشجيع الفائز في كل مجموعة .
١٠	لا تتغير المجموعات طوال فترة التجربة.	يعيد المعلم تشكيل وتوزيع الطلاب على المجموعات بناء على الترتيب الذي وصلت إليه كل مجموعة وقائدها.
١١	يطلب المعلم من كل مجموعة تقريرا موحدا في نهاية التعلم ومن حق كل مجموعة أن تتبادل المعلومات مع الأخرى.	يكلف المعلم كل مجموعة أن تكتب وتجيب تحريريا في الورقة الخاصة لهم مع عدم تبادل المعلومات مع المجموعات الأخرى حتى يفوزوا بالمركز الأول.
١٢	يقيم المعلم كل مجموعة من خلال امتحان في نهاية الموقف التعليمي يسمح فيه بالإجابات الثنائية أو الرباعية، حيث يجيب كل طالب في ورقة مستقلة ولكن يحدث تفاعل ومشاركة في الإجابة على المستوى الثاني أو الرباعي أو بين المجموعات بعضها البعض.	يقيم المعلم كل المجموعات من خلال امتحان في نهاية الموقف التعليمي، لا يسمح فيه بالإجابات الجماعية، بحيث تجيب كل مجموعة مستقلة عن تفاعل أو مشاركة مع المجموعات الأخرى.

الشكل (٣٠)الفرق بين التعلم التعاوني والتعلم التنافسي

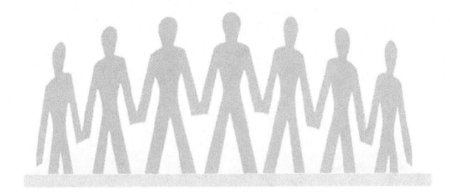

الفصل الثاني عشر

التعلم التعاوني لدى

أطفال ما قبل المدرسة

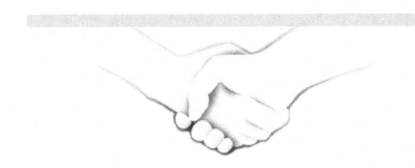

محتويات الفصل:

- **التعلم التعاوني في رياض الأطفال**

- **أهمية التعلم التعاوني في رياض الأطفال**

- **ادوار معلمة الروضة عند استخدامها لأسلوب التعلم التعاوني**

- **إرشادات لمعلمة الروضة قبل ممارسة التعلم التعاوني مع الطفل وأثناءها**

- **دور التعلم التعاوني في جوانب منهج وحدة الخبرة**

- **أنموذج جلسات التعلم التعاوني في رياض الأطفال**

الفصل الثاني عشر

التعلم التعاوني لدى أطفال ما قبل المدرسة

التعلم التعاوني في رياض الأطفال

مرت البشرية منذ الخلق بتطورات حياتية نامية وعبر تطورها زادت الحاجة إلى التربية المقصودة الهادفة والتنشئة الاجتماعية السليمة وخاصة في مجال تربية الطفل، ومما يلاحظ أن العناية بالطفل في سنواته الأولى قد أشغلت البشرية في مختلف مراحلها فسعت جاهدة بتبني أفضل الطرق والأساليب في تربية الطفل قبل المدرسة.

وإن دراسة تطور تربية الطفل تعطينا تصورات صائبة ومفاهيم تربوية صادقة في منظور الدراسات التاريخية المتواضعة، ويمكن استخلاص الاتجاهات التربوية المعاصرة في مجال استخدام التعلم التعاوني في تربية الطفل، وفيما يأتي:

- إن دراسة التطورات التربوية في مجال رياض الأطفال توصلنا إلى حقائق تاريخية موثوقة في تربية الأطفال في السنوات الخمس الأولى، مما يساعدنا على صياغة الفروض والنظريات التي تخص التربية بصورة عامة وتربية الأطفال بصورة خاصة.

- إن دراسة التطور التاريخي للأمم والشعوب تعيننا على تفسير الحقائق المتعلقة بتطور التعلم التعاوني وبالتالي القدرة على إصدار الأحكام السليمة بعد تفسير حقائق تطور التعلم التعاوني بصورة موضوعية دقيقة.

- إن دراسة التعلم التعاوني تعيننا على اكتشاف العلاقة بين التربية وبين الجوانب الحياتية الأخرى مثل الجوانب الاقتصادية والاجتماعية والسياسية والعسكرية والدينية وأثرها في تربية الطفل وظهور المؤسسات البديلة عن البيت في أداء الرسالة التربوية الهادفة في تنمية الطفل تنمية سليمة ضمن العملية التربوية المستمرة المتكاملة.

- إن دراسة التعلم التعاوني يعيننا على تفهم الاتجاهات التربوية المعاصرة وإبراز دورها في إطارها الثقافي وحاجتنا إلى مزيد من التنمية والتطور لمواكبة الحياة التقنية السريعة في مختلف مجالات الحياة.

- إن دراسة التعلم التعاوني في مجالات الطفولة تعيننا على كشف العلاقة بين النظريات التربوية المختلفة في تربية الطفل وبين التطبيقات العلمية المعاصرة لها في قاعات رياض الأطفال.

- إن دراسة التعلم التعاوني في مرحلة الطفولة يعيننا على تلمس ملامح الخدمات التي يجب أن تقدم للطفل في رحاب رياض الأطفال.

أهمية التعلم التعاوني في رياض الأطفال

التعلم التعاوني يقصد به ذلك النموذج التدريسي الذي يتطلب تفاعل الأطفال مع بعضهم البعض، والحوار فيما بينهم فيما يتعلق بموضوع ما، وأن يتعلم بعضهم بعضاً وأثناء هذا التفاعل الفعال تنمو لديهم مهارات معرفية واجتماعية وايجابية، وترجع أهمية التعلم التعاوني في رياض الأطفال إلى انه:

- يعزز قدرة الأطفال على بناء المعرفة.

- يعزز أفكار الأطفال، ويتيح له فرصة الإفادة من الآخرين، فمثلا عندما تلعب مجموعة من الأطفال في ركن المكعبات، يقلد الطفل أحيانا منتج زميله (يقلد القطار أو البيت الذي كونه)، وقد يكون منتج الأطفال ذاته محل إعجاب باقي أفراد مجموعته.

- يتيح للطفل تعرف آراء الآخرين والقابلية لتغيير أفكاره هو، كما يتيح فرصة مناقشة أفكاره والتأكد على صحتها.

- يعزز قدرة الأطفال على المناقشة والنقد والرفض والتعلم من الآخرين.

- يساعد على تنمية المهارات اللغوية للطفل.

- يساعد على بناء علاقات اجتماعية صحيحة بين الأطفال.

- يعزز احترام الطفل لذاته، واحترام قدرات الآخرين.

- يسهم في تنمية مهارات حل المشكلات.

- يسهم في تنمية مهارات الاتصال والتواصل مع الآخرين.

- يعزز الشعور بتحمل المسؤولية.

أدوار معلمة الروضة عند استخدامها لأسلوب التعلم التعاوني

أما أدوار معلمة الروضة عند استخدامها لأسلوب التعلم التعاوني فهي مسؤولة عن:

- تهيئة المواقف التي تتيح فرصة التعليم/ التعلم التعاوني.

- تشجيع الأطفال على التفاعل والمشاركة في المواقف المختلفة.

- تحفيز الأطفال لحل مشكلات الصراع التي قد تنشأ فيما بينهم، وتجنب حلها بدلاً منهم.

- تشجيع الأطفال على تحمل المسؤولية.

- إشراك الأطفال في اتخاذ القرار فيما يخص أنشطة التعلم.

- إكساب الأطفال مهارات التخطيط عن طريق تحديد هدف ما لمهمة ما، والتشجيع على التخطيط لتحقيق هذا الهدف، علماً بأنه قد ثبت من الدراسات أن طفل الروضة يستطيع أن يخطط لمهمة ما بشكل بسيط.

- توزيع الأطفال في مجموعات، مع مراعاة حرية اختيار الأطفال لمجموعة العمل.

- توفير الإمكانات التي تساعد مجموعة العمل على تحقيق أهدافها.

- ملاحظة مجموعات العمل والتدخل في الوقت المناسب للرد على استفسارات الأطفال وأسئلتهم.

- تقديم التعزيز والمكافآت المناسبة لمجموعات العمل التي تنجز مهامها بنجاح وتشجيع الآخرين على الانجاز.

- رعاية الأطفال ذوي المشكلات الخاصة الذين يعزفون عن العمل التعاوني.

إرشادات لمعلمة الروضة قبل ممارسة التعلم التعاوني مع الطفل وأثناءها

- الاهتمام بالطفل لأنه المحور الأساسي في عملية التنمية، وذلك من خلال الألفة بين الأطفال والمعلمة.

- على المعلمة ألا تقاطع الطفل أثناء تصحيح نفسه ولا تجعله يشعر بالخجل لخطاه وتساعده على الشعور بالسعادة.
- أن تعطي الطفل وقت كافي للقيام بالعمل التعاوني.
- توفير غرفة مناسبة للقيام بالتعلم التعاوني، بحيث تسمح لهم المعلمة القيام بالتفاعلات الاجتماعية.
- تخصص المعلمة فترة زمنية للراحة بين كل تعلم وأخر في المجموعات التعاونية.

دور التعلم التعاوني في جوانب منهج وحدة الخبرة

يتضح دور التعلم التعاوني في كل مجال من مجالات منهج وحدة الخبرة، وكما يلي:

أولاً / الخبرات اللغوية:

هي الخبرات التي تساعد على تنمية مفاهيم الطفل اللغوية وحبه للكلمة المقروءة والمكتوبة وقدرته على التمييز بين معاني الأشياء ومسمياتها، وتتضمن الخبرات اللغوية والاستماع والمحادثة وتنمية الاستعداد للقراءة والكتابة.

أما دور التعلم التعاوني في الخبرات اللغوية في رياض الأطفال ما يأتي :-

١- تنمية قدره الطفل على التعبير الصحيح.

٢- تدريب الطفل على النطق الواضح الصحيح.

٣- تدريب الطفل على الانتباه والاستماع والتذكر.

٤- تنمية حب الطفل للكتاب.

٥- إعداد الطفل وتهيأة استعداده وتنميته لتعليم القراءة والكتابة في الصف الأول الابتدائي.

ثانياً / الخبرات العددية :

هي تلك الخبرات التي تؤدي إلى فهم العالم المادي المحيط بالطفل فهماً كمياً والتعبير عنها بأسلوب العدد والعد، ومما يؤدي إليه هذا الأسلوب من الفهم، والقدرة على المقارنة بين الأشياء على أساس عددها وترتيب الأشياء بحسب علاقاتها العددية.

أما دور التعلم التعاوني في الخبرات العددية في رياض الأطفال، يتمثل فيما يأتي :

- يعرف الطفل الأعداد وترتيبها.

- يكتسب القدرة على العد تصاعدياً وتنازلياً وفي سياق ذلك تتكون عند الطفل بعض المفاهيم من خلال العمل في مجموعات تعاونية.

ثالثاً / الخبرات الاجتماعية :

ويقصد بها تنظيم حياة الطفل داخل الروضة بحيث توجه الأطفال إلى التعاون وتشعرهم بفائدته لهم وأهميته لتحقيق أغراضهم وتقنعه باحترام ملك الغير والجماعة وتعليمه مناقشة المشكلات محترماً فوائد المناقشة وأن لكل منا حقوق وعليه واجبات. وتشمل الخبرات الاجتماعية المفاهيم الروحية (الإيمان بالله - والاعتراف بقدرة الخالق)...الخ. وأساسيات التعامل في الأسرة وفي الروضة...الخ. والمهن المختلفة وعلاقتها باختلاف الأدوار الاجتماعية. والعادات والتقاليد المحلية والعربية والأجنبية. والأعياد، والملابس، والتغذية، واللعب، والاختلافات بين الأفراد (الشكل، والجنس... الخ).

أما دور التعلم التعاوني في الخبرات الاجتماعية في رياض الأطفال، يتمثل فيما يأتي :

١- توجيه الأطفال نحو التعاون.

٢- احترام العمل.

٣- احترام ملك الغير وملك الجماعة.

٤- معرفة المهن والأعمال.

٥- مناقشة المشكلات.

٦- معرفة المفاهيم الدينية.

٧- معرفة المفاهيم البسيطة عن التاريخ – الأيام – الأسابيع – وأشهر السنة.

٨- استغلال المناسبات الدينية والوطنية والقومية لتوجيه الطفل وتوسيع أفاقهِ لمعرفة ما يحيط به من ظواهر الحياة الاجتماعية والوطنية.

٩- معرفة المؤسسات الاجتماعية (المدارس – المساجد – المعامل) عن طريق الزيارات والرحلات الجماعية.

رابعاً / الخبرات الصحة والسلامة والأمان :

هو اكتساب الطفل الخبرات الصحية من عادات ومهارات وميول واتجاهات ومفاهيم

متعلقة بالصحة والسلامة تمكنه من القيام بممارسات صحيحة في البيت والروضة والشارع والحديقة... الخ وتشمل: البيئة الصحية (التلوث - الترشيد... الخ) وصحة الطفل وسلامته. والتغذية الصحية وحماية الطفل الذاتية من أخطار البيئة وكيفية حمايته منها. والنشاط والراحة.

أما دور التعلم التعاوني في خبرات الصحة والسلامة والأمان في رياض الأطفال، يتمثل فيما يأتي:

١- اكتساب الطفل العادات والممارسات الصحيحة السليمة.

٢- تعليم الطفل بأن الصحة هي القوة الدافعة للحياة.

٣- تعليم الطفل كيفية الحفاظ على صحته عن طريق تقديم معلمة الروضة برنامج خاص بالتربية الصحية بما يتناسب وعمر الروضة

خامساً / الخبرات الدينية :

ليس المقصود بالتربية الدينية في رياض الأطفال التعليم الديني الذي يشمل الدراسات المنهجية المتمثلة بالآيات القرآنية والأحاديث النبوية الشريفة ولكن المقصود بها (القدوة الحسنة من جانب المعلمات والأباء الأمهات وغيرهم ووجود جو صالح في الروضة والبيت تسوده الأخلاق الفاضلة والقيم الروحية وترتفع فيه شعارات السلوك الفاضل والعمل الصالح والخلق القويم والدين) ففي مجال الروضة عادات تمارس وتؤدي إلى تنظيم سلوك الطفل في حياته اليومية وهذا يعني تعليم الأطفال طريق الممارسة الفعلية، كيف يسلكون في حياتهم سلوكاً دينياً حميداً هذا إلى جانب توفير الأمن والطمأنينة لكل طفل.

أما دور التعلم التعاوني في الخبرات الدينية يتمثل فيما يأتي :

١- غرس الإيمان بالله وإظهار عظمته وقدرته ورحمته.

٢- تنمية الصفات الحسنة والأخلاق الحميدة.

٣- غرس التعاون وحب العمل في نفوس الأطفال وجعلهم قادرين على مواجهة الحياة الواقعية.

٤- غرس حب الأنبياء والأديان السماوية واحترامها.

٥- التعرف على العبادات كالصلاة والصوم وأوقاتها.

سادساً / الخبرات الحركية :

وهي الخبرات التي تشبع ميل الأطفال إلى الحركة وتحدث التأثير الذي ينطوي عليه هذا الميل فيما يتعلق بنمو الجسم.

سابعاً / الخبرات العلمية :

هي الخبرات التي تهدف إلى اكتساب بعض المفاهيم العلمية وتنمية الأسلوب العلمي في التفكير ويجب أن تعتمد بصفة رئيسة على الحواس التي هي المدخل الطبيعي لمدارك الطفل وعلى التجارب العلمية البسيطة التي يستطيع أن يقوم بها الأطفال بأنفسهم بتوجيه المعلمة وإشرافها.

أما دور التعلم التعاوني في الخبرات العلمية، يتمثل فيما يأتي :

١- مساعدة الأطفال على اكتساب مهارات مناسبة وتنقسم المهارات إلى مهارات عملية كعمل بعض نماذج الطين أو الصلصال ومهارات عقلية كدقة الملاحظة وحب الاستطلاع عند الأطفال.

٢- تدريب الأطفال على استخدام الأسلوب العلمي في التفكير مثل الشعور بالمشكلة وتحديد المشكلة وفرض الفروض والوصول إلى حل المشكلة.

٣- مساعده الأطفال على اكتساب الاهتمامات أو الميول العلمية نحو الأنشطة العلمية التي تتسم بحب الاستطلاع ودقة الملاحظة وكثرة الأسئلة والاستفسار.

ثامناً / الخبرات الفنية:

يعدّ الفن (الرسم والأعمال) هو اللغة المعبرة للطفل في مرحلة الرياض لأن الطفل فنان بطبيعته وفي أكثر الأحيان تجده يعبر بفرشاته وألوانه بصورة أكثر وضوحاً وأفضل من أن يعبر بالكلام لعدم نضجه لغوياً ولميله للأشياء التي تترك أثراً وراءها كالرسم على الرمل وبالطباشير والأقلام الشمعية الملونة أو الفرشاة والألوان المائية.

أما دور التعلم التعاوني في الخبرات الفنية يتمثل فيما يأتي :

١- تنمية المواهب الفنية التي يتمتع بها الأطفال وتهذيبها.

٢- تنمية القدرة على التذوق الفني والجمالي والخلق والإبداع بتوفير الجو الملائم مع ترك الحرية للأطفال والتعبير الحر.

٣- توفير الخامات المتنوعة وتوجيه الأطفال في استعمالها ليتمكنوا من الانطلاق بخيالهم بحرية.

٤- التعبير عن الانفعالات و الأحاسيس والأفكار بطرق مبتكرة بعيدا عن التقليد.

أنموذج جلسات التعلم التعاوني في رياض الأطفال

طريقة تنفيذ الجلسات

يتم تنفيذ جلسات التعلم التعاوني للأطفال وفق إستراتيجية جيسكو، وكما يلي:

- العمل على تنظيم الفرق على أربع مجموعات تعاونية كل مجموعة تتكون من أربعة أطفال غير متجانسين، والذي قد يستغرق ما بين (٥-١٠) دقيقة.
- وضع قائد لكل مجموعة.
- توزيع المواد الخاصة لكل جلسة على المجموعات التعاونية الأربعة.
- شرح طريقة العمل لكل المجموعات التعاونية، بحيث يستغرق ذلك ما بين (٥-١٠) دقائق.
- يقوم الخبراء بتوضيح طريقة العمل لفرقهم بالتناوب.
- فسح المجال للعمل التعاوني في المجموعات التعاونية، والذي قد يستغرق ما بين (١٥-٢٠) دقيقة.
- الخروج بنتائج عمل كل مجموعة تعاونية، ويتم الإعلان عن انجاز المجموعة التي حققت أفضل عمل.
- مكافأة المجموعة التي أنجزت عملها.

عنوان الجلسة	العاب الجوارب	رقم الجلسة (١)

المواد المطلوبة: جوارب قديمة- كرات قطن – خيوط صوف – صمغ- أزرار.

طريقة العمل:

- البس الجوارب في اليد وحدد مكان العيون.
- الصق كرات القطن بمكان العيون أو في مكان الأنف، ويمكن أن تخيط الأزرار مكان العيون.

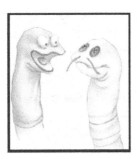

- استخدم قطعة من الخيوط لعمل الفم أو الشوارب.
- استخدم قطعة من الصوف لعمل اللسان.
- تترك حتى تنشف.
- أطلق عليها اسم باعتبارها صديقك الجديد.
- البس الجوارب وحرك يدك فتظهر الجوارب وكأنها تتكلم.

عنوان الجلسة	الدودة الصغيرة	رقم الجلسة (٢)

المواد المطلوبة: جوارب قديمة- كرات قطن - خيوط صوف - صمغ.

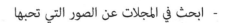

طريقة العمل:

- احشي الجوارب بكرات القطن أو بالرز أو الفاصوليا واربط أو اعقد نهاية الجواريب لكي تبقى الجوارب مقفلة.
- اقطع ثلاث قطع من خيوط الغزل أو الصوف واربطها بصورة متساوية حول الجواريب لتكوين جسم الدودة الصغيرة.
- استعمل كرتين من القطن لعمل العيون.
- استعمل قطعة من خيوط الصوف لعمل الفم والصقها جميعاً بالصمغ.
- استعمل عدد من الخيوط لعمل شعر الرأس الدودة.

عنوان الجلسة	تركيب الصور	رقم الجلسة (٣)

المواد المطلوبة: ورق، ورق مقوى، مجلات قديمه، صمغ، مقص.

طريقة العمل:

- ابحث في المجلات عن الصور التي تحبها
- قص الصور التي تم تحديدها.
- الصق الصور على الورق.
- قم بتغطية الورق بالكامل على الورق المقوى، وان تداخل الصور يؤدي إلى ظهور لوحة شاملة.

عنوان الجلسة	حامل الأقلام	رقم الجلسة (٤)

المواد المطلوبة: قشر البيض، ورق مشمع، طلاء، صمغ،علبة فارغة.

طريقة العمل:

- اغسل العلبة جيدا واتركها تنشف.
- ضع ورق الشمع على مستوى ثابت.
- ضع الغراء على ورق الشمع.
- اسحق قشور البيض وضعها على الورق فوق الغراء.
- دحرج العلبة عبر قشور البيض والصمغ.
- اترك العلبة تجف.
- اصبغ العلبة بالألوان.
- اترك العلبة تجف.

عنوان الجلسة	الطفل النموذجي	رقم الجلسة (٥)

المواد المطلوبة: موسيقى، ملابس، أوراق، بطانيات، أحزمة، مروحة، موسيقى.

طريقة العمل:

- حاول أن تلف القماش حول الخصر، واربط نهاية القماش حول الرقبة.
- اربط نهايات الحزام حول الخصر.
- ضع المنشفة على الرأس، ولفها على شكل عمامة.
- قم بتشغيل الموسيقى............ويرتدي بقية الأطفال الملابس.... ويتظاهرون بأنهم أولاد الرومان أو الإغريق أو من البابليين أو الفراعنة.
- شغل المروحة واقترب منها لتهوية الملابس والشعر.

عنوان الجلسة	الذهاب إلى المدرسة	رقم الجلسة (٦)

المواد المطلوبة: ورق، أقلام رصاص، كتب، مقاعد للجلوس.

طريقة العمل:

- اكتب الأرقام من الواحد إلى العشرين

- اكتب الحروف الأبجدية تحت كل حرف حاول أن تجد عن طريق هذه الحروف أسماء تحبها.

- اكتب قائمة الأسماء التي استخرجتها.

- اقرأ كتاباً وحاول أن تجد عنوان الكتاب من قائمة الحروف.

١٠	٩	٨	٧	٦	٥	٤	٣	٢	١
ر	ذ	د	خ	ح	ج	ث	ت	ب	أ
٢٠	١٩	١٨	١٧	١٦	١٥	١٤	١٣	١٢	١١
ف	غ	ع	ظ	ط	ض	ص	ش	س	ز

عنوان الجلسة	اتصل بي	رقم الجلسة (٧)

المواد المطلوبة: كوبي قهوة متوسطة الحجم، علب معدنية، فتاحة قناني، خيط أو سلك، مقياس.

طريقة العمل:

- اغسل العلب جيداً.

- استخدم سلك أو خيط قصير أو طويل حسب الرغبة.

- استخدم المقياس لقياس طول الخيط.

- استخدم فتاحة القناني لعمل ثقبين في سطح إحدى العلب، بحيث تكون قمة كل علبة مفتوحة وأما القاعدة فتحتوي على فتحتين.

- اربط السلك بنهاية كلتا العلبتين.

- أعطي العلبة الأولى للطفل الأول (المستلم) والثانية إلى الطفل الآخر وهو المرسل.

- افصل الطفلين لمسافة مناسبة.

- لاحظ سيتمكن الطفلين من الاستماع عند الحديث.

رقم الجلسة (٨)	التلوين والتقشير	عنوان الجلسة

المواد المطلوبة: ورق ابيض، ورق شمعي، أقلام شمعية (باستيل)، مقص، مكواة، لوح كـوي أو قاعدة مسطحة، منشفة.

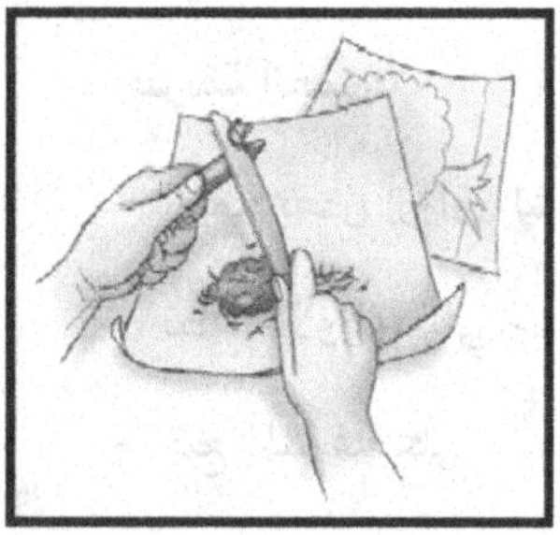

طريقة العمل:

- ضع الورقة على القاعدة المسطحة أو لوح الكوي.

- اختر ألوان الباستيل..........وإذا أردت أن تعمل أشجار أو بحيرة اختر الألوان المناسبة لها.

- ارسم شجرة على الورقة البيضاء

- امسك احد أطراف المقص وابدأ بتقشير ألوان الباستيل على سطح الورقة البيضاء المرسومة.

- غطي الورقة البيضاء التي وضعت عليها قشور أقلام الباستيل بالورق الشمعي.

- ثم غطي الورقتين بالمنشفة.

- قم بالكوي فوق المنشفة مع التأكد من الوصول إلى كافة الزوايا.

- اتركها تبرد للحصول على لوحة جميلة.

- اثقب أعلى اللوحة ومرر سلك أو خيط للتعليق.

رقم الجلسة (٩)	الصق أو اقطف	عنوان الجلسة

المواد المطلوبة: عيدان البوظا، لاصق

طريقة العمل:

- الصق خمسة إلى عـشرة عيدان مـع بعضها لعمـل جـدار للمنزل.

- استخدم لوحين مع سبعة عيدان لعمل مـدخل البيـت أو الباب.

- الصق ألواح الجدران مع بعضها البعض.

- اعمل سقف للمنزل من ستة عيدان لكل جانب مع وضع لـوحين من الـداخل لكل جانـب لتثبيت السقف.

عنوان الجلسة **صور شمعية من الطبيعة** **رقم الجلسة (١٠)**

المواد المطلوبة : قطعتان من الورق المشمع، أوراق الشجر، منشفتان، لوح حديدي مع مكـواة أو سطح مستو.

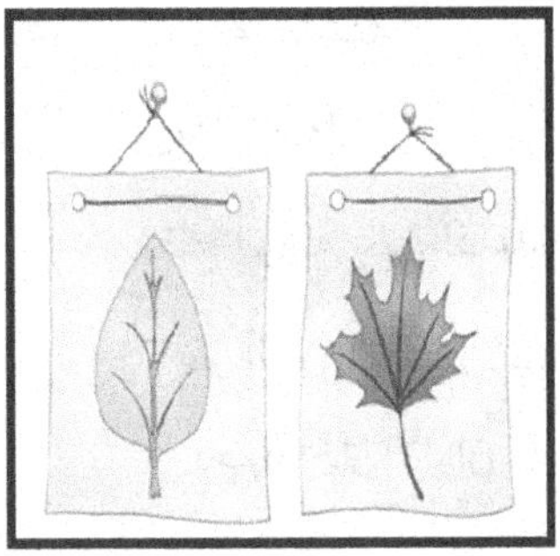

طريقة العمل:

- اجمع بعض أوراق الشجر.
- نظف الأوراق التي جمعتها.
- ضع المنشفة على السطح المستوى أو اللوح الحديدي.
- ضع قطعة واحدة من الورق الشمعي على المنشفة.
- رتب ورق الشجر على الورق الشمعي حسب الرغبة.
- ضع القطعة الثانية من الورق الشمعي أعلى أوراق الشجر بحيث تكون الزوايا مطابقة لبعضها البعض.
- ضع المنشفة الأخرى فوق الورق الشمعي وقم بكيها.
- تأكد من كي الزوايا........
- اتركها لتبرد...........ستكون المحصلة النهائية لوحة جميلة.

عنوان الجلسة **رجل من الأناناس** **رقم الجلسة (١١)**

المواد المطلوبة: أناناس، حصى صغيرة، محصى مستوية تستخدم للأرجل، خيوط قطنية، لاصق.

طريقة العمل:

- نظف الأناناس من الأتربة.
- الصق الحصاتين المستويتين إلى الأسفل، وسيكونان الأرجل.
- استخدم قطعة صغيرة من خيوط القطن لعمل الفم.
- الصق الحصاتين الصغيرتين المتبقيتين وضعهما مكان العيون.
- ضع لاصق على الأناناس ورش سكر أو لالىء.

عنوان الجلسة	قيادة السيارة الخيالية	رقم الجلسة (١٢)

المواد المطلوبة: كرسي أو أريكة، طبق (مقود السيارة)، صناديق أو علب صغيرة (مكابح البنزين).

طريقة العمل:

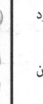

- يجلس الأطفال خلف السائق (الطفل) الذي يقود السيارة.
- اجلس على الكرسي، وضع الصناديق أو العلب في مكان مريح للقدمين.
- استخدم الصحن لقيادة السيارة.
- اسأل الأطفال إلى أين نذهب؟..........إلى الحديقة أو المطعم.
- يطلب السائق من الأطفال شد أحزمة الأمان لان السيارة ستنطلق.

طوط..........طوط...............طوط.........

عنوان الجلسة	أساور الصداقة	رقم الجلسة (١٣)

المواد المطلوبة: خيط غزل، أو شريط، خرز.

طريقة العمل:

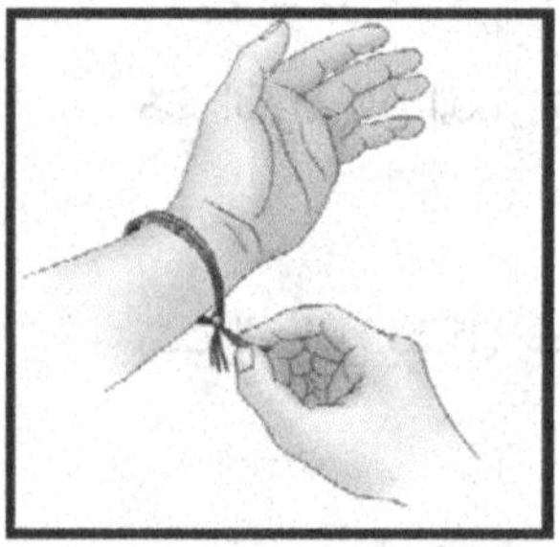

- قص ثلاثة خيوط بنفس الطول.
- اعمل عقدة في احد الأطراف لربط الخيوط واترك خيط واحد لكي تربط حول الطرف الآخر.
- اربط الطرف المعقود بحافة المنضدة.
- اظفر الخيوط.
- ضع خرز لتزيين الأساور أثناء الظفر.
- ضع عقدة في الطرف الآخر واترك خيط الربط في الطرف الأخر.

عنوان الجلسة	رسم الصور	رقم الجلسة (١٤)

المواد المطلوبة: ورق كتابة، أقلام ملونة، ورق مشمع، عيدان أسنان أو أي شيء لترسم به مكواة، أو منشفة، طاولة الكي أو سطح مستو.

طريقة العمل:

- استخدم قلم ملون لتقسيم الورقة إلى أجزاء كبيرة أو صغيرة.
- لون كل جزء بلون مختلف ما عدا اللون الأسود.
- لون خلفية الورقة باللون الأسود.

- ضع الورقة على السطح المستوى أو اللوح الحديدي.
- غطي الورقة بالورق الشمعي.
- غطي الورقة بمنشفة ثم اكويها.
- مرر المكواة عليها عدة مرات سيذوب الشمع على الورقة الملونة.
- عندما يبرد استخدم عيدان الأسنان لترسم الصورة

عنوان الجلسة	مدينة الخيم	رقم الجلسة (١٥)

المواد المطلوبة: كراسي عدد (٤)، بطانيات، شراشف.

طريقة العمل:

- اختر ركن في الصف لعمل مدينة الخيم.

- ضع الكراسي في المكان الذي تريد بناء مدينة الخيم فيه.
- رتب الكراسي بشكل خط مستقيم أو دائرة أو بشكل متعاكس.
- ضع بطانية سميكة أو شرشف على الكراسي واستمر بالتغطية أو اللف.
- اربط النهايات حول مقبض الباب أو تحت قطعة أخرى من الأثاث
- اجلس في داخل المدينة واحمل معك الألعاب التي تود اللعب بها.

عنوان الجلسة	البحث عن الكلمات	رقم الجلسة (١٦)

المواد المطلوبة: مسطرة، ورقة، قاموس.

التعلم التعاوني

طريقة العمل:

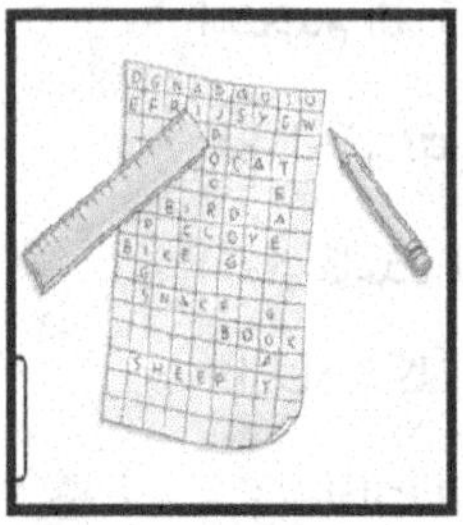

- ضع المسطرة على الورقة.
- مرر القلم على طول المسطرة إلى نهاية الصفحة.
- ارسم الخطوط على الورقة بشكل عمودي وافقي لتتكون مجموعة كبيرة من المربعات.
- اكتب بعض الكلمات في المربعات بشكل أفقي وعمودي.
- رتب الحروف الهجائية (ا-ب-ت-ث،..........)
- ضع عينات الكلمات هي قطة –طير حب ثلج – شاي في ورقة.
- ابحث عن الكلمات في المربعات.

عنوان الجلسة	الصحن الورقي	رقم الجلسة (١٧)

المواد المطلوبة: صحن من الورق، كرات من القطن، أحجار صغيرة، معكرونة، صمغ، أصباغ، باستيل.

طريقة العمل:

- ارسم التصميم (الأرنب) على الصحن.
- لون خلفية التصميم (الأرنب) بالألوان.
- اختر أما القطن أو المعكرونة أو الحجر والصقها على التصميم (الأرنب).
- ضع قطع الحجر كإطار للصحن.
- استخدم أحجار صغيرة لتكون العيون والفم لتصميم (الأرنب).
- استخدم المعكرونة لتكون أرضية الصحن.

عنوان الجلسة	منحوتات الصابون	رقم الجلسة (١٨)

المواد المطلوبة: قطعة صابون قلم جاف، قلم رصاص، منشفة ورق، سكين بلاستيكي أو مبرد.

طريقة العمل:

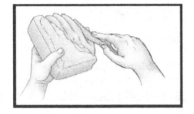

- استخدم السكين البلاستيكي أو المبرد لحفر الصابونة.
- يتم الحفر بتتبع الخطوط الخارجية.
- اعمل قاعدة للصابونة،عندما تبدأ قطعة الصابون في اتخاذ شكلاً معيناً.
- ابرز حافات الصابونة مع الماء والمناشف الورقية
- نشف الصابونة.
- اعرض الصابونة للآخرين.

عنوان الجلسة	المكتبة	رقم الجلسة (١٩)

المواد المطلوبة: كتب، أقلام جاف،كتب صغيرة،مجلات

طريقة العمل:

- اصنع كارت لكل كتاب في المكتبة.
- رتب الكتب على الرف.
- ضع سجلا على الطاولة.
- البس الملابس الخاصة بالشخص الذي يتولى العمل في المكتبة.
- أعطي الكتاب للشخص المستعير.
- اسحب الكارت من الكتاب وثبت فيه اسم المستعير.
- ضع الكارت في درج الطاولة.
- اكتب اسم المستعير في السجل الخاص بالاستعارة.

عنوان الجلسة	أنا مشغول	رقم الجلسة (٢٠)

المواد المطلوبة: علبة نقود، نقود فئة (٢٥٠) و (٥٠٠) و (١٠٠٠) دينار.

طريقة العمل:

- ارسم عدد من العملات المعدنية لفئة (٢٥٠) و (٥٠٠) و (١٠٠٠) دينار ولونها.

التعلم التعاوني

- ارجع النقود الحقيقية إلى أصحابها.
- الصق أسعار المواد على اللعب والفاكهة.
- ضع علبة لخزن النقود.
- ضع إعلان للمحل في الركن الذي تعمل فيه.
- استخدم حاسبة عند العمل.
- البس ملابس أمين المخزن.
- اجلس في مكان الصراف.

عنوان الجلسة	أنا مشغول	رقم الجلسة (٢١)

المواد المطلوبة: أقلام تلوين، أقلام رصاص.

طريقة العمل:

- ضع الورقة على سطح مستوي.
- ارسم الأزياء التي تود أو ترغب في ارتدائها.
- لون الأزياء التي صممتها.
- علق الصورة على الحائط.

عنوان الجلسة	أنا مشغول	رقم الجلسة (٢٢)

المواد المطلوبة: وردة بلاستيكية، قنينة، ماء.

طريقة العمل:

- نظف القنينة جيداً.

- ضع الوردة البلاستيكية في القنينة، بشكل معكوس بحيث يكون رأس الوردة في قاعدة القنينة إلى الأعلى ونهايتها في الأسفل نحو الغطاء.
- املأ القنينة ماء إلى مستوى معين.
- أغلق القنينة جيداً.
- اعرض القنينة.

الفصل الثالث عشر

أنموذج تطبيق التعلم التعاوني

في مختلف المواد الدراسية

محتويات الفصل:

- التمهيد

- الإجراءات المطلوب القيام بها قبل الشروع في تنفيذ جلسات التعلم التعاوني

- أنموذج خطة تدريس مادة التربية الإسلامية

- أنموذج خطة تدريس مادة الجغرافية الطبيعية

- أنموذج خطة تدريسية لمادة التاريخ الحديث

- أنموذج خطة تدريسية لمادة الرياضيات

- أنموذج خطة تدريسية لمادة الإحياء

- أنموذج خطة تدريسية لمادة اللغة العربية

- أنموذج خطة تدريسية لمادة التربية الرياضية

- أنموذج خطة تدريسية لمادة التربية الفنية

الفصل الثالث عشر

أنموذج تطبيق التعلم التعاوني في مختلف المواد المدرسية

التمهيد

- ✓ يوضح المعلم للمجموعات التعاونية المهام التي سيقومون بها والتعليمات المناسبة والمطلوبة لانجاز الهدف أو النشاط مع تحديد الوقت لانجاز المهمة.
- ✓ تعمل كل مجموعة على انجاز المهمة المعطاة، بحيث يقوم أعضاء المجموعة بالتعاون والتحاور والمناقشة لتقرير الإجابة الصحيحة للمهمة أو النشاط المعطى، وإن كل طالب في المجموعة مسؤول عن انجاز وعمل باقي أعضاء مجموعته وعليهم أن يتعلموا من بعضهم البعض ويتبادلوا المعلومات والمهارات التي يمتلكونها.
- ✓ تدون كل مجموعة ما توصلت إليه من حل للسؤال أو المهمة المعطاة على السبورة، في الجزء المخصص لها بواسطة عضو يمثلها.
- ✓ يتناقش أعضاء المجموعات مشافهة حول ما كتب على السبورة في المناطق الثلاث، واحدة بعد الأخرى، وتحدد الإجابة الصحيحة.
- ✓ تمسح الإجابات الخاطئة وتبقى الصحيحة.
- ✓ يدون الطلاب الإجابات الصحيحة في دفاترهم.
- ✓ يمكن توزيع ادوار الطلاب، بحيث يأخذ كل عضو في المجموعة بدور المستذكر أو الملخص أو المسهل للمعلومات فيصوب أخطاء شريكه أو يعدل أو يضيف أو يحذف ثم يتفق أعضاء المجموعة على الحل النهائي.
- ✓ أما دور المعلم - يستمع لكل مجموعة للإجابة عن السؤال أو النشاط المعطى، ويراقب ويلاحظ المجموعات أثناء انشغالهم بالأنشطة أو المهمات، كما يكون دوره في التوجيه والإرشاد وتشجيع المجموعات على المشاركة.

- ✓ يقوم المعلم بتعزيز طلاب المجموعة الفائزة حسب أدائها، ويكون التعزيز معنوي يتمثل بالثناء والشكر.
- ✓ يقوم المعلم بالتغذية الراجعة للمجموعات عن طريق طرح الأسئلة الشفوية الموضوعية القصيرة، وتكون فورية.

الإجراءات المطلوب القيام بها قبل الشروع في تنفيذ جلسات التعلم التعاوني

تنظيم البيئة التعليمية (غرفة الصف)، وتشمل ما يأتي:

- ✓ يخبر المعلم طلابه أنهم سيعملون في مجموعات تعاونية داخل غرفة الصف ويوضح لهم الفائدة المتوخاة من العمل في مجموعات ويبين أهمية ذلك.
- ✓ يوضح المعلم لطلابه لماذا يعملون في مجموعات، ثم كيف سيعملون داخل هذه المجموعات.
- ✓ يحدد المعلم المدة للعمل الجماعي.
- ✓ يوزع المعلم الطلاب في مجموعات تعلمية تعاونية غير متجانسة بحيث تضم المجموعة الواحدة مستويات متباينة من التحصيل ذات أعداد متساوية.
- ✓ ترتب المقاعد في غرفة الصف، إذ يجلس أعضاء المجموعات باتجاه بعضهم البعض وان لا يكون ظهر أي طالب للمعلم، وبمسافات قصيرة بحيث تكون المقاعد قريبة لأعضاء المجموعة الواحدة.
- ✓ بعد توزيع الطلاب في مجموعات وترتيب غرفة الصف، فان أول عمل يجب على المعلم أن يقوم به هو بناء الصلة الوثيقة بين أعضاء المجموعة عن طريق إيجاد عوامل مشتركة بين أعضاء المجموعة وتعريف أعضاء المجموعة بعضهم البعض.

أنموذج خطة تدريس مادة التربية الإسلامية

المادة : التربية الإسلامية **الموضوع: في فضل رمضان**

أولاً- الهدف العام:

تعريف الطلاب فضل شهر رمضان

ثانياً- الهدف الخاص:

- تعريف الطلاب بأهمية شهر رمضان المبارك
- حث الطلاب على الصيام وعدم الإفطار فيه.

ثالثاً- خطوات الدرس: (٣٥ دقيقة)

١-التمهيد: يقدم المعلم مقدمة تمهيدية لأركان الدين الإسلامي ويسأل الطلاب: (دقيقتان)

المعلم: ما هي أركان الدين الإسلامي؟

طالب١: نعم أستاذ، شهادة أن لا اله الـلـه وإقامة الصلاة وإيتاء الزكاة وصوم رمضان وحج البيت من استطاع إليه سبيلاً.

المعلم: من يحفظ حديثا عن الصيام؟

طالب ٢: قال النبي محمد(ص): "صوموا تصحوا".

المعلم: أحسنت................يسال المعلم من منكم صائم؟

الطلاب: كلنا والحمد لـلـه

٢-قراءة المعلم النموذجية للحديث الشريف وقراءة الآيات القرآنية مع إتباع الترديد الجماعي للطلاب

٣-القراءة الصامتة للطلاب لمدة خمسة دقائق.

٤-عرض الموضوع (٣٣ دقيقة)

المعلم: درسنا اليوم هو في فضل صوم شهر رمضان، ويكتب على السبورة السؤال الآتي: لماذا يعد شهر رمضان من أفضل شهور السنة؟

⇦ **ويقسم السبورة إلى ثلاثة أقسام للمجموعات الثلاثة (أ- ب- ج)**

المعلم : إن هذا السؤال موجه للمجموعات الثلاثة أ-ب-ج)

⇦ **رؤساء المجموعات يسألون الطلاب داخل مجموعاتهم ويتبادلون الإجابات والاستفسارات للإجابة عن السؤال.**

المعلم: يجب على الطلاب أن يتعاونوا فيما بينهم على الإجابة عن السؤال وكل واحد

يمكن أن يعطي زميله ما عنده من معلومات، وأريد الإجابة بعد دقيقتين، كما يسمح لكم بالتجوال والتكلم بحرية مع خفض الصوت إن أمكن.

رئيس المجموعة (أ): لأننا نصوم فيه لله رب العاملين.

المعلم: أعد الإجابة مرة أخرى ....ويطلب من رئيس المجموعة.

المعلم: اكتب الإجابة على السبورة في الحقل الخاص بالمجموعة(أ).

⇦ **يسال المعلم باقي المجموعات**

رئيس المجموعة ب: لأنه شهر عبادة وطاعة وتفتح فيه أبواب الجنة.

المعلم: أعد الإجابة مرة أخرى ....ويطلب من رئيس المجموعة...........

المعلم: اكتب الإجابة على السبورة في الحقل الخاص بالمجموعة (ب).

⇦ **يسال المعلم باقي المجموعات**

رئيس المجموعة ج: لأن الله تعالى قد انزل القران فيه وفيه ليلة القدر وهي خير من ألف شهر، حيث تتنزل الملائكة وتفتح أبواب الجنة وتغلق أبواب النار.

المعلم: أعد الإجابة مرة أخرى ....ويطلب من رئيس المجموعة.

المعلم: اكتب الإجابة على السبورة في الحقل الخاص بالمجموعة (ج).

⇦ **يشير المعلم إلى الإجابات الثلاثة**

المعلم: أي الإجابات صحيحة؟

الطلاب: الإجابة الخاصة بالمجموعة (ج)

المعلم: أحسنتم......... ويمسح المعلم الإجابة (أ-ب) ويبقي الإجابة ج ويطلب من الطلاب كتابتها في دفاترهم.

⇦ **يمسح المعلم السؤال السابق ويكتب السؤال الآتي: ما الصوم؟**

⇦ **يعطي المعلم فرصة للطلاب أن يسألوا بعضهم بعضا لمدة دقيقتين.**

رئيس المجموعة (أ): هو أن لا نأكل ولا نشرب في نهار رمضان........ ويطلب من رئيس المجموعة.

المعلم: اكتب الإجابة على السبورة في الحقل الخاص بالمجموعة (أ).

⇦ **يسال المعلم باقي المجموعات**

رئيس المجموعة (ب): هو أن لا نأكل ولا نشرب ولا نتكلم على احد بسوء.

المعلم: اكتب الإجابة على السبورة في الحقل الخاص بالمجموعة (ب).

⇦ **يسال المعلم باقي المجموعات**

رئيس المجموعة (ج): هو الإمساك عن جميع المفطرات من طلوع الفجر إلى غروب الشمس مع نية الصيام.......ويطلب من رئيس المجموعة.

المعلم: اكتب الإجابة على السبورة في الحقل الخاص بالمجموعة (ج).

⇦ **يشير المعلم إلى الإجابات الثلاثة**

المعلم: أي الإجابات صحيحة؟

الطلاب: الإجابة الخاصة بالمجموعة (ج)

المعلم: أحسنتم وبارك اللـه فيكم............ويمسح المعلم الإجابة (أ-ب) ويبقي الإجابة (ج)، ويطلب من الطلاب كتابتها في دفاترهم.

٥-**التقويم (عشر دقائق):** بعد الانتهاء من مناقشة الموضوع الدراسي يقوم كل طالب في كل مجموعة تعاونية بحل الأسئلة التالية وتسليم ورقة الإجابة لمدرس المادة.

⇦ **الأسئلة :**

- ما هي أركان الدين الإسلامي؟
- ما هو الصوم؟
- متى يبدأ الصيام؟
- لماذا نصوم.
- ما هو فضل شهر رمضان؟

⇦ **الواجب البيتي:**

حفظ الآيات القرآنية المقررة في فضل شهر رمضان وكتابتها في الدفتر ومراجعة الدرس الحالي.

أنموذج خطة تدريس مادة الجغرافية الطبيعية

المادة الدراسية: الجغرافية الطبيعية الموضوع : الشمس والكواكب

أولاً - الأهداف السلوكية للدرس .

جعل الطالبة قادرة على أن :

١- تعرف الشمس .

٢- تصف أهم الظواهر التي يمكن مشاهدتها على سطح الشمس .

٣- تعرف الكواكب وسبب استئثار المريخ باهتمام الفلكيين أكثر من غيره من الكواكب السيارة .

٤- ترتب الكواكب السيارة حسب بعدها عن الشمس .

٥- تعرف الكويكبات وتحدد مداراتها بالنسبة للمجموعة الشمسية .

٦- تذكر الصفات المميزة لكل كوكب .

٧- تعرف التوابع أو الأقمار وتحدد سر الاهتمام بقمر الأرض دون غيره من أقمار المجموعة الشمسية .

٨- تعرف المذنبات وسبب عدم رؤيتنا لها إلا لفترة قصيرة من الزمن مرة بعد أخرى.

ثانياً – الوسائل التعليمية:

١- السبورة .

٢- الطباشير .

ثالثاً – خطوات الدرس (٣٥ دقيقة) :

١- المقدمة للدرس (دقيقتان):

أبدأ المقدمة للدرس بالقول للطالبات: درستن في الفصل الأول من مادة الجغرافية الطبيعية (الكون) باعتباره مادة وطاقة، فالطاقة تظهر في الكون على هيئة ضوء أو حرارة أو حركة أو أشعة كونية ، والمادة من مظاهرها في الكون النجوم والكواكب والشهب أو السحب الغازية أو الغبارية ، كما درستن نظرة الإنسان قديماً إلى الكون ونظرته في العصور الحديثة إليه، أما اليوم فسندرس الشمس والكواكب.

٢- سير الدرس (٣٣ دقيقة):

نبدأ درسنا الحالي بكتابة الموضوع (الشمس والكواكب) على السبورة (٣ دقائق) وأطلب من الطالبات المسؤولات عن الجزء الأول من الموضوع وهو (الشمس) ومن كل مجموعة بالالتقاء للشرح ومناقشة الجزء المخصص لهن، وكذلك الحال بالنسبة إلى الطالبات المسؤولات عن الجزء الثاني وهو (الكواكب السيارة)، والطالبات المسؤولات عن الجزء الثالث وهو (التوابع أو الأقمار) والطالبات المسؤولات عن الجزء الرابع وهو (الكويكبات النجميات)، والطالبات المسؤولات عن الجزء الخامس وهو (المذنبات والنيازك).

وبعد مرور (عشر دقائق) ترجع كل طالبة إلى مجموعتها الأصلية وتشرح وتوضح ما توصلت إليه مع زميلاتها من المجاميع الأخرى، وتناقش الموضوع بجميع أجزائه داخل المجموعة التعاونية الأصلية في عشرين دقيقة .

المدرس: يكتب في أعلى السبورة السؤال الآتي :

س: ما الشمس؟ وما هي الظواهر التي يمكن مشاهدتها على سطح الشمس ؟

المدرس : السؤال موجه للمجموعات كلها (السلام-الوئام-المحبة-التعاون-التآخي). وبإمكان رؤساء المجموعات من الطالبات أن يسألن الطالبات داخل مجموعاتهن ويتبادلن الإجابات والاستفسارات للإجابة على هذا السؤال، كما يجب على الطالبات أن تتعاون فيما بينهن على الإجابة وكل واحدة يمكن أن تعطي لزميلتها ما عندها من معلومات.

كما أريد الإجابة عن السؤال خلال دقيقتين، ويسمح لكنّ بالتجوال ضمن المجموعة الواحدة والتكلم بحرية مع خفض الصوت ما أمكن.

◁ **وبعد دقيقتين يسمح المدرس لرئيسة مجموعة (السلام) بالإجابة ، فتجيب وباقي المجموعات تسمع إجابتها .**

رئيسة مجموعة السلام تقول: الشمس من مكونات المجموعة الشمسية وأعظم ما فيها من حيث الحجم، وهي كتلة ملتهبة ومركز عظيم لتوليد القوة والطاقة.

المدرس: أعيدي الإجابة مرة أخرى.

سناء: تعيد إجابتها مرة أخرى والطالبات يسمعن إجابتها، بعد ذلك تخرج وتكتب على السبورة الإجابة عن السؤال في الجزء المخصص لمجموعة (السلام).

التعلم التعاوني

المدرس : يسأل المجموعات الأخرى - الوئام - المحبة - التعاون - التآخي .

هل إن ما قالته سناء صحيح أم أن هناك إجابة أخرى؟

⇐ رئيسة مجموعة (الوئام) تكون بدورها قد سألت أفراد مجموعتها وقد حضرت جواباً لهذا السؤال.

المدرس: يسمح لرئيسة (الوئام) بالإجابة وباقي المجموعات تسمع إجابتها .

رئيسة مجموعة (الوئام) تقول: الشمس كتلة ملتهبة دائماً وتمد الحياة على الأرض بالطاقة فهي مركز عظيم لتوليد القوة والطاقة وهي بذلك لا تسمح لأي عنصر من العناصر المكونة لها أن يبقى في حالة صلبة أو سائلة .

سلوى رئيسة مجموعة (الوئام): تخرج وتكتب على السبورة ما قالته في الجزء المخصص لمجموعتها .

المدرس: يسأل باقي المجموعات (المحبة - التعاون - التآخي): هل جواب سلوى الذي كتبته أمامكم على السبورة هو الصحيح أم هناك إجابة أصح؟

⇐ تكون رئيسة مجموعة (المحبة) قد حضرت جواباً بعد أن التقت مع أعضاء مجموعتها.

رئيسة مجموعة (المحبة) تقول: الشمس أكبر حجماً بين مكونات المجموعة الشمسية وهي كتلة ملتهبة تصل درجة حرارة سطحها إلى (٦) ستة آلاف درجة مئوية .

⇐ تخرج رئيسة مجموعة (المحبة) وتكتب على السبورة ما قالته قبل قليل.

المدرس: يسأل المجموعات الأخرى (التعاون - التآخي) هل إن ما قالته زينب وكتبته على السبورة هو الصحيح أم هناك إجابة أصح؟

⇐ تكون رئيسة مجموعة (التعاون) قد حضرت جواباً بعد أن التقت مع أعضاء مجموعتها.

رئيسة مجموعة (التعاون) تقول: الشمس كتلة نارية ملتهبة دائماً وتتفجر باستمرار مولدة حرارة على سطحها تصل إلى (٦) ستة آلاف درجة مئوية فهي مركز عظيم لتوليد القوة والطاقة ، ويقدر العلماء درجة حرارة باطن الشمس إلى (١٥) مليون درجة مئوية .

⇐ تخرج رئيسة مجموعة (التعاون) وتكتب على السبورة ما قالته قبل قليل.

المدرس: يسأل مجموعة (التآخي) هل إن ما قالته فاطمة وكتبته على السبورة هو الصحيح أم أن هناك إجابة أدق وأصح؟

⇦ **تكون رئيسة مجموعة (التآخي) قد التقت زميلاتها في المجموعة وحضرت جواباً للسؤال.**

⇦ **رئيسة مجموعة (التآخي) تقول**: الشمس أعظم ما في المجموعة الشمسية من حيث الحجم، وتحتل مكان المركز فيها، حيث ترتبط جميع أفراد المجموعة الشمسية بوثاق قوي من الجاذبية يشدها إلى الشمس ويؤدي إلى دورانها حول الشمس في أفلاك شبه دائمية دون أن تفلت منها، وهي ليست جرماً هامداً كالكواكب السيارة وإنما هي كبقية النجوم كتلة ملتهبة ومركز عظيم لتوليد القوة والطاقة وتقترب حرارة سطحها من (٦) ستة آلاف درجة مئوية وباطنها تصل حرارته إلى (١٥) مليون درجة مئوية ،كما يندلع من سطح الشمس اللـهب القرمزي على شكل نافورات أو نتوءات ضخمة إلى علو مئات الألوف من الكيلومترات، كما نشاهد من على سطح الأرض بقع داكنة في وجه الشمس نسميها (كلف الشمس) وهي عبارة عن فجوات هائلة مظلمة نسبياً يقرب شكلها إلى شكل فوهات البراكين الثائرة .

⇦ **تخرج رئيسة مجموعة (التآخي) وتكتب إجابتها على السبورة .**

المدرس: يسأل الطالبات بعد أن كتبت الإجابات الخمس على السبورة . أية إجابة هي الأصح ؟

الطالبات جميعاً يشرنّ إلى إجابة مجموعة (التآخي) الأخيرة .

المدرس: نعم أحسنتن، إجابة مجموعة (التآخي) هي أصح الإجابات التي تشاهدوها، ثم تمسح الإجابات الأربع الأولى (السلام - الوئام - المحبة - التعاون) وتبقى إجابة مجموعة (التآخي) وتنقلها الطالبات إلى دفاترهن .

المدرس: يمسح السؤال الأول ويكتب مكانه سؤال آخر :

س: ما الكواكب السيارة؟ ولماذا استأثر المريخ باهتمام الفلكيين أكثر من غيره من الكواكب السيارة ؟

التعلم التعاوني

☞ يعطي المدرس فرصة للطالبات أن يسألن بعضهن بعضاً لمدة دقيقتين .

المدرس: فلتجب مجموعة (الوئام) .

☞ رئيسة مجموعة (الوئام) بعد التشاور وتحري الإجابة تقول :

- الكواكب السيارة هي أجسام مثل أرضنا لا تشع نوراً، وهي تقع في مدارات حول الشمس أقربها إلى الشمس (عطارد) ثم يليه كوكب (الزهرة) و(الأرض) و(المريخ). وإن سبب اهتمام الفلكيين بالمريخ هو بسبب وجود الحياة على سطحه .

☞ ثم تخرج وتكتب على السبورة في الجزء المخصص لمجموعتها ما قالته قبل قليل.

المدرس: يسأل المجموعات (السلام – المحبة – التعاون – التآخي) هل عندكم زيادة على ما كتبته مجموعة (الوئام) .

رئيسة مجموعة (المحبة) تكون قد تحرت الإجابة الشافية كما تراها مجموعتها فتقول: عرف الإنسان الكواكب السيارة وأهتم بها منذ آلاف السنين، والكواكب السيارة أجسام هامدة لا حياة فيها، والأرض والمريخ هما أكبر الكواكب السيارة وأقربها من الشمس وأن أصغر تلك الكواكب هو كوكب (بلوتو).

☞ ثم تخرج وتكتب على السبورة في الجزء المخصص لمجموعتها الإجابة.

المدرس: ماذا تقول مجموعة (السلام) يا ترى عن الإجابتين اللتين أمامكم .

رئيسة مجموعة (السلام) بعد التحري والالتقاء مع أفراد مجموعتها وتبادل المعلومات تقول: الكواكب السيارة أجسام هامدة مثل أرضنا لا تشع نوراً ونحن نراها بضوء الشمس الساقط على سطحها، وإن أصغر أفراد المجموعة الشمسية وأقربها مداراً من الشمس هو الكوكب (عطارد) وهو أسرع الكواكب دوراناً حول الشمس، وثاني الكواكب السيارة بعداً عن الشمس هي (الزهرة) وهو أجمل كوكب يرى في السماء ويشاهد قبيل الشروق وعند الغروب ولذلك يسمى (نجمة الصباح)، وكوكب المريخ هو رابع كوكب بعد الأرض من حيث بعد مداره عن الشمس ويمتاز بلونه الأحمر البرتقالي ، ويلي المريخ في البعد عن الشمس كوكب (المشتري) وهو أكبر الكواكب جميعاً، أما كوكب (زحل) فيتميز بوجود ثلاث حلقات مستوية دائرية تحيط بوسطها، أما بقية الكواكب فهي (أورانوس، ونبتون، وبلوتو) وهي

صغيرة جداً، وإن سبب استئثار المريخ باهتمام الفلكيين دون غيره مـن الكواكب هـو احـتمالات وجـود الحياة على سطحه وذلك لتشابه موقعه مع موقع الأرض بالنسبة للشمس.

⬅ ثم تخرج وتكتب الإجابة على السبورة في الجزء المخصص لمجموعتها (السلام)

المدرس: وماذا تقول مجموعتي (التعاون – والتآخي) في إجابة مجموعات (الوئام – والمحبة – والسلام) :

رئيسة مجموعة (التعاون) بعد التشاور مع أفراد مجموعتها تقول : الزهرة والمريخ والأرض وأورانوس ونبتون هي مجموعة الكواكب السيارة وإن سبب اهتمام الفلكيين بالمريخ هو بسبب الاعتقاد بوجود الحياة على سطحه .

⬅ ثم تخرج وتكتب على السبورة ما قالته بدقة في الجزء المخصص لمجموعتها .

المدرس : بقي لنا أن نسمع إجابة مجموعة (التآخي) .

رئيسة مجموعة (التآخي) تكون قد تشاورت مع أفراد مجموعتها فتقول: الكواكب السيارة هي أجسام هامدة وتقع على مدارات متباينة من الشمس وأقربها مداراً من الشمس هو كوكب (عطارد) وأبعدها عن الشمس كوكب الأرض والمريخ وأورانوس. وإن سبب اهتمام الفلكيين بالمريخ هو ظهور بعض الدراسات التي تدعي وجود الحياة على سطحه.

⬅ ثم تخرج وتكتب على السبورة في الجزء المخصص لمجموعتها نص الإجابة :

المدرس: نعم بعد أن سمعنا إجابات المجموعات كلها فأن إجابة مجموعة (السلام) هي أصح الإجابات، ثم تمسح الإجابات القاصرة وتبقى الإجابة الصحيحة وتنقلها الطالبات إلى دفاترهن.

المدرس : يمسح السؤال السابق ويكتب مكانه السؤال الآتي:

س: ما الكويكبات ؟ وأين تقع مداراتها بالنسبة للمجموعة الشمسية ؟

المدرس: أريد الإجابة من مجموعة (المحبة).

⬅ **رئيسة مجموعة (المحبة) تنتخب عضواً جديداً للإجابة على السؤال المكتوب أمامها.**

نسرين تقول بعد أن سمعت من زميلاتها أعضاء مجموعتها **الجواب:** الكويكبات صغيرة الحجم تنتشر في الفراغ الواقع بين مداري المشتري والمريخ.

⇦ **ثم تخرج نسرين وتكتب على السبورة الجواب .**

المدرس: ما هو رأي المجموعات الأخرى (السلام - الوئام - التعاون - التآخي) فيما كتبته زميلتكم أمامكم.

⇦ **مجموعة (السلام) تقرر إن الإجابة قاصرة .**

تقف ممثلة مجموعة (السلام) بعد أن ناقشت طالبات أفراد مجموعتها وسمعت منهنّ: الكويكبات كثيرة العدد مختلفة الحجوم وتدور الكويكبات حول الشمس على غرار الكواكب السيارة .

⇦ **ثم تخرج وتثبت الإجابة على السبورة في الجزء المخصص لمجموعتها .**

المدرس : يسأل مجموعة (الوئام) هل عندكن إضافة .

⇦ **مجموعة (الوئام) بعد التشاور والتحاور والتبادل للمعلومات تقرر أن هناك إضافة على ما قالته مجموعة (السلام) .**

المدرس: ما هي الإضافة؟

⇦ **تخرج ممثلة مجموعة (الوئام) وتثبت على السبورة إجابة مجموعتها .**

- يرجح العلماء إن الكويكبات هي بقايا جسم كبير كان يدور في وقت ما بين مداري المريخ والمشتري على شكل كوكب سيار، وتدور الكويكبات حول الشمس على غرار الكواكب السيارة وتنتشر في الفراغ الواقع بين مداري المشتري والمريخ وهي كثيرة العدد إلا أن حجومها تختلف فمنها ما يزيد قطره على الكيلو متر الواحد فيما يصل قطر البعض منها إلى مئات الكيلومترات .

المدرس: ما هو رأي المجموعتين (التعاون - التآخي) ؟

⇦ **تخرج ممثلة مجموعة (التعاون) بعد التشاور مع رئيسة المجموعة وأعضائها وتكتب على السبورة إجابة مجموعتها :**

- الكويكبات هي بقايا لكوكب سيار كان يدور في وقت ما بين مداري المريخ والمشتري وتختلف حجومها من واحد إلى أخر .

المدرس : لقد ثبتت المجموعات (المحبة - السلام - الوئام - التعاون) إجاباتها كما مدون على السبورة أمامكنّ، ولم يتبقى لنا إلا أن نسمع إجابة مجموعة (التآخي) .

تخرج ممثلة مجموعة (التآخي) بعد التشاور مع أفراد مجموعتها وتقول: إن إجابتها هي نفس إجابة مجموعة (الوئام) وتثبت هذا الرأي على السبورة .

المدرس: يسأل الطالبات بعد أن كتبت الإجابات الخمس على السبورة، أية إجابة هي الأصح ؟

طالبات المجموعات الخمس: كلهن يشرن إلى إجابة مجموعة (الوئام) وكذلك مجموعة (التآخي).

المدرس: نعم أحسنتنّ، إجابة مجموعة (الوئام) هي أصح الإجابات التي أمامكنّ وكذلك أثني على إجابة مجموعة (التآخي) .

↰ **ثم تمسح الإجابات القاصرة وتبقى الإجابة الأصح لتنقلها الطالبات إلى دفاترهن .**

المدرس : يمسح السؤال ويكتب مكانه السؤال الآتي :

س: ما المذنبات ؟ ولماذا لا نراها إلا لفترة قصيرة من الزمن مرة بعد أخرى؟

المدرس : الآن أريد الإجابة من مجموعة (التعاون) .

↰ **رئيسة مجموعة (التعاون) تنتخب عضواً جديداً للإجابة على السؤال المكتوب أمامها.**

علياء بعد أن سمعت من رئيسة وأعضاء مجموعتها الجواب تقول :المذنبات أجسام صغيرة تدور حول الشمس ومداراتها في الغالب تكون طويلة وتكون قريبة عن الشمس اغلب الأوقات وبعيدة عنه لفترة قصيرة، لذلك لا نراها إلا لفترة قصيرة جداً .

↰ **ثم تخرج علياء وتكتب على السبورة جواب مجموعتها .**

المدرس : أريد إجابة مجموعة (التآخي) على السؤال .

ممثلة مجموعة (التآخي) بعد مناقشة رئيسة وأعضاء مجموعتها تقول: المذنبات تتناثر أجزاؤها في الفضاء عندما تدخل المناطق المحيطة بالشمس أو المشتري وتعرف بالنيازك وعندما تمر بالأرض تحترق بالهواء فنسميها شهباً. وسبب عدم رؤيتنا للمذنبات إلا لفترة قصيرة هو بسبب اقترابها أو بعدها عن الشمس.

↰ **ثم تخرج ندى وتكتب على السبورة نص جواب مجموعتها .**

المدرس : ما هو رأي المجموعات الثلاث الأخرى (السلام – الوئام – المحبة) بإجابتي مجموعتي (التعاون – التآخي) ؟

تقف ممثلة مجموعة (السلام) بعد أن ناقشت أفراد مجموعتها وسمعت منهن الجواب وتقول:

تضيء بعض المذنبات عندما تقترب من الشمس بشدة وتظهر على شكل نجمة لامعة لها ذيل طويل ثم تختفي بعد فترة قصيرة، وتتألف المذنبات من مادة قليلة الكثافة حول الشمس كما تدور الكواكب الأخرى، واغلب النيازك صغير الحجم لا يتجاوز حجم الجوزة أو الحمصة. وإن عدم رؤيتها هو بسبب قربها من الشمس.

⇦ **ثم تخرج صبا وتكتب إجابة مجموعتها على السبورة في الجزء المخصص لها .**

المدرس: أريد أن أسمع ما قبل الأخيرة من مجموعة (المحبة).

تناقش مجموعة (المحبة) الجواب وتقف ممثلة المجموعة لتقول: تتألف المذنبات من مادة ذات كثافة قليلة تدور حول الشمس كما تدور الكواكب السيارة ولكن مداراتها تكون في الغالب طويلة جداً، مما يجعلها تمضي أغلب الوقت وهي بعيدة عن الشمس وإذا اقتربت منها كان ذلك لفترة قصيرة جداً، وتضيء بعض المذنبات عندما تقترب من الشمس بشدة وتظهر على شكل نجمة كبيرة لامعة لها ذيل طويل تسترعي انتباه الناس سرعان ما تختفي بعد فترة قصيرة. وتتناثر أجزاء المذنبات في الفضاء عندما تدخل المناطق المحيطة بالشمس أو المشتري فتكون على شكل قطع صغيرة تعرف بالنيازك تمر بالأرض فتجذبها إليها فتتحرك نحو الأرض بسرعة متزايدة فإذا ما دخلت جو الأرض تحترق مكونة خطاً مضيئاً في السماء ندعوه شهاباً. وإن رؤيتها لفترة قصيرة هو بسبب اقترابها عن الشمس ثم ابتعادها عنها لفترة أخرى.

⇦ **ثم تخرج ليلى وتكتب على السبورة جواب مجموعة (المحبة) .**

المدرس: أخيراً ما هو جواب المجموعة الأخيرة (الوئام) على السؤال.

تقف ممثلة مجموعة (الوئام) بعد أن ناقشت أفراد مجموعتها لتقول :

إجابتنا نفس إجابة مجموعة (المحبة) .

⇦ **ثم تخرج براء وتثبت إجابة مجموعتها على السبورة .**

المدرس: نعم إن إجابة مجموعة (المحبة) هي الإجابة الأصح، ثم تمسح الإجابات القاصرة وتبقى الإجابة الصحيحة وتنقلها الطالبات إلى دفاترهن .

المدرس : يمسح السؤال ويكتب مكانه السؤال الآتي :

س: ما التوابع أو الأقمار؟ ولماذا نهتم بقمر الأرض دون غيره من أقمار المجموعة الشمسية؟

المدرس : هذه المرة سأختار مجموعة (التآخي) .

☚ **رئيسة مجموعة (التآخي) تنتخب عضواً جديداً للإجابة على السؤال المكتوب أمامها.**

شيرين تقول بعد أن ناقشت أفراد مجموعتها وبلورت إجابتها عن السؤال:

تصاحب معظم الكواكب السيارة مجموعة من الأقمار تتناسب في العدد مع عظم تلك الكواكب بصورة عامة واكبر الأقمار حجماً تلك التي تتبع المشتري. ونهتم بالقمر بسبب كونه من المجموعة الشمسية وأقرب الأقمار إلى الأرض .

☚ **ثم تخرج شيرين وتكتب على السبورة جواب مجموعتها بدقة .**

المدرس: أريد إجابة مجموعة (السلام) .

ممثلة مجموعة (السلام) تجيب على السؤال وباقي أفراد المجموعات تسمع إجابتها فتقول: التوابع أو الأقمار هي التي تصاحب معظم الكواكب السيارة وتتناسب في العدد مع عظم تلك الكواكب بصورة عامة ومنها قمر الأرض والمشتري. وإن الاهتمام بقمر الأرض هو بسبب قربه عن الأرض.

المدرس: أعيدي الإجابة مرة أخرى.

☚ **ممثلة مجموعة (السلام) تعيد إجابتها مرة أخرى والطالبات يسمعن إجابتها، بعد ذلك تخرج وتكتب على السبورة الإجابة عن السؤال في الجزء المخصص للمجموعة.**

المدرس: يسأل المجموعات الأخرى (التعاون – المحبة – الوئام) هل إن ما قالته ممثلة مجموعة (السلام) صحيح أم إن هناك إجابة أخرى؟

ممثلة مجموعة (التعاون) تكون بدورها قد سألت أفراد مجموعتها وقد حضرت جواباً لهذا السؤال.

المدرس: يسمح لممثلة مجموعة (التعاون) بالإجابة وباقي المجموعات تسمع إجابتها .

ممثلة مجموعة (التعاون) تقول: يعتقد إن أصل الأقمار انفصلت من الكواكب السيارة التي تدور حولها بطريقة تشبه انفصال الكواكب من الشمس الأولى واكبر الأقمار.

التعلم التعاوني

المدرس: أحسنتنّ وبارك اللـه فيكنّ جميعاً .

وبعد استعراض إجابات المجموعات وتحديد الإجابات الشاملة منها وهي إجابات المجموعات (التآخي – السلام – الوئام – المحبة – التعاون) اثني على جهد أفراد تلك المجموعات لإجاباتهن الصحيحة الشاملة والتعاون الجمعي لأفرادها من الطالبات وأقوم بمكافأة طالبات تلك المجموعات من خلال حساب درجات إضافية لهنّ .

٣- **التقويم (عشر دقائق):** بعد الانتهاء من مناقشة الموضوع الدراسي تقوم كل طالبة في كل مجموعة تعاونية بحل الأسئلة التالية وتسليم ورقة الإجابة لمدرس المادة.

⇐ **الأسئلة :**

س١ : اذكري الكواكب السيارة مرتبة بحسب بعد مداراتها عن الشمس ؟

س٢ : لماذا استأثر المريخ باهتمام الفلكيين أكثر من غيره من الكواكب السيارة ؟

س٣: لماذا نهتم بقمر الأرض دون غيره من أقمار المجموعة الشمسية؟

س٤ : ما أصل النيازك والشهب ؟

س٥ : وضحي اختلاف الكواكب السيارة عن بعضها من حيث عدد أقمارها ؟

⇐ **الواجب البيتي :**

اطلب من جميع الطالبات تحضير موضوع علاقة الأرض بالشمس والقمر – دوران الأرض – الليل والنهار لليوم التالي .

أنموذج خطة تدريسية لمادة التاريخ الحديث

المادة / التاريخ الحديث	الموضوع / الثورة الصناعية

أولاً- أهداف الدرس السلوكية :

يتوقع بعد انتهاء الدرس أن يكون الطالب قادراً على أن:

أ- يسمي أول دولة في القارة الأوروبية ظهرت فيها الثورة الصناعية .

ب- يوضح التجارب التي استفادت منها دول غرب أوروبا من الحركة الصناعية .

ج- يلخص الشروط اللازمة لنشأة وانتشار الصناعة .

د- يعلل:

أولاً : أحدثت الثورة الصناعية زيادة في الثروة في كل من (فرنسا وألمانيا) ولكنها على نطاق أضيق منه في انكلترا؟

ثانياً : تعد سهولة المواصلات وسرعتها أهم مظهر من مظاهر الثورة الصناعية ؟

ثالثاً : يعد انتشار مذهب حرية التجارة مظهر من مظاهر توسع الحركة التجارية ؟

رابعاً : تحسن حالة العمال بعد منتصف القرن التاسع عشر ؟

ه- من خلال صفحة (٦٢) - الكتاب المدرسي - والذي يمثل مقارنة بين سكان الدول الأوروبية الكبرى عام (١٨٠٠) وما أصبح عددهم في عام (١٨٧٠) يستطيع الطالب أن :

أولاً : يستنتج اثر الثورة الصناعية في عدد السكان .

ثانياً : يوضح أسباب زيادة السكان .

ثالثاً : يعدد العوامل التي ساعدت على زيادة السكان في المدن .

و- يؤشر على خارطة أوروبا الجدارية الدول التي سبقت غيرها في الثورة الصناعية .

ز- يوضح أراء الاقتصادي الانكليزي ادم سمث في علم الاقتصاد

ح- يبين حالة العمال في بدء الثورة الصناعية .

ثانياً- الوسائل التعليمية :

أ- خارطة قارة أوروبا

ب- المصور التاريخي للمرحلة الإعدادية .

ثالثاً- خطوات الدرس :

أ- التمهيد: (دقيقتان)

أحاول إثارة دوافع الطلبة وانتباههم للدرس الجديد وربطه بالدرس السابق حيث يبدأ المدرس بتمهيد يوضح فيه انتقال الثورة الصناعية إلى القارة الأوروبية عن طريق انكلترا التي سبقت الدول الأوروبية في الثورة الصناعية ومنها اقتبست حركة الاختراعات ونظام المعامل، وما أنتجته الثورة الصناعية من تقدم في جميع مرافق الحياة في أوروبا وعدم اقتصارها على الصناعة وحدها .

ب- عرض المادة: (٣٣ دقيقة)

نبدأ درسنا بالتعرف على الأغراض السلوكية التي يجب أن تحققها كل مجموعة تعاونية وكتابة الأغراض السلوكية على السبورة ثم يقوم منسق كل مجموعة باستلام صحائف العمل من المدرس والرجوع إلى مجموعاتهم التعاونية .

يطلب المدرس من كل طالب في المجموعات - بعد تحديد المهمة التعلمية لكل طالب ضمن مجموعته - أن يلتقي مع نظراء له من الطلاب أصحاب المهمات التعلمية الواحدة في المجموعات الأخرى لمناقشة ومداولة وشرح صحيفة العمل وتبادل الآراء والأفكار حولها والرجوع إلى مجموعاتهم الأصلية للمناقشة والمداولة في صحائف العمل وما توصل إليه مع زملائه من المجاميع الأخرى.

صحيفة عمل رقم (١)

الهدف/معرفة الطلبة انتشار الثورة الصناعية إلى القارة الأوروبية .

الأنشطة/عزيزي الطالب أمامك نص أرجو قراءته بتمعن والإجابة عن الأسئلة التي تحته:

(سبقت دول غرب القارة الأوروبية في الثورة الصناعية عنها في دول شرق القارة) الأسئلة ومنها :

س١/سمي أول الدول الأوروبية التي ظهرت فيها الثورة الصناعية ؟

س٢/أذكر ابرز الدول الأوروبية التي انتشرت فيها الصناعة بصورة واسعة ؟

س٣/وضح طرق انتشار الصناعة إلى بقية أجزاء القارة الأوروبية ؟

س٤/اذكر أهم الاقتباسات التي استفادت منها دول غرب القارة من انتشار الثورة الصناعية فيهما ؟

س٥/لخص العوامل اللازمة لنشأة وانتشار الصناعة في غرب القارة ووسطها ؟

صحيفة عمل رقم (٢)

الهدف/معرفة الطلبة بزيادة الثروة كمظهر من مظاهر الثورة الصناعية .

أنموذج تطبيق التعلم التعاوني في مختلف المواد الدراسية

الأنشطة/عزيزي الطالب أمامك نص أرجو قراءته بتمعن والإجابة عن الأسئلة التي تحته.

(لم تقتصر نتائج الثورة الصناعية التي حدثت في بعض دول القارة الأوروبية على الصناعة وحدها بل تعدتها إلى جميع مرافق الحياة).

الأسئلة ومنها :

س١/وضح العوامل التي أدت إلى زيادة الثروة في الدول الصناعية ؟

س٢/علل إن تقدم الصناعة في فرنسا وألمانيا ساهم في زيادة الثروة ولكنه على نطاق أضيق مما حدث في بريطانيا ؟

س٣/أذكر السنة التي ظهرت فيها الصناعة في فرنسا ؟

س٤/علل إن نشاط الصناعة في ألمانيا قد ظهر بعد عام (١٨٦٧ م) ؟

س٥/علل أصبحت ألمانيا من أعظم الدول الصناعية في أوروبا .؟

صحيفة عمل رقم (٣)

الهدف / معرفة الطلبة بزيادة السكان .

الأنشطة / عزيزي الطالب أمامك جدول يمثل مقارنة بين سكان الدول الكبرى في عام (١٨٠٠ م) وما أصبح عددهم في عام (١٨٧٠ م)

المطلوب قراءته بتمعن والإجابة عن الأسئلة التي تحته :

جدول يمثل مقارنة بين سكان الدول الكبرى في عام ١٨٠٠م وما أصبح عددهم عام ١٨٧٠م*

الدولة	عدد السكان عام ١٨٠٠ م	عدد السكان عام ١٨٧٠ م
بريطانيا	١٤ مليوناً	٣١ مليوناً
فرنسا	٢٧ مليوناً	٣٦ مليوناً
ألمانيا	٢١ مليوناً	٣٨ مليوناً
ايطاليا	١٨ مليوناً	٢٧ مليوناً

الأسئلة ومنها:

س١/من ملاحظة الجدول أعلاه بين أثر الثورة الصناعية في زيادة السكان ؟

التعلم التعاوني

س٢/سمي الدولة الأوروبية التي ازداد فيها السكان أكثر من غيرها ؟

س٣/عدد العوامل التي ساعدت على زيادة السكان في أوروبا ؟

س٤/وضح أسباب هجرة الفلاحين من الريف إلى المدينة ؟

س٥/ من خلال ملاحظة الجدول أعلاه اشر على خارطة أوروبا مواقع أهـم المـدن التـي أصبحت اليوم من أمهات المدن الصناعية الكبرى في أوروبا ؟

صحيفة عمل رقم (٤)

الهدف / معرفة الطلبة سهولة المواصلات التي أحدثتها الثورة الصناعية .

الأنشطة /عزيزي الطالب أمامك نص أرجو قراءته بتمعن والإجابة عن الأسئلة التي تحتـه : (لم يكن تأثير المحرك البخاري مقتصراً على تغيير طريقة الإنتاج بل تعداه إلى المواصلات أيضا)

الأسئلة ومنها :

س١/ علل تعد سهولة المواصلات وسرعتها من أهم مظاهر الثورة الصناعية ؟

س٢/ سمي أول الدول الأوروبية التي استخدمت المحرك البخاري ؟

س٣/ اذكر أول سكة حديد ظهرت في العالم ؟

س٤/ وضح حركة الخطوط الحديدية في فرنسا ؟

س٥/ وضح ابرز نتائج تطور حركة المواصلات في أوروبا ؟

صحيفة عمل رقم (٥)

الهدف / معرفة الطلبة بتوسع التجارة في أوروبا .

الأنشطة/عزيزي الطالب من خلال قراءتك لموضوع الدرس أجب عن الأسئلة الآتية:

الأسئلة ومنها :

س١/ أذكر العوامل التي ساعدت على توسع نطاق التجارة ؟

س٢/ وضح معوقات توسع التجارة الفرنسية ؟

س٣/بين نتائج توسع التجارة الخارجية على أوروبا ؟

س٤/ وضح ابرز مظاهر توسع التجارة ؟

س٥/وضح الآثار التي تركتها أراء الاقتصادي الانكليزي ادم سمث في عالم التجارة ؟

صحيفة عمل رقم (٦)

الهدف / معرفة الطلبة بحالة العمال .

الأنشطة / عزيزي الطالب اجب عن الأسئلة الآتية .

الأسئلة ومنها :

س١/ صف حالة العمال في بدء الثورة الصناعية ؟

س٢/علل تحسنت حالة العمال نسبياً بعد منتصف القرن التاسع عشر ؟

س٣/ صف وضع المدن الصناعية في بدء الثورة الصناعية في أوروبا ؟

س٤/ أعط أمثلة توضح فيها حالة العمال في المدن الصناعية أول الأمر ؟

س٥/ وضح الإجراءات التي اتخذتها الحكومات بحق الطبقة العاملة في أوروبا ؟

١- التقويم : (١٠ دقائق)

بعد الانتهاء من الموضوع الدراسي ولغرض معرفة مدى استيعاب الطلبة للدرس الجديد يقوم المدرس بطرح أسئلة يتعين على كل طالب من طلاب المجموعات التعاونية الإجابة على الأسئلة بصورة فردية ومن هذه الأسئلة :

س١/ اذكر عوامل قيام إنشاء وانتشار الصناعة في أوروبا ؟

س٢/ سمي أول الدول الأوروبية التي ظهرت فيها الثورة الصناعية ؟

س٣/ ما هي ابرز مظاهر توسع التجارة ؟

س٤/ سمي أشهر كتب الاقتصادي الانكليزي ادم سمث ؟

س٥/ أذكر سنة إلغاء قانون التجمهر في بريطانيا ؟

س٦/ أذكر ابرز نشاطات جمعيات العمال ونقاباتهم ؟

٢- الواجبات والنشاطات :

تحضير الدرس القادم

(التطورات الاقتصادية والاجتماعية بعد الثورة الصناعية)

أنموذج خطة تدريسية لمادة الرياضيات

المادة /الرياضيات **الموضوع / قابلية القسمة**

أولاً- أهداف الدرس السلوكية:

يتوقع بعد انتهاء الدرس أن يكون الطالب قادراً على أن:

أ- يتعرف على مفهوم قابلية القسمة

ب- أن يتحقق من قابلية قسمة عدد على أخر

ثانياً- الوسائل التعليمية :

السبورة- الطباشير الأبيض والملون

ثالثاً- خطوات الدرس :

أ- التمهيد : (دقيقتان)

أحاول إثارة دوافع الطلبة وانتباههم للدرس الجديد وربطه بالدرس السابق حيث يبدأ المدرس بتمهيد يوضح فيه قابلية القسمة ، بان هناك عدد ما يقبل القسمة على عدد أخر ويكون الباقي يساوي صفرا.

ب- عرض المادة : (٣٣ دقيقة)

نبدأ درسنا بالتعرف على الأغراض السلوكية التي يجب أن تحققها كل مجموعة تعاونية وكتابة الأغراض السلوكية على السبورة ثم يقوم منسق كل مجموعة باستلام صحائف العمل من المدرس والرجوع إلى مجموعاتهم التعاونية .

١- يعطي المعلم رقماً لكل طالب في كل مجموعة، مثلاً مجموعة ثلاثية تتكون من ثلاثة طلاب (علي مرتفع التحصيل واحمد منخفض التحصيل ومحمد متوسط التحصيل) وكل طالب سوف يحمل رقماً وبالتتابع (١-٢-٣).

- يشرح المعلم المادة التعليمية خلال (١٠-١٥) دقيقة من بداية الحصة.ويعطي المعلم مثال ٣٥÷٣=؟ حيث يكون باقي في عملية القسمة، ومثال ١٦÷٤ =؟ حيث لا يكون باق في عملية القسمة.

⇦ **يسأل المعلم سؤالا.**

السؤال: أعطي مثال لعدد يقبل القسمة على ٢،٣ في نفس الوقت.

⇦ **يطلب المعلم إلى طلابه أن يناقشوا السؤال في كل مجموعة حتى يتفقوا على الإجابة.**

طالب ١: العدد (٢٠) يقسم على ٢ لان آحاده زوجي وهو صفر.

طالب ٢: العدد ٥ يقسم على ٣.

طالب ٣: العدد ٥ لا يقسم على ٣ لأنه يحوي على ٣ واحدة ويبقى ٢.

طالب١: العدد٩ يقسم على ٣

طالب٢: العدد٣٣ يقسم على ٣ بدون باقي.

طالب٣: السؤال يطلب عدد يقسم على ٣،٢ بنفس الوقت، أي انه العدد نفسه يقسم على ٢ ويقسم على ٣ بدون باقي.

طالب١: العدد ٦ يقسم على ٢ وعلى ٣ بدون باقي.

المعلم: يطلب رقما محددا وعلى كل من يحمل الرقم نفسه في كل مجموعة أن يقدم الإجابة المتفق عليه من مجموعته.

المعلم يسأل المجموعة: ما هو العدد؟........... ويطلب من الطالب الذي يحمل الرقم ١ الاجابة.

طالب١: العدد ٦ يقسم على ٢و٣ بنفس الوقت.

المعلم: ما هي القاعدة التي اعتمدتم عليها.

⇦ **يعود الطلاب للاجتماع مرة أخرى**

طالب٢: العدد المطلوب يجب ان تنطبق عليه قابلية القسمة على ٢ وقاعدة قابلية القسمة على ٣ بنفس الوقت.

طالب١: اي ان أحاد العدد المطلوب يجب ان يكون زوجي حتى يقسم على ٢ ومجموع ارقامه تقسم على ٣ حتى يقسم على ٣.

طالب٣: اذن نستطبع أن نأتي بامثلة أخرى مثل ١٢ حيث آحاده زوجي ومجموع ارقامه ٣.

⇦ **بنفس الطريقة يتم الانتقال إلى بقية المسائل الواردة في التقويم للسؤال الأول.**

⇦ **يذكر المعلم الطلاب بما تعلموه.**

ج-التقويم: (١٠ دقائق)

س: استخدم القسمة لبيان فيما إذا كان العدد الأول يقبل القسمة على العدد الثاني٤٠٦÷٨ و٦٠٠÷٥.

س: أعط مثال على عدد مكون من ثلاث منازل بحيث يكون:

- قابل للقسمة على ٢.
- قابل للقسمة على٣.
- قابل للقسمة على٤.

س: أوصى رجل أن يوزع من تركته مبلغاً من المال على ٣ مؤسسات خيرية وبالتساوي وعند فتح الوصية وجد رقم المنزلة الأولى من المبلغ قد حذف فظهر العدد على النحو ٨٦٧ ديناراً، فما هو الرقم المحذوف حتى يقسم المبلغ بالتساوي بين هذه المجموعات بالدنانير الكاملة؟

⇦ **الواجب البيتي:**

حل التمارين ١ و٢ و٣ في الكتاب في ص ٤٠.

أنموذج خطة تدريسية لمادة الأحياء

المادة : الإحياء **الموضوع: مفهوم التشرب**

أولاً- الهدف العام:

تعريف الطلاب مفهوم التشرب.

ثانياً: أهداف الدرس السلوكية:

يتوقع بعد انتهاء الدرس أن يكون الطالب قادراً على أن :

- يوضح مفهوم التشرب.
- يعرف ضغط التشرب.
- يشرح أسباب حدوث ضغط التشرب.
- يفسر سبب تغيير حجم بذور الحمص.
- يجري تجربة يوضح كيفية حدوث ضغط التشرب.
- يستعمل الأدوات والمواد بصورة مناسبة.
- ينظم جدول بالحسابات والنتائج.
- يقدر عظمة الخالق سبحانه وتعالى في خلقه لأجزاء النبات في أحسن صورة.

ثالثاً- الوسائل التعليمية:

الطباشير الملون، السبورة، أوراق ترشيح، قمع زجاجي، بذور الحمص، وعجينة الجص، حامل حديدي، طبق بتري.

رابعاً- خطوات الدرس :

أ- التمهيد: (دقيقتان)

تطرقنا في الدرس السابق إلى انتشار المواد الصلبة وانتشار الغازات بشكل تجريبي ففي التجربة الأولى، عندما وضعت قطرات من برمنكنات البوتاسيوم في أنبوبة اختبار الماء رأينا انتشار البرمنكات بعد برهة من الزمن، وفيما يتعلق بانتشار الغازات عند وضع قطعة من القطن الموضوع عليها عدة قطرات من حامض الهيدروليك في إحدى فوهات أنبوبة زجاجية مفتوحة الطرفين وفي الفوهة الأخرى قطعة من القطن تحتوي على قطرات من هيدروكسيد الامونيوم بعدها نشاهد انتشار الغازات فتكون على شكل حلقة ضبابية بيضاء اقرب إلى HCL منها إلى NH_4OH .

يقوم المعلم بإثارة أسئلة لجلب انتباه الطلبة واسترجاع معلوماتهم السابقة، وهي:

- ماذا نقصد بعملية الانتشار؟
- ما أنواع الانتشار؟

- ما العوامل المؤثرة في معدل الانتشار؟

- ما الوقت الذي استغرقته المادة الصلبة (برمنكات البوتاسيوم) في الانتشار؟

- كيف يمكن حساب سرعة الانتشار؟

- ظهور الحلقة الضبابية بالقرب إلى HCL وبعيدة عن NH_4OH فسر ذلك؟

ب- عرض المادة : (٣٣ دقيقة)

١- تقسم المجموعة على مجموعات تعاونية صغيرة (٣) طلاب لكل مجموعه وتوزيعها بشكل غير متجانس من ناحية التحصيل وبحسب الأدوار الآتية:

✔ المنسق- يقوم بالتنسيق بين أفراد مجموعته والمعلم.

✔ المصحح- يقوم بمراقبة إجابات أفراد المجموعة وتصحيحها إذا كانت خطا وملاحظة أخطاء المجموعة في أثناء القيام بالتجربة.

✔ الملخص- يقوم بتقديم ملخص عن التجربة والأسئلة التي عرضت على أفراد المجموعة بعد الاتفاق على الإجابة المناسبة وتقديمها في نهاية كل مختبر وتكون الإجابة موجزة.

٢- يقوم المعلم بتعريف الطلبة بالأهداف السلوكية الخاصة بموضوع التشرب وضغط التشرب وذلك بكتابتها على السبورة.

٣- يطلب المعلم من الطلبة ذوي المهمات الجزئية المسؤولين عن الموضوعات المتشابهة الاجتماع معا، لشرح هذه الموضوعات ومناقشتها وتبادل الأفكار حولها، ويكون دور المعلم في هذه الأثناء مراقبة عمل الطلبة وتقديم الملاحظات والتوجيهات والتدخل إذا لزم الأمر والتذكير بالوقت المتبقي لهم لإنهاء هذه المناقشة والعودة إلى مجموعاتهم.

٤- يطلب المعلم من الطلبة العودة إلى مجموعاتهم الأصلية، ويبدأ كل عضو بتعليم الجزء الخاص به لأعضاء مجموعته... وهكذا فيما يتعلق بأعضاء المجموعة الواحدة.

٥- تقوم كل مجموعة بخطوات التجربة الآتي:

✔ تثبيت القمع الزجاجي بوضع عامودي بوساطة الحامل الحديدي والماسك بحيث تكون فتحة القمع الواسعة إلى الأعلى.

✔ تثبت بعد ذلك ورقة الترشيح في القمع الزجاجي.

✔ وضع كمية من عجينة الجص إلى النصف، ثم تقوم بنثر عدد من بذور الحمص في الوسط بعيدة عن حافة القمع.

✔ تضيف كمية أخرى من عجينة الجص ثم تتركها لمدة ربع ساعة لتجف.

✔ اخرج مخروط الجص بعد جفافه ثم يوضع في طبق بتري يحتوي على كمية من الماء بحيث تكون قاعدة المخروط للأسفل والماء يغمرها لمسافة ١ سم واتركه لمدة وراقب ما يحصل.

تجري مداولة بين أعضاء المجموعة لأسئلة المعلم لضمان تبادل المعلومات المتعلقة بالموضوع، ويقوم المسجل بتسجيلها على ورقة ، والمصحح يجري تصحيح الإجابات الخطأ ويقدمها إلى الملخص الذي يقدم خلاصة نهائية للموضوع بعد اتفاق أراء المجموعة على شكل تقرير نهائي يسلم إلى المعلم في نهاية المختبر.

ج- التقويم: (١٠ دقائق)

س: ماذا نقصد بالتشرب؟

س: عرف ضغط التشرب؟

س: عدد العوامل الواجب توفرها في معدل التشرب؟

س: هل يتغير حجم بذور الحمص؟

س: فسر ما يحصل لمخروط الجص بعد تركه فترة من الزمن؟

⇦ الواجب البيتي:

تحضير موضوع الازموزية والضغط الازموزي للدرس القادم.

أنموذج خطة تدريسية لمادة اللغة العربية

المادة : القواعد   **الموضوع: المصدر الميمي**

أولاً- الهدف العام:

تعريف الطلاب المصدر الميمي.

التعلم التعاوني

ثانياً: أهداف الدرس السلوكية:

يتوقع بعد انتهاء الدرس أن يكون الطالب قادراً على أن:

- يعرف مفهوم المصدر الميمي.
- يذكر وزن المصدر الميمي.
- يذكر فعل المصدر الميمي.
- يذكر المصدر الأصلي للمصدر الميمي.
- يعرف المصدر الميمي.
- يعرب تحويل الفعل الأصلي إلى مصدر ميمي.
- يعرف تحويل الفعل الأصلي إلى مصدر ميمي.
- يعطي جملة تحتوي على مصدر ميمي على وزن مفعل
- يعطي جملة تحتوي على مصدر ميمي على وزن مفعل بكسر العين.
- يميز المصدر الميمي.
- يعطي جملة تحتوي على المصدر الميمي على وزن اسم المفعول.

ثالثاً: الوسائل التعليمية :

الطباشير الملون، السبورة.

أ-التمهيد: (دقيقتان)

- يثني المعلم على حسن ترتيب الطلاب للمقاعد الدراسية وعدم غياب أي طالب ضمن أي مجموعة من المجموعات التعاونية.
- يعرف المعلم الطلاب الأهداف السلوكية الخاصة بموضوع المصدر الميمي وذلك بكتابتها على الجانب الأيمن من السبورة وكتابة فقرات الموضوع في الجانب الأخر.

ب- عرض المادة : (٣٣ دقيقة)

الخطوة الأولى : ١١ دقيقة

- يطلب المعلم من الطلاب قراءة النص قراءة صامتة، ويوجه إليهم أسئلة متنوعة بحيث تكون أجوبتهم جملاً من النص لتكون منطلقا لفهم الموضوع، وكتابتها

أنموذج تطبيق التعلم التعاوني في مختلف المواد الدراسية

على السبورة ووضع خطوط تحت الكلمات التي أخذت من لفظ المصدر الميمي على الوجـه الآتي:

سمعت كلاماً طاب مسمعه.

لا تعدن موعداً.

لا يغرنك المرتقى في الأمر.

إذا كان المنحدر منه وعراً.

- يطلب المعلم من الطلاب تأمل الأسماء (مسمع، موعداً، المرتقى، المنحدر)، تجد كل اسم منها يدل على معنى مجرد من الزمان، فهو إذن مصدر، لأنك لو وضعت بدل هذه الأسماء المصادر الأصلية لأفعالها (سمع، وعد، ارتقاء، انحدار) ما تغير المعنى، ولذا سميت هذه الأسماء (مصادر) أيضاً، ومن الملاحظ فان كل مصدر منها مبدوء بميم زائدة لذلك يسمى مصدر ميمي.

- يطلب المعلم تأمل المصادر الميمية من قبل الطلاب، فيلاحظ عدم وجود بين أفعالها فعلا على وزن فاعل الذي مصدره مفاعلة نحو جاهد – مجاهدة وشارك مشاركة لأن المصادر التي على وزن مفاعلة مصادر أصلية وليست ميمية، فتدرك من ذلك إن (الميم) المبدوءة بها المصادر الميمية زائدة لغير المفاعلة.

- يذكر المعلم للطلاب انه إذا تدبرتم هذه المصادر الميمية، تجدون منها قد أدى ما يؤديه المصدر الأصلي من الدلالة على المعنى المجرد، ولكنه يفوقه في قوة الدلالة وتأكيدها.

- يطلب المعلم من الطلاب العودة إلى النص ، وملاحظة المصدر الميمي الذي فعله ثلاثي(سمع- يسمع)، تجده قد جاء على وزن مفعل، وهذه هي الصيغة القياسية للمصدر الميمي، وفي جميع حالات الفعل الثلاثي ما عدا حالة واحدة، وهي التي يكون فيها الفعل الثلاثي (مثالاً واوياً) صحيح الأخر، كما ترى في المصدر الميمي(موعد)، فان فعله (وعد- يعد) صحيح اللام، معتل الفاء بالواو التي حذفت في المضارع ومثله المصدر الميمي (موصل) من قولك (كان موصلي إلى المدرسة

متأخراً)، وقد تزاد (تاء) في أخر المصدر الميمي، فيكون على صيغة (مفعلة)، كما في الحديث الشريف: "الولد ثمرة القلب، وانه مبخلة، مجنة، محزنة".

- يتحول المعلم إلى النوع الأخر وهو المصدر الميمي (مرتقى) الذي فعله خماسي (ارتقى- يرتقي) فنجده قد جاء على وزن فعله المضارع بإبدال حرف المضارعة ميماً مضمونة، وفتح ما قبل أخره، ومثله المصدر الميمي (منحدر) الذي فعله خماسي أيضاً (انحدر- ينحدر).

- يشير المعلم إلى أن هذا القياس يسري على الرباعي والسداسي، كقوله تعالى: (**إِن تَجْتَنِبُوا كَبَائِرَ مَا تُنْهَوْنَ عَنْهُ نُكَفِّرْ عَنكُمْ سَيِّئَاتِكُمْ وَنُدْخِلْكُم مُّدْخَلًا كَرِيمًا**) (النساء:٣١)، وكذلك قولك: (استقبل محمد ضيوفه مستقبلاً حسناً)، فلكل من (مدخلاً) و(مستقبلاً) مصدر ميمي جاء على وزن فعله مضارع، بإبدال حرف المضارعة ميماً مضمومة وفتح ما قبل الأخر، الأول فعله رباعي (ادخل- يدخل)، والثاني فعله سداسي(استقبل - يستقبل).

- يتوجه المعلم للطلاب بالكلام يتبين أن المصدر الميمي من غير الثلاثي يكون على وزن فعله المضارع بإبدال حرف المضارعة ميماً مضمومة وفتح ما قبل الأخر سواء أكان رباعياً أو خماسياً أو سداسياً. وأما اسم المفعول، واسم الزمان، واسم المكان من غير الثلاثي، تشارك المصدر الميمي في ذلك، ويستدل على ذلك منها بالقرائن، وسياق الجملة.

الخطوة الثانية: ١١ دقيقة

يطلب المعلم من الطلاب ذوي المهمات الجزئية المسؤولين عن الفقرات المتشابهة بالاجتماع معاً لشرح ومناقشة الفقرات وتناول الأفكار حولها حسب جدول توزيع المهام العلمية لموضوع المصدر الميمي.

- يطلب من الطلاب إعادة ترتيب المقاعد الدراسية على شكل ثلاث حلقات دائرية مكونة من ثمان مقاعد وحلقة مكونة من ستة مقاعد.

- وأثناء مناقشة فقرات الموضوع بين أعضاء المجموعة الجديدة يحرص المعلم على:

- تذكير الطلاب بان لديهم ١٠ دقائق فقط لإتمام مناقشة الفقرات.

- مراقبة أدائهم.

- تقديم التوجيهات.

- الإجابة عن أسئلة الطلاب.

الخطوة الثالثة: ١١ دقيقة

بعد أن ينهي الوقت المحدد يطلب المعلم من الطلاب العودة إلى مجموعاتهم الأصلية مع التأكيد على السرعة والهدوء أيضا ويبدأ كل عضو وحسب التسلسل الأرقام بتعليم أعضاء مجموعته الفقرات الموكلة إليه وبعد ذلك يوزع المعلم ورقة العمل لكل مجموعة تحتوي على التمارين الموجودة في الكتاب المقرر.

- وفي هذه الأثناء يتحرك المعلم بين المجموعات التعاونية ويطلب منهم الترتيب عند العمل، وكتابة المهمات في ورقة العمل.

- في نهاية الوقت تسلم كل مجموعة خطة عملها.

ج- التقويم: ١٠ دقائق

س: هات المصدر الميمي لكل فعل من الأفعال الآتية:

وفد، قعد، ذهب، حمد، قدم، اجتهد، استودع.

س: كون ثلاث جمل مفيدة تشتمل كل منها على مصدر ميمي، بحيث:

١- يكون المصدر الميمي في الجملة على وزن مفعل بفتح العين.

٢- يكون المصدر الميمي في الجملة على وزن مفعل بكسر العين.

٣- يكون المصدر الميمي في الجملة على وزن فعله المضارع بإبدال حرف المضارعة ميماً وفتح ما قبل الأخر.

☜ الواجب البيتي

حل التمارين ١ و٢ و٣ في دفاتر القواعد.

أقسام الوحدة التعليمية		الزمن	الفعاليات والنشاطات	التشكيلات	الملاحظات
القسم التحضيري (٢٥) دقيقة	الإداري (الأجواء التربوية)	٣ دقيقة	وقوف الطلاب نسقا واحدا لتسجيل الغياب وأداء تحية بدء الدرس بصيحة (رياضة......نشاط) .	×××××××××× Δ	التأكيد على الوقوف المنظم وضبط المسافات بين الطلاب
	الإعداد العام (المقدمة)	٧ دقيقة	السير الاعتيادي-السير على الامشاط-السير على الكعبين- هرولة خفيفة-الهرولة مع تدوير الذراعين للأمام-الهرولة مع تدوير الذراعين خلفا-الهرولة مع رفع الركبتين اماما عاليا بالتعاقب-الهرولة مع القفز عاليا عند سماع الصافرة-هرولة خفيفة-سير اعتيادي- الوقوف.	×××××× × × × Δ ×	الإعداد العام يكون على شكل رتل دائري بدائرة مفتوحة
	الإعداد الخاص التمارين البدنية	١٥ دقيقة	(وقوف - تخصرا) قفزات على البقعة مع ثني الرجلين للصدر (حر). (الوقوف، فتحا ، انثناء عرضا) ضغط المرفقين للخلف ثلاث عدات ونشر الذراعين بالعدة الرابعة . (وقوف، فتحا، الذراعين جانبا الجذع أماما) فتل الجذع للجانبين (٤ عدات) (الوقوف) ثني الرجلين للأسفل مع رفع الذراعين أماما (عدتين) .	× × × × × × Δ × × × × × × × × ×	التأكيد على أعداد جميع المجموعات العضلية المشاركة بالعمل

القسم الرئيسي (٦٠) دقيقة	الجانب التعليمي	١٢ دقيقة	يقوم المدرس بشرح مهارة الدحرجة (بوجه القدم وباطن القدم) ويقوم بأداء المهارة أمام الطلاب ثم الأداء من قبل النموذج (الزميل) ثم من قبل الطلاب .		التأكيد على فهم الطلاب للمهارة مع الانتباه لشرح وعرض المدرس للمهارة
	الجانب التطبيقي	٤٨ دقيقة	-يقوم كل طالب بأداء الدحرجة بوجه القدم لمسافة (١٠م) ذهابا وبباطن القدم إيابا مع قيام قائد المجموعة بتصحيح الأخطاء. -يقوم الطالب الأول في كل مجموعة بدحرجة الكرة بين (٣) واخص ثم الرجوع بخط مستقيم ومناولتها إلى الطالب رقم (٢) ثم الرجوع إلى خلف المجموعة ليقوم الطالب رقم (٢) بنفس الأداء وهكذا . -طالبان بخط متوازي يقوم الطالب الأول بدحرجة الكرة للأمام ثم يمررها إلى الطالب الثاني ليقوم بنفس الأداء ثم يمررها إلى الطالب الأول يطبق التمرين بعرض الملعب ذهابا وإيابا.		- تقسيم الصف الى (٦) مجموعات تعاونية . - كل مجموعة بقائدها ينفذ التمرين بها. - كل طالب مسؤول عن تنفيذ المهارة ثم يتم تبديل المجموعات دورياً. - عدد طلاب المجموعة الواحدة (٤) , مع والتأكيد على تطبيق المهارة بصورة صحيحة والتعاون بين أفراد المجموعة لتنفيذها .
القسم الختامي (٥) دقيقة	الجانب الختامي	٥ دقيقة	تمارين تهدئة واسترخاء مع جمع الأدوات إلى مكانها ثم الانصراف .		

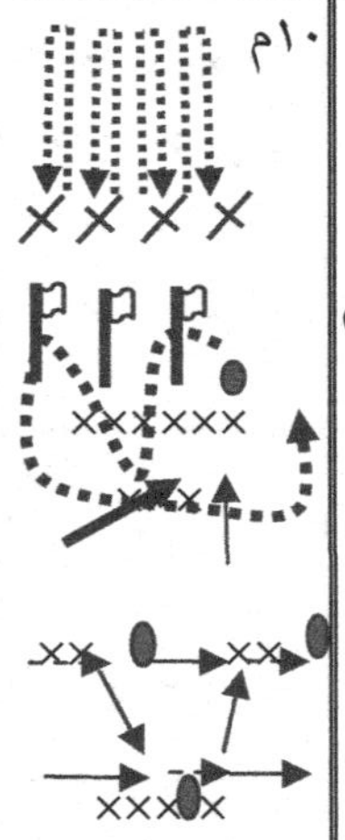

أنموذج خطة تدريسية لمادة التربية الفنية

المادة : التربية الفنية **الصف : الثالث الابتدائي**

الموضوع : رسم العيد **الزمن : ٤٥ دقيقة**

أولاً- الهدف العام :

التعبير بالرسم عن المناسبات الوطنية والقومية والدينية.

ثانياً- الهدف الخاص :

تشجيع الرسم الجماعي بين مجموعة من التلاميذ لإعطائهم فرصة التشاور والتعاون لرسم لوحة مشتركة بشكل يحقق الأهداف التربوية بالإضافة إلى الهدف الفني والمستوى الجيد.

ثالثاً- الأهداف السلوكية :

جعل التلميذ قادراً على أن :-

١- يشارك مع أقرانه في انجاز لوحة فنية بقياس (١٠٠سم×٧٠سم) عن موضوع العيد.

٢- يناقش مع زملائه مفردات اللوحة الفنية لموضوع العيد .

٣- يميز الألوان المستخدمة في تلوين مفردات اللوحة الفنية .

٤- يتجاوز خاصية التكرار الآلي في الأشكال .

٥- يتجاوز خاصية التماثل في الأشكال .

٦- يتجاوز خاصية الشفافية في الأشكال .

٧- يتجاوز خاصية الجمع بين الأمكنة والأزمنة في حيز واحد في رسوماته .

٨- يتجاوز خاصية المبالغة في الأشكال .

٩- يتجاوز خاصية تفاصيل الأشكال المرسومة .

١٠- يتجاوز خاصية طبيعة الأشكال المرسومة

١١- يتجاوز خاصية علاقة الأشكال ببعضها .

١٢- يتجاوز خاصية الوضع المثالي في الأشكال والأشياء الأخرى .

١٣- يتجاوز خاصية التصفيف أو الرص في رسوماته .

١٤- يتجاوز خاصية التسطيح في الأشكال .

١٥- يتجاوز خاصية التسمية في رسوماته .

١٦- يتجاوز خاصية الحذف في الأشكال .

١٧- يتجاوز خاصية خط الأرض في رسوماته .

رابعاً: الخامات والمستلزمات

كارتون للرسم بقياس (١٠٠×٧٠سم)، أقلام رصاص، ألوان شمعية (باستيل).

خامساً- الوسائل التعليمية

مجموعة صور ورسوم بالألوان.

أ- المقدمة (دقيقتان)

تم إعطاء التلاميذ (عينة البحث) فكرة توضيحية عن مناسبة العيد وبيان أهميته بالنسبة لهـم كأطفال وتشجيعهم على تبادل التهـاني مـع أهلهـم وأصدقائهم والـسؤال عـن الملابـس الجديـدة التـي يرتدونها في العيد وعن تفاصيلها وألوانها الجذابة والأماكن التي يـذهبون إليهـا كالحـدائق العامـة ومـا يرونه من أشجار بأشكالها وألوانها المختلفة وعن بـائع الحلـوى وشكل عربتـه ولونها وبـائع البالونات وأشكال وألوان البالونات وأحجام البالونات عند ارتفاعها في السماء مع بيان نوع الألعاب التـي يلعبونهـا مع أصدقائهم كلعبة كرة القدم وكيف أن اللـه سبحانه وتعالى خلق الإنسان بقدمين ولكنـه يـستعمل قدم واحدة لضرب الكرة وتشجعهم على التنافس مع أصدقائهم لتحقيق الفوز .

وبعد ذلك تم توضيح فكرة العمل الجماعي وبالأخص الرسم الجماعي (رسم مشترك) كونه فكـرة لرسم لوحة فنية مشتركة يقوم به تلاميذ الصف على شكل مجموعـات تـضم كـل مجموعـة (٣) تلاميـذ بحيث يختار كل تلميذ رسم جزء من موضوع مجموعته وكيفية تنسيق العناصر وتنظيمها للوصـول إلى عمل يعبر عن الموضوع بشكل جيد .

ب- العرض : (١٠) دقائق

تم تقسيم التلاميذ إلى مجموعات ، كل مجموعة تضم (٣) تلاميذ وتعطى الحرية لكل تلميذ من المجموعة باختيار أحد عناصر الموضوع لرسمه مع مجموعته مع بيان موقعه بـين زملائـه في المجموعـة والحيز المسموح له .

التعلم التعاوني

والتأكيد على استخدام الألوان المناسبة لتلوين كل عنصر في اللوحة مع تحقيق الوحدة بين أجـزاء اللوحة الفنية .

ج-التنفيذ: (٢٣) دقيقة

يبدأ التلاميذ بتنفيذ الخطة التي وضعت من قبل المعلمة بالرسم على الكـارتون المخـصص قيـاس (١٠٠سم×٧٠سم) وبشكل تعاوني وينصرف الجميع للرسم تحـت إشراف المعلمـة لتكوين لوحة كاملـة يتعاون التلاميذ على انجازها مع إعطاء الملاحظات المهمة التي تعزز الموضوع وتحقق الترابط بـين أجـزاء اللوحة الفنية .

د- التقويم: (١٠)دقائق

تقوم المعلمة بعرض الأعمال الجيدة أمام التلامذة والثناء عليها لتعزيـز المجـالات الجيـدة وتـلافي الجوانب السلبية أن وجدت .

⇦ الواجب البيتي:

رسم منظر طبيعي.

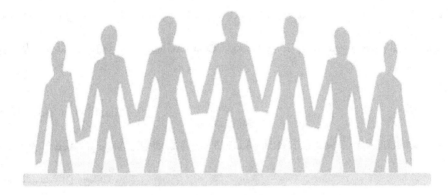

الفصل الرابع عشر

نشاطات تعاونية

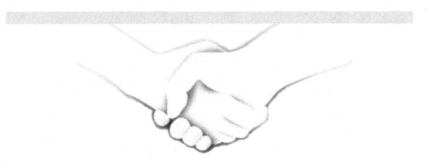

محتويات الفصل:

- النشاط الأول: البطاقات المشاركة

- النشاط الثاني: التوجه الى الشريك

- النشاط الثالث: الدائرة التفاعلية

- النشاط الرابع: المجموعة الدراسية

- النشاط الخامس: الرؤوس المرقمة

- النشاط السادس: تنظيم الحلقة

- النشاط السابع: تحفيز الطاولة المستديرة

- النشاط الثامن: الطاولة المستديرة

- النشاط التاسع: المقابلة

- النشاط العاشر: تبادل الأدوار في الفريق

- النشاط الحادي عشر: أعلى -الخط

- النشاط الثاني عشر: فكر- اكتب- زاوج-شارك

الفصل الرابع عشر

نشاطات تعاونية

النشاط الأول: البطاقات المشتركة

⇦ **المهارات التعاونية:**

استخدام الأسماء- التواصل بالعيون- عبارات التشجيع- تحفيز الذاكرة.

⇦ **حجم المجموعة:**

تطبق أولا على (٢) فردان.

ثم تطبق على مجموعات اكبر تتكون من (٤) أفراد.

⇦ **الهدف من النشاط:**

✔ حل التمارين.

✔ الاعتماد الايجابي المتبادل.

⇦ **التنفيذ:**

- أعط كل زوج من الأعضاء عدد من بطاقات المشاركة.

- في كل بطاقة مجموعة من الأسئلة.

- يعـرض المعلـم البطاقـات والأجوبـة للشـريك الأول واحدة تلو الأخرى.

- يسلم الشريك الأول بطاقاته للشريك الثاني.

- يتفـق الشـريكان عـلى ترديـد الكلـمات والأجوبـة بشكل صحيح.

- يـردد الشـريك الأول الكلـمات والأجوبـة بـشكل صحيح.

- يكافئ الشريكان بعبارات المدح والتشجيع.

- تعاد البطاقات الخاطئة الى الشريكين ويعاد شرحها مرة ثانية، حتى تربح كل البطاقات.

٢٨٧

النشاط الثاني: التوجه إلى الشريك

⇦ **المهارات التعاونية:**

استخدام الأسماء- التواصل بالعيون- عبارات التشجيع- الإصغاء الفعال- الأصوات الهادئة- إعـادة الصياغة.

⇦ **حجم المجموعة: (٢)**

⇦ **الهدف من النشاط:**

✓ تعزيز الإصغاء.

✓ بناء المهارات الاجتماعية.

⇦ **التنفيذ:**

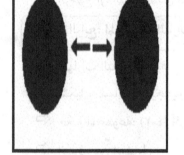

- قسم التلاميذ الى أزواج (يفضل في التقسيم الطلاب الذين يجلسون بجوار بعضهم البعض).

- يقدم المعلم المادة الى التلاميذ.

- يصغي أعضاء المجموعة للمعلم.

- يطرح المعلم عليهم أسئلة حول المادة التي عرضها.

- يفسح المجـال للمجموعـة للمـشاورة وتبـادل الأفكـار والمعلومات والآراء.

- يتفق الأعضاء على الإجابة.

- يقدم احد الأعضاء الإجابة الصحيحة.

- يقدم المعلم عبارات الثناء والتشجيع للمجموعة التي تقدم الإجابة الصحيحة.

النشاط الثالث: الدائرة التفاعلية

⇦ **المهارات التعاونية:**

الإصغاء الفعال- المشاركة- الكلام الصريح.

⇦ **حجم المجموعة: جميع طلاب الصف.**

⇦ **الهدف من النشاط:**

✔ الاعتماد الايجابي المتبادل.

✔ المسؤولية الفردية.

⇦ **التنفيذ:**

- يرتـب المعلـم جلـوس الطـلاب علـى شـكل دائـرة كبـيرة (يشارك فيها كل طلاب الصف).

- يبدأ قائد المجموعة (المعلم أو احد التلاميـذ) بعبـارة أو جملة غير مكتملة.

- يحاول باقي التلاميذ بالدور إنهاء العبارة أو الجملة.

- يتم اجتياز التلميـذ الـذي يخفـق في إكمـال الجملـة، أي عبوره للتلميذ الأخر في الدائرة.

- بعد الانتهاء من كل أفراد الدائرة التفاعلية .

- الرجوع الى التلميذ الذي تم اجتيازه، حتى يعطي الإجابة.

النشاط الرابع: المجموعة الدراسية

⇦ **المهارات التعاونية:**

التشكيل، المساعدة الايجابية، الوقت المحدد.

⇦ **حجم المجموعة:** (٢-٤) أفراد.

⇦ **الهدف من النشاط:**

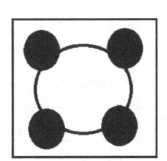

✔ إثارة المناقشة .

✔ التواصل الاجتماعي بين المجموعات.

✔ إثارة عمليات التفكير.

⇦ **التنفيذ:**

- يقسم المعلم الطلاب الى مجموعات صغيرة، كل مجموعة تتكون من أربعة طلاب.

- يقدم المعلم المعلومات بالطريقة التقليدية.

- يستخدم بطاقات تبادل الأدوار بين المعلم أو قائد المجموعة والطلاب.

- يختبر المعلم معلومات الطلاب بطريقة المناقشة أو العصف الذهني أو KWL.

النشاط الخامس: الرؤوس المرقمة

↩ **المهارات التعاونية:**

الأصوات الهادئة، التعاون، التفاعل الاجتماعي، الإتقان، التعزيز، تنشيط الفريق..

↩ **حجم المجموعة:** (٢-٤) أفراد.

↩ **الهدف من النشاط:**

استخدام الأسماء- التواصل بالعيون- عبارات التشجيع- تحفيز الذاكرة.

↩ **التنفيذ:**

- يقسم المعلم الصف الى مجموعات صغيرة كل مجموعة تتكون من أربعة أعضاء.

- يطرح المعلم سؤالاً.

- يجتمع الطلاب في كل مجموعة ويتداولوا في الإجابة.

- عند انتهاء الوقت يستعمل المعلم أما جرس أو ضوء أو التصفيق بالأيدي.

- يبعد الطلاب رؤوسهم عن بعضهم.

- يختار المعلم تلميذاً واحداً من كل مجموعة.

- تعطى نقاط للمجموعة أثر الإجابة الصحيحة.

النشاط السادس: تنظيم الحلقة

↩ **المهارات التعاونية:**

استخدام المفردات، الالتزام بالوقت، التفاعل الاجتماعي، الإتقان، التعزيز، تنشيط الفريق، تحديد الإجابة الصحيحة .

↩ **حجم المجموعة:** (٣-٤) أفراد.

↩ **الهدف من النشاط:**

✓ الاعتماد الايجابي المتبادل.

✓ المسؤولية الفردية.

⇦ **التنفيذ:**

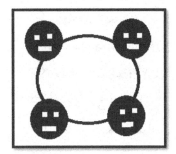

- يقسم المعلم الطلاب الى مجموعات، وتتألف كل مجموعة من ثلاثة الى أربعة طلاب.

- يقـدم المعلـم عنـوان لقـصة، شخـصيات القـصة، ونبـذة مختصرة عن محتوى القصة.

- يسأل المعلم أسئلة حول القصة.

- يتفق أفراد المجموعة على الإجابة.

- يقدم أحد التلاميذ الإجابة شفوياً..

النشاط السابع: تحفيز الطاولة المستديرة

⇦ **المهارات التعاونية:**

استخدام المفردات، الالتزام بالوقت، التفاعل الاجتماعي، الإتقان، التعزيز، تنشيط الفريق، تحديد الإجابة الصحيحة .

⇦ **حجم المجموعة:** (٤-٣) أفراد.

⇦ **الهدف من النشاط:**

✓ الاعتماد الايجابي المتبادل.

✓ المسؤولية الفردية.

⇦ **التنفيذ:**

- يقسم المعلم الطلاب الى مجموعات، وتتألف كل مجموعة من ثلاثة الى أربعة طلاب.

- يقدم المعلم عنوان القصة، شخصيات القصة، ونبذة مختصرة عن محتوى القصة.

- يسأل المعلم أسئلة حول القصة.

- يكتب كل تلميذ الفكرة على ورقة.

- تمرر الورقة بين التلاميذ لكتابة الأفكار.

- يتفق التلاميذ على الإجابة.

- يقدم المعلم إشارة دالة على انتهاء الوقت.

- تعطى الإجابة المتفق عليها من قبل المجموعة.

النشاط الثامن: الطاولة المستديرة

⇦ **المهارات التعاونية:**

استخدام المفردات، الالتزام بالوقت، التفاعل الاجتماعي، الإتقان، التعزيز، تنشيط الفريق، تحديد الإجابة الصحيحة، المناقشة بهدوء، الانتظار بانتظام .

⇦ **حجم المجموعة:** (٣-٤) أفراد.

⇦ **الهدف من النشاط:**

✓ الاعتماد الايجابي المتبادل.

✓ المسؤولية الفردية.

⇦ **التنفيذ:**

- يقسم المعلم الطلاب الى مجموعات، وتتألف كل مجموعة من ثلاثة الى أربعة طلاب.

- يقدم المعلم عنوان القصة، شخصيات القصة، ونبذة مختصرة عن محتوى القصة.

- يسأل المعلم أسئلة حول القصة.

- يكتب كل تلميذ الفكرة على ورقة.

- تمرر أكثر من ورقة بين المجموعة لكتابة الأفكار.

- يتفق التلاميذ على الإجابة.

- يقدم المعلم إشارة دالة على انتهاء الوقت.

- تعطى الإجابة المتفق عليها من قبل المجموعة.

النشاط التاسع: المقابلة

⇦ **المهارات التعاونية:**

استخدام الأسماء- التواصل بالعيون، الالتزام بالوقت، التفاعل الاجتماعي، الإتقان، التعزيز، تنشيط الفريق، تحديد الإجابة الصحيحة، وصف المشاعر، التقصي عن المفردات.

⇦ **حجم المجموعة:** (٣-٤) أفراد.

⇦ **الهدف من النشاط:**

✓ الاعتماد الايجابي المتبادل.

✓ المسؤولية الفردية.

⇦ **التنفيذ:**

- يقسم المعلم الطلاب الى مجموعات، وتتألف كل مجموعة من ثلاثة الى أربعة طلاب.

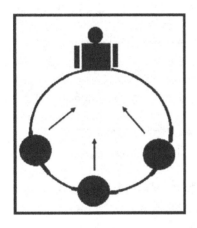

- يقابل أعضاء المجموعة بعضهم بعضا كلاً بدوره.

- يقدم المعلم عنوان القصة، شخصيات القصة، ونبذة مختصرة عن محتوى القصة.

- يقف التلاميذ على شكل حلقة.

- يأخذ كل منهم دوراً معين من أحـداث أو شخصيات القصة، أما عن طريق بطاقات فيهـا الأدوار أو عـن طريق المناقشات.

النشاط العاشر: تبادل الأدوار في الفريق

⇦ **المهارات التعاونية :**

التخطيط للدرس، التفاعل بالأفكار مع الآخرين، الالتزام بالوقت.

⇦ **حجم المجموعة:** (٣-٤) أفراد.

⇦ **الهدف من النشاط:**

✓ الاعتماد الايجابي المتبادل.

✓ المسؤولية الفردية.

⇦ **التنفيذ:**

- يتم تقسيم الصف الى ثلاث مجموعات وكل مجموعة تتكون من أربعة أفراد.

- يتم إعطاء كل مجموعة لون (احمر -اخضر ازرق).

- يعطى أفراد كل مجموعة بطاقات ملونة بلون الفريق ومرقمة ، أي ان كل طالب يأخذ بطاقة بلون الفريق.

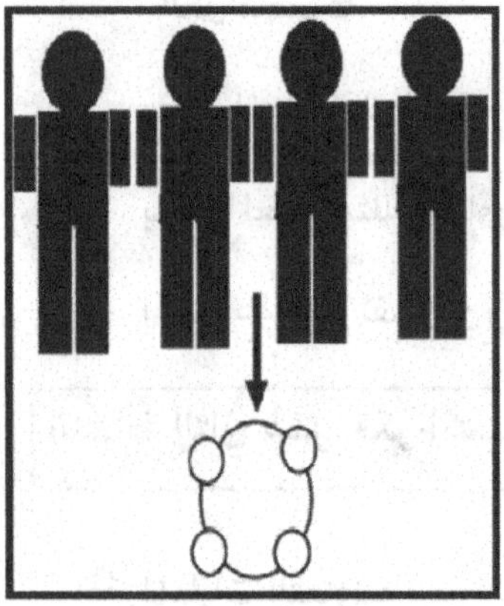

- يسأل المعلم أسئلة للفريق الأخضر............... السؤال مكتوب في بطاقات خضراء.
- يأخذ الطالب رقم ١ من الفريق الأخضر السؤال ويذهب الى الفريق الأحمر ويتشاور معهم في الأجوبة، ويذهب الطالب رقم ٢ الى الفريق الأزرق ويتشاور معهم في الأجوبة.
- يبقى الطالب رقم ٣ و٤ في الفريق الأخضر في مكانه بانتظار زملائه.
- يعود الطالب رقم ١و٢ الى الفريق ويتشاورا مع بعضهم في الأجوبة وعند انتهاء الوقت يقدم الطالب ٣ أو ٤ الإجابة وبعدها يتم تبادل الأدوار في الفريق الأخضر.......... وهكذا مع بقية المجموعات.

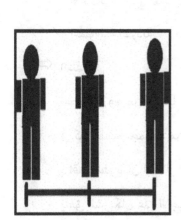

النشاط الحادي عشر: أعلى- الخط

⇦ **المهارات التعاونية :**

المشاركة بالأجوبة، التفاعل بالأفكار مع الآخرين، الالتزام بالوقت.

⇦ **حجم المجموعة:** (٣-٤) أفراد.

⇦ **الهدف من النشاط:**

✓ الاعتماد الايجابي المتبادل.

✓ المسؤولية الفردية.

⇦ **التنفيذ:**

- يقسم المعلم الصف الى مجموعتين، مجموعة تشاهد والأخرى تشارك في الفريق.

- المجموعة التي تشارك تقسم الى ثلاثة مجموعات، وكل مجموعة تتكون من أربعة أفراد ويعين لكل مجموعة قائد.

- يقسم المعلم ارض الصف الى ثلاث أقسام ويقف كل قائد مجموعة على قسم.

- يسال المعلم أسئلة يتشاور كل قائد مع مجموعته، ثم يقف على الخط، ويعطي الإجابة.

- المجموعة التي تفشل في إعطاء الإجابة، تعود الى مقاعدها، وتأخذ مجموعة أخرى مكانها.

النشاط الثاني عشر: فكر-اكتب-زاوج-شارك

↩ **المهارات التعاونية :**

المشاركة بالأجوبة، التفاعل بالأفكار مع الآخرين، تنمية الذاكرة.

↩ **حجم المجموعة: (٢).**

↩ **الهدف من النشاط:**

✔ الاعتماد الايجابي المتبادل.

✔ المسؤولية الفردية.

↩ **التنفيذ:**

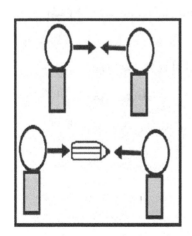

- أعط كل زوج من الأعضاء عدد من بطاقات المشاركة.

- في كل بطاقة مجموعة من الأسئلة.

- يناقش الشريكان الأفكار المتعلقة بالأسئلة، فيما بينهما

- يتفق الشريكان على الأجوبة بشكل صحيح.

- يكتب احد الشريكان الأجوبة.

- يردد الشريك الأول والثاني الأجوبة بشكل صحيح.

- يكافئ الشريكان بعبارات المدح والتشجيع.

- يمكن تغيير أزواج الشركاء باستمرار لضمان استمرار مشاركة كل الطلاب.

المصـــادر العربيــة

١- القران الكريم

٢- الاكلبي، مفلح بن دخيل بن مفلـح الـسعدي(٢٠٠٨). فعاليـة إسـتراتيجية الـتعلم التعـاوني في تحصيل مادة الحديث والثقافة الإسلامية في التحصيل الدراسي ومهارات التفكير الناقد لدى طـلاب الأول الثانوي، الرياض، جامعة أم القرى، كلية التربية (أطروحة دكتوراه).

٣- أبو سنينة، عودة عبد الجواد (٢٠٠٨). أثر شكلين من أشكال التعلم التعاوني في تحـصيل طلبـة الصف العاشر في مبحث التربية الوطنية والمدنية مقارنـة بالطريقـة التقليديـة، فلـسطين، مجلـة جامعـة القدس المفتوحة للأبحاث والدراسات،ع.(١٤)

٤- أبو النصر، حمزة حمزة (٢٠٠٧). الشامل في التعلـيم والـتعلم والتـدريس نظريـات وطرائـق، القاهرة، مكتبة الإيمان بالمنصورة.

٥- ارهيف، سلمى لفتة (٢٠٠٤). أثر استخدام أنمـوذجين مـن نمـاذج الـتعلم التعـاوني في تحـصيل المفاهيم الاحيائية واستبقائها لـدى طلبـة كليـة التربيـة الأساسـية، الجامعـة المستنـصرية، كليـة التربيـة الأساسية (رسالة ماجستير).

٦- ال محيا، عبد اللـه بن يحيى حسن (٢٠٠٨). أثر استخدام الجيل الثاني للتعلم الالكـتروني عـلى مهارات التعليم التعاوني لـدى طـلاب كليـة المعلمـين في أبهـا، الريـاض، جامعـة أم القـرى، كليـة التربيـة (أطروحة دكتوراه).

٧- أمين، اميمة بنت محفوظ محمد (٢٠٠٨). فاعلية إستراتيجية تبـادل الأدوار في تنميـة التفكـير الناقد والتحصيل والاحتفاظ بمادة التاريخ لدى طالبات الصف الثاني الثـانوي بالمدينـة المنـورة، الريـاض، جامعة طيبة، كلية التربية والعلوم الإنسانية (رسالة ماجستير).

٨- البركاتي، نيفين حمزة شرف (٢٠٠٨). اثر التدريس باسـتخدام اسـتراتيجيات الـذكاءات المتعـددة والقبعـات الـست و K.W.L. في التحـصيل والتواصـل والـترابط الريـاضي لـدى طالبـات الـصف الثالـث المتوسط بمدينة مكة المكرمة، الرياض، جامعة أم القرى، كلية التربية (أطروحة دكتوراه).

٩- بن يوسف، سميرة ياسين حسن (٢٠٠٨). استخدام التعليم المفرد كمصدر لإثراء الحصيلة المعرفية والمهارية في مجال الأشغال الفنية دراسة شبه تجريبية، الرياض، جامعة أم القرى، كلية التربية (رسالة ماجستير).

١٠- التميمي، خالد بن حسن شيبان (١٩٩٩). اثر كل من نوع المحكم وطول الاختبار على تحديد درجة القطع لاختبار محكي المرجع يقيس الكفايات الرياضية في العمليات الحسابية بالصف السادس الابتدائي بمدينة جدة، الرياض، جامعة أم القرى، كلية التربية (رسالة ماجستير).

١١- التميمي، رافد صباح عبد الرضا (٢٠٠٦). اثر استعمال طريقة التعلم التعاوني في تحصيل طلاب الصف الخامس الأدبي في مادة قواعد اللغة العربية، الجامعة المستنصرية، كلية التربية الأساسية (رسالة ماجستير).

١٢- التميمي، عواد جاسم محمد (٢٠١٠). طرائق التدريس العامة " المألوف- المستحدث"، الجامعة المستنصرية، كلية التربية الأساسية.

١٣- التميمي، محسن علي محمد (٢٠٠٨). اثر استخدام طريقتين علاجيتين في إطار إستراتيجية إتقان التعلم على التحصيل وتنمية التفكير الاستدلالي لدى طالبات معهد إعداد المعلمات، مكتب بغداد، جامعة سانت كليمنتس (أطروحة دكتوراه).

١٤- الجاسر، صالح بن مخيلد عشوي (٢٠٠١). أثر التعلم التعاوني على تحصيل الرياضيات لدى طلاب كلية المعلمين في مدينة عرعر، الرياض، جامعة أم القرى، كلية التربية (رسالة ماجستير).

١٥- الحجامي، عائشة احمد محمد (٢٠١٢). خصائص المعلم في الدول ذات التحصيل المرتفع (سنغافورا- الصين) والدول ذات التحصيل المنخفض (السعودية) في اختبارات دراسة التوجهات الدولية للرياضيات والعلوم (TIMSS2007)، الرياض، جامعة أم القرى، كلية التربية (رسالة ماجستير).

١٦- الجبوري، صبحي ناجي عبد الله (٢٠٠٧). أثر استعمال التعلم التعاوني (فرق التعلم) في اتجاهات طالبات الصف الرابع الإعدادي نحو مادة الجغرافية، الجامعة المستنصرية، مجلة كلية التربية الأساسية،ع.(٥٢).

١٧- جوكيوز، ديفيد (٢٠٠٨). التعلم في مجموعات، ترجمة عزو عفانة وآخرون، عمان، دار المسيرة للنشر والتوزيع.

١٨- حسن، رحاب حسين علي (٢٠١٠). خصائص معلمة الروضة وعلاقتها باكتساب الطفل للخبرات، بغداد، جامعة بغداد، كلية التربية للبنات (رسالة ماجستير).

١٩- حسن، وفاء شكر (٢٠٠٥).فاعلية العمل الجماعي في تطوير خصائص رسوم تلامذة المرحلة الابتدائية ، جامعة ديالى، كلية التربية الأساسية (رسالة ماجستير).

٢٠- حسين، محمد عبد الهادي (٢٠٠٣). تربويات المخ البشري، عمان، ط (١)، دار الفكر للطباعة والنشر.

٢١- الحلفي، حيدر مجيد شويع ألحلفي (٢٠١٠). تأثير منهج بالأسلوب التعاوني في تعليم بعض المهارات المغلقة والمفتوحة بكرة القدم، الجامعة المستنصرية، كلية التربية الأساسية (رسالة ماجستير).

٢٢- حلوس، ناريمان حميد (٢٠٠٩). اثر استعمال إستراتيجيتين من التعلم التعاوني (المجموعات الكبيرة والمجموعات الصغيرة) في تحصيل مادة علم النفس التربوي لدى طلاب معهد إعداد المعلمين، بغداد، جامعة بغداد، كلية التربية/ابن رشد (رسالة ماجستير).

٢٣- الحيلة، محمد محمود (٢٠٠٨). تصميم التعليم نظرية وممارسة، عمان، ط (٤)، دار المسيرة للطباعة والنشر.

٢٤- الخزرجي، نصيف جاسم عبيد (٢٠٠٨). أثر أنموذجي التعلم البنائي والتعلم التعاوني في تعديل الفهم الخاطئ للمفاهيم الفيزيائية والتفكير الاستدلالي لدى طالبات معهد إعداد المعلمات، بغداد، جامعة بغداد، كلية التربية/ ابن الهيثم (رسالة ماجستير).

٢٥- الخفاف، إيمان عباس علي و هناء رجب حسن (٢٠٠٩). صعوبات التعلم بين النظرية والتطبيق برنامج متكامل، عمان، دار المناهج للنشر والتوزيع.

٢٦- الخفاف، إيمان عباس علي (٢٠١٠). اللعب استراتيجيات تعليم حديثة، عمان، دار المناهج للنشر والتوزيع.

٢٧- الخفاف، إيمان عباس علي (٢٠١١). الذكاءات المتعددة برنامج تطبيقي، عمان ، دار المناهج للنشر والتوزيع.

٢٨- الخفاف، إيمان عباس علي (٢٠١٢). التعليم البيئي في رياض الأطفال، عمان، دار المناهج للنشر والتوزيع.

٢٩- الخفاف، إيمان عباس علي (٢٠١٢). الذكاء الانفعالي - تعلم كيف تفكر انفعالياً، عمان ، دار المناهج للنشر والتوزيع.

٣٠- الخفاف، إيمان عباس علي (٢٠١٢). نظريات التعلم والتعليم للمعلم والطالب الجامعي، عمان، دار المناهج للنشر والتوزيع.

٣١- دو ترانس، روبير وآخرون (ب.ت). التربية والتعليم، ترجمة هشام نشابه وآخرون بإشراف اللجنة الوطنية اللبنانية، مكتبة الناشر لبنان.

٣٢- الرفاعي، عالية محمد(٢٠٠٧). اثر استخدام التعلم التعاوني في تحصيل الطلبة الصم في الرياضيات وتفاعلاتهم الاجتماعية، الجامعة الأردنية، كلية التربية (رسالة ماجستير).

٣٣- زايد، فهد خليل(٢٠٠٧). برنامج علاجي قائم على إستراتيجية التعلم التعاوني، عمان، ط (١) ، دار اليازوري للطباعة والنشر.

٣٤- الزهاوي، سعاد سلمان حسن (٢٠٠٧).أثر استخدام طريقة روثكوف في تنمية التفكير الناقد لدى طالبات الصف الرابع العام في مادة التاريخ، الجامعة المستنصرية، كلية التربية الأساسية (رسالة ماجستير).

٣٥- سعادة، جودت احمد وآخرون (٢٠٠٨). التعلم التعاوني (نظريات وتطبيقات ودراسات) ، عمان، ط (١)، دار وائل للطباعة والنشر.

٣٦- سعادة، جودت احمد وآخرون (٢٠٠٦). التعلم النشط بين النظرية والتطبيق، عمان، دار الشروق للطباعة والنشر.

٣٧- الشاعر، إبراهيم محمود (٢٠١٠). فاعلية دور المعلم المتعاون في التربية العملية في جامعة القدس المفتوحة من وجهة نظر طلبة التربية العملية في منطقة بيت لحم، فلسطين، جامعة القدس المفتوحة.

٣٨- الشكرجي، لجين سالم مصطفى محمد (٢٠٠٥).اثر استخدام المجمعات التعليمية وفرق التعلم في التحصيل والاتجاهات نحو الجغرافية لطالبات الصف الخامس الإعدادي في مدينة الموصل، جامعة الموصل ، كلية التربية (أطروحة دكتوراه).

٣٩- العبادي، حامد مبارك (٢٠٠٤). دور التعاون والتنافس والفردية في أداء حل المشكلة عند طلبة الصف الأول الأساسي، البحرين، مجلة العلوم التربوية والنفسية،المجلد الخامس،ع. (٤).

٤٠- عبد المجيد، انزار بن علي ياسين (٢٠١١). استخدام إستراتيجية تدريس الاقران في تدريس التربية الفنية وعلاقتها ببعض المخرجات التعليمية لدى تلاميذ المرحلة الابتدائية بمدينة جدة، الرياض، جامعة أم القرى، كلية التربية (رسالة ماجستير).

٤١- العبيدو، عثمان عبد المنعم (٢٠٠٠). اثر أسلوب التعلم التعاوني في تحصيل طلاب معهد الصف الثاني متوسط في مادة التربية الإسلامية ، بغداد، كلية التربية / ابن رشد (رسالة ماجستير).

٤٢- العبيدي، هاني إبراهيم شريف وآخرون (٢٠٠٦). استراتيجيات حديثة في التدريس والتقويم، عمان، عالم الكتب الحديث للطباعة والنشر.

٤٣- عرقاوي، إيناس إبراهيم محمد (٢٠٠٨). اثر أسلوبي التعلم التعاوني والتنافسي في التحصيل الدراسي والاحتفاظ بمهارات الفهم القرائي للشعر العربي لدى طلبة الصف العاشر الأساسي، فلسطين، جامعة النجاح الوطنية، كلية الدراسات العليا (رسالة ماجستير).

٤٤- العساف، جمال عبد الفتاح، ورائد فخري أبو لطيفة (٢٠٠٩). مناهج رياض الأطفال (رؤية معاصرة)، عمان، الطبعة العربية الأولى، مكتبة المجتمع العربي.

٤٥- عمدة، أمل بنت عبد الله محمد (٢٠٠٧). فاعلية استخدام التعلم التعاوني في تدريس الاقتصاد المنزلي على تنمية مهارات التفكير الابتكاري لدى تلميذات الصف السادس الابتدائي، الرياض، جامعة أم القرى، كلية التربية (رسالة ماجستير).

٤٦- العنزي، خلف بن قليل (٢٠٠٧). أثر استخدام إستراتيجية التعلم التعاوني في تنمية بعض المهارات النحوية لدى الطلاب المعوقين سمعياً في الصف الأول الثانوي بمدينة الرياض، الرياض، جامعة أم القرى، كلية التربية (رسالة ماجستير).

٤٧- فايد، محمد خليل سليمان (٢٠٠٨). التعلم بطريقتي التعاون والتنافس وأثرهما على تحصيل الطلبة في مادة الرياضيات في الصفين الخامس الأساسي والأول الثانوي

واتجاهاتهم نحو كل من الطريقتين، فلسطين، جامعة النجاح الوطنية، كلية الدراسات العليا (رسالة ماجستير).

٤٨- القرني، عبد الله بن احمد بن غيثان (٢٠٠٧). قيم العمل الواردة في ميثاق أخلاقيات مهنة التعليم من المنظور الإسلامي والية تفعليها لدى المعلمين، الرياض، جامعة أم القرى، كلية التربية (رسالة ماجستير).

٤٩- القحطاني، سالم بن علي سالم (٢٠٠٠). فاعلية التعلم التعاوني في تحصيل الطلاب وتنمية اتجاهاتهم في الدراسات الاجتماعية بالمرحلة المتوسطة، قطر، الإمارات العربية المتحدة، مجلة كلية التربية، السنة الخامسة عشر، ع. (١٧).

٥٠- القصاب، ميعاد ناظم رشيد (٢٠٠٦). أثر استخدام أسلوبين من أساليب التغذية الراجعة الملفوظة والمكتوبة في تحصيل طلبة معهد الطب التقني في مادة الفسلجة، جامعة بغداد، كلية التربية للبنات (رسالة ماجستير).

٥١- الكعبي، بلاسم كحيط حسن(٢٠٠٥). أثر استخدام إستراتيجيتي التعلم التعاوني والتقارير القصيرة في تحصيل الطالبات وتنمية التفكير الناقد لديهن في مادة الجغرافية، بغداد، جامعة بغداد ،كلية التربية / ابن رشد (أطروحة دكتوراه).

٥٢- المالكي، عبد الملك بن مسفر بن حسن (٢٠٠١). أثر استخدام التعلم التعاوني في تدريس الرياضيات على تحصيل طلاب الصف الثاني المتوسط في الرياضيات واتجاهاتهم نحوها بمدينة جدة، الرياض، جامعة أم القرى، كلية التربية (رسالة ماجستير).

٥٣- المالكي، عبد الملك بن مسفر بن حسن(٢٠٠٩). فاعلية برنامج تدريبي مقترح على إكساب معلمي الرياضيات بعض مهارات التعلم النشط وعلى تحصيل واتجاهات طلابهم نحو الرياضيات، الرياض، جامعة أم القرى، كلية التربية (أطروحة دكتوراه).

٥٤- محمد، سعد الدين (١٩٧٦). استغلال التعاون المدرسي كطريقة تدريس، المغرب، وزارة التعليم الابتدائي والثانوي، الرسالة العربية، العدد الثالث.

٥٥- المحنة، مهدي صاحب محمد (٢٠١١). تأثير التدريس بأسلوبي الإتقان والمقارن في تعلم فعالية الوثب الطويل، الجامعة المستنصرية، كلية التربية الأساسية (رسالة ماجستير).

المصــادر

٥٦- مصطفى، فدوى عباسو نصيف جاسم (٢٠٠٩). أثر أنموذجي التعلم البنائي والتعلم التعاوني في تعديل التصورات الخاطئة للمفاهيم الفيزيائية والتفكير الاستدلالي لدى طالبات معهد إعداد المعلمات، الجامعة المستنصرية، حولية أبحاث الذكاء، ع.٦.

٥٧- المناصير، حسين جدوع مظلوم ناجي (٢٠٠٢). أثر أسلوب التعلم التعاوني في تنمية ميول طلبة الصف الخامس الأدبي نحو مادة التاريخ، جامعة القادسية، كلية التربية (رسالة ماجستير).

٥٨- منذر، مروج (٢٠٠٦). أثر استخدام أسلوب التعلم التعاوني في تحصيل طلبة المرحلة الثانية في مادة إدارة المنزل، الجامعة المستنصرية، مجلة كلية التربية الأساسية، ع.(٤٩).

٥٩- الموسوي، عباس نوح سليمان محمد (٢٠٠٢). السلوك الاجتماعي وعلاقته بالشعور بالذات والأمن النفسي لدى طلبة جامعة الموصل،جامعة الموصل، كلية التربية (رسالة ماجستير).

٦٠- نبهان، يحيى محمد (٢٠٠٨). الأساليب الحديثة في التعليم والتعلم، عمان، الطبعة العربية، دار اليازوري للطباعة والنشر.

٦١- النعيمي، نادية سلمان عمر (٢٠٠٥). اثر استخدام التعلم التعاوني في اكتساب مهارة الحفر على الجبس لدى طلبة الكلية التربوية المفتوحة / قسم التربية الفنية/ المرحلة الأولى، الجامعة المستنصرية، مجلة كلية التربية الأساسية،ع.(٤٤).

٦٢- نصار، منذر محمود حمد (٢٠١٠). صعوبات تطبيق التعلم التعاوني للمرحلة الأساسية (١-٣) في الأردن من وجهة نظر المعلمين، الأردن، جامعة الشرق الأوسط، كلية التربية (رسالة ماجستير).

٦٣- نصر الله، عمر عبد الرحيم (٢٠٠٦). مبادئ التعليم والتعلم في مجموعات تعاونية، عمان، ط (١)، دار وائل للنشر والتوزيع.

٦٤- يحيى، ميرفت أسامة محمد حج (٢٠١١). فاعلية استخدام إستراتيجية التعلم التعاوني في تحصيل طلبة الصف السابع الأساسي في الرياضيات واتجاهاتهم نحوها في مدينة طولكرم، فلسطين، جامعة النجاح الوطنية، كلية الدراسات العليا (رسالة ماجستير).

٦٥ - يوسف ، ردينة عثمان وحذام عثمان يوسف (٢٠٠٥). طرائق التدريس منهج. أسلوب. وسيلة، عمان، دار المناهج للنشر والتوزيع.

المصـــــادر الأجنبية

1- Johnson , D.W. and Johnson, Cooperative .Values and Culturally Plural Classrooms. (2000) .

2- Lord , Thomas , R. (1994). Using Cooperative Learning in the Teaching of High school Biology ,The American Biology ,Teacher, Vol. (56) , No. (5) ,P. 280-284.

3- Oslen and kagan ,(1992). About Cooperative Learning Carolyn (Eds) Cooperative Language Learning Prentice .Hall Regent Englewood Cliffs . Eric , P. 52.

4- Oxford ,(2000).Word Power Dictionary . Third Edition by Miranda Steal . University Press.

5- Richard M. Felder & Rebecca Brent (2001). Effective Strategies for Cooperative Learning. North Carolina State University, Journal Cooperation and Collaboration in Collage Teaching, Vol.(10), N. (2), P. 69-75.

6- Rubin .Bella ,(1987) " Advanced – Level Reading Comprehension" .A Journal for the Teacher of English Outside the United States. Vo,N.(2), , P.46-47.

7- Statman ,Stell .(1980) " PerTeaching and Group Work "English Language Teaching Journal . Vol.(34).No.(2) , Feb. P. 125 .

8- Slavin , R.(1983). When Does Cooperative Learning in Crease Students Achievement . New York , P. 432 .

9- Slavin , R.E. &et.al.,(1988)."Cooperative learning of Student Achievement. Education leader Ship" , Elementary school Journal , Vol 46 , No (3), PP 23-33.

10- Manning , Lee &Luching , R. ,(1991)." TheWhat and Why , and How of Cooperative Learning " The Social Studies . Vol, 82 , N. (3), PP 120 – 125 .

T0300966

Printed in the United States
By Bookmasters